中國學術思想 研究輯刊

十一編

林慶彰 主編

第 14 冊

孔子之言「天」之問題
——超驗方法與「天」

蕭宏恩 著

先秦儒家水意象析論

徐國峰 著

花木蘭文化出版社

國家圖書館出版品預行編目資料

孔子之言「天」之問題——超驗方法與「天」 蕭宏恩 著／先
秦儒家水意象析論 徐國峰 著 — 初版 — 新北市：花木蘭文
化出版社，2011〔民100〕
目 2+96 面＋序 4+ 目 2+102 面：19×26 公分
（中國學術思想研究輯刊 十一編：第 14 冊）
ISBN：978-986-254-461-7（精裝）
1. 儒學 2. 先秦哲學
030.8   100000696

ISBN-978-986-254-461-7

9 789862 544617

中國學術思想研究輯刊
十一編 第十四冊   ISBN：978-986-254-461-7

孔子之言「天」之問題——超驗方法與「天」
先秦儒家水意象析論

作　　者 蕭宏恩／徐國峰
主　　編 林慶彰
總 編 輯 杜潔祥
出　　版 花木蘭文化出版社
發 行 所 花木蘭文化出版社
發 行 人 高小娟
聯絡地址 新北市永和區中正路五九五號七樓之三
　　　　 電話：02-2923-1455 ／傳眞：02-2923-1452
網　　址 http://www.huamulan.tw 信箱 sut81518@ms59.hinet.net
印　　刷 普羅文化出版廣告事業
封面設計 劉開工作室
初　　版 2011 年 3 月
定　　價 十一編 40 冊（精裝）新台幣 62,000 元

孔子之言「天」之問題
——超驗方法與「天」

蕭宏恩　著

作者簡介

蕭宏恩

最高學歷：
　輔仁大學哲學博士

現職：
　中山醫學大學通識教育中心教授
　中山醫學大學醫學人文教育核心團隊成員
　教育部醫學人文教育核心團隊成員
　學校衛生護理期刊研究倫理審議委員
　台灣中國哲學會理事

重要經歷：
　元培科技大學通識教育中心教授兼主任
　輔仁大學大學醫學院心理復健學系（現為：臨床心理學系）副教授
　輔仁大學全人教育中心專業倫理課程委員會委員
　輔仁大學進修部全人教育中心人生哲學課程委員會召集人
　教育部技職體系課程發展委員會護理與保育群撰寫及審查委員

提　　要

　　新士林哲學超驗學派哲學家承續「亞里斯多德—多瑪斯」哲學傳統，將知識限於經驗範疇而靜態地分別了人的「知、情、意」之能力的康德先驗哲學方法，進一步向上開展，動態地呈顯人的「知、情、意」之能力，向上提升指向超越者之終極企向，對超越者向下貫通於人之內存之契會。超越者不再只是一如同康德所言之「設定」（postulate），而是因著人之內在超越性而得以「知曉」的存有自身。因此，同樣是 "Transcendental Method"，即由康德對「先天的」（Apriori）「無可知」之「先驗方法」，轉化成新士林哲學「有所知」之「超驗方法」。正是由於新士林哲學的超驗方法展顯人之內在超越性，因此，本文即欲藉由超驗方法之助，對孔子之言「天」做一省思。因著超驗方法的運用，在「天」之概念的歷史追溯中，可以見得由遠離人的主宰者逐漸內化於人之內存之本性，至孔子之「仁」而貫通「性」與「天道」。「天」不再只是一超越的主宰者，卻是由人之「下學」而可逐步「上達」的終極實在。而人在「下學而上達」的歷程中，亦是稟承「天」而可能。再者，「天」之無限超越，自不可能僅僅為冷冰冰之（理智）知識之對象而「有所知」，卻同時是意志之終極嚮往之純粹至善之本體，以及情之所向之信仰的「天」。故而，孔子之言「天」實為「即超越即內存、即內存即超越」之「有知有意有情」的「天」。

目

次

導　論

　　如果我們問：孔子所言之「天」到底是什麼？有什麼樣的價值、意義？也許我們先當思考一下：關於第一個問題，我們想問的是什麼？或是我們企求一個什麼樣的答案？而關於第二個問題，是說在孔子的言論中所賦予「天」之價值、意義？抑或是說「天」在孔了的生命中具備什麼樣的價值、意義？還是說孔子的生命，因「天」才顯出其價值、意義？關於孔子所說的「天」到底是什麼之問題，由整部《論語》的記載，孔子似乎並沒有清楚或明確表示出來，我們只得由《論語》所載之孔子的言談中去旁敲側擊，企欲找出一個明確的解答，而將之界定下來！在這樣一個企圖上，往往我們所在乎的是本身既有的信念，而以某種或某些概念去界說，找尋合乎己之信念的論據來支持如此這般的說法，且附以己之界說某樣或某些樣之價值、意義，大過其它界說所有者！如此的論爭，主要在對典籍的詮釋之不同上，當然，對於作品的詮釋是否眞能回復作者原義，本來就是一不容易解決之問題，可是，我們又不可能不對所面對的作品有所詮釋，因爲只要我們對一作品一開始理解時，我們即已開始對此作品有了詮釋。當然，這裏並非要討論如何詮釋或某種詮釋學理論對我們理解此問題是較有利或有幫助的，我想，關於這一層面，重要的就是要眞誠體會得項退結教授所言：「眞要達到理解，必須以赤誠面對自己並面對『事物本身』。」〔註 1〕一語。那麼，我們仍要問：在如今關於孔子所言之「天」爲何的論爭中，有將之歸於具位格之天者、有否定其位格性而係非位格之道德力量之所謂形上實體者、有將之歸於自然之天者、凡此等

────────────────

〔註 1〕 參閱項退結著《中國哲學之路》一書，東大圖書公司印行，中華民國 80 年 4
　　　　月初版；頁 87。

等，其界定之依據爲何？問題是：我們能這樣去界定嗎？「天」能成爲我們知識的對象嗎？我們又當以何爲標準而加以分判呢？在孔子的生命中，「天」似乎並不是作爲知識探討的對象，而孔子未曾將「天」作爲一知識描述的對象，這並非孔子不重知識，卻相反地可說是非常重視知識，因爲孔子之立仁教，開闢了內在的人格世界，人的內在精神自覺因而全然透顯出來，但是這不僅是內存的實踐工夫，必然要求向外的實踐、要求向客觀世界的開發與展現，必須於內、外實踐中，方得成就此人格世界之價值。既然向外在客觀世界的開展亦是無可或缺的，則對於客觀知識的汲取當然亦是重要的！實則，知識與德行是不可分的二者，卻是將知識納入德行的修養之中，即如徐復觀先生言及於此，認爲孔子「是把二者關連在一起，融合在一起前進；是把客觀世界的知識，作爲開闢內在地人格世界的手段；同時，把內在地人格世界的價值，作爲處理、改進客觀世界的動力及原理」，〔註2〕如《論語》上記載孔子之言：「蓋有不知而作之者，我無是也。多聞，擇其善者而從之；多見，而識之；知之次也。」（述而）「好仁不好學，其蔽也愚；好知不好學，其蔽也蕩」（陽貨）；所以，在孔子所言之「學」中，即已涵攝了知識與德行兩方面。故而，爲孔子來說，並沒有所謂純粹的理智認知的知識對象，卻是於德性行爲上展現出來，而德性行爲亦藉著知識由內向外擴展開來；就是在《論語》中所言及的「知」的活動，於理智的認知中，必亦透顯著「智慧」的內涵，如《論語》〈顏淵〉篇中記載樊遲問「知」，孔子答曰：「知人。」樊遲未能曉達，孔子又說：「舉直錯諸枉，能使枉者直。」樊遲仍然未能通達，退而問於子夏夫子所言爲何？子夏說：「富哉！言乎！舜有天下，選於眾，舉皋陶；不仁者遠矣。湯有天下，選於眾，舉伊尹；不仁者遠矣。」孔子以知人爲智慧的表現，子夏復以虞舜、商湯之古聖王知人善用而仁天下之例釋孔子之語；由如此之一凸顯的例子，即可明白孔子所言「知」的活動，並非理智思辯的純知性活動，卻是透顯著生命的智慧，否則又怎會說出「知之爲知之，不知爲不知；是知也」（爲政）之語呢！而孔子雖重知，但是於孔子的學說中，最重要者則爲「仁」，如《論語》所載孔子之言：「里仁爲美，擇不處仁，焉得知？」（里仁）「不仁者，不可以久處約，不可以長處樂。仁者，安仁；知者，利仁。」（同上）「知及之，仁不能守之；雖得之，必失之。」（衛靈公）孔子

〔註2〕 參閱徐復觀著《中國人性論史》（先秦篇）一書，臺灣商務印書館發行，中華民國58年1月初版，中華民國79年12月十版；頁71。

常仁、智對顯，仁爲生命之本，而必得輔以智之明覺，「仁且智」的生命，方得爲成就圓融道德生命之儒聖的型範。〔註3〕那麼，孔子之言「仁」之義涵又爲何？據《論語》上的記載，孔子最常提到「仁」，尤其在答弟子之問仁時，皆由當下具體處著手，且依於不同的弟子、不同的情況下，而有不同的回答！〔註4〕實際上，孔子在回答弟子或諸人之疑問時，都是如此。〔註5〕可是，整部《論語》中卻不見有弟子或任何人問起「天」之爲何之疑問？！孔子亦未曾針對「天」說過什麼話，卻是在生命關結處言及天或天命，就是在《論語》〈季氏〉篇中所載將「畏天命」與「畏大人，畏聖人之言」三者併舉之言君子之三畏，小人之「狎大人，侮聖人之言」，即是在其生命內不知天命而無所畏！由此，我們不難推得，「天」在孔子及其弟子，亦可說於當時之人的心靈中並不成爲一個問題，或更好說是「天」不但不成爲問題，而且「天」的缺乏，一切皆成了問題，甚而一切皆成了虛無幻化！孔子未將「天」作爲客觀知識的探討對象，一方面，前已有言，並非孔子不重知識，另一方面，我們亦不能因此而斷言孔子對「天」並無所知！或說孔子認爲「天」之不可知，而否定了傳統之原始宗教信仰之人格神之存在！〔註6〕於此，我們不禁要問：

〔註3〕 參閱蔡仁厚著《孔孟荀哲學》一書，臺灣學生書局印行，中華民國73年12月初版：頁74。

〔註4〕 《論語》上所記載有關孔子之諸弟子問仁有：「樊遲問：『仁？』子曰：『仁者，先難而後獲：可謂仁矣。』」（雍也）「子貢曰：『如有博施於民，而能濟眾：何如？可謂仁乎？』子曰：『何事於仁？必也聖乎！堯、舜其猶病諸。夫仁者：己欲立，而立人；己欲達，而達人。能近取譬，可謂人之方也已。』」（同上）「顏淵問：『仁？』子曰：『克己復禮，爲仁。一日克己復禮，天下歸仁焉。爲仁由己，而由人乎哉？』顏淵曰：『請問其目？』子曰：『非禮勿視，非禮勿聽，非禮勿言，非禮勿動。』顏淵曰：『回雖不敏，請事斯語矣！』」（顏淵）「仲弓問：『仁？』子曰：『出門如見大賓，使民如承大祭；己所不欲，勿施於人；在邦無怨，在家無怨。』仲弓曰：『雍雖不敏，請事斯語矣！』」（同上）「樊遲問：『仁？』子曰：『愛人。』」（同上）「司馬牛問：『仁？』子曰：『仁者，其言也訒。』曰：『其言也訒，斯可謂之仁矣乎？』子曰：『爲之難，言之得無訒乎？』」（同上）「樊遲問：『仁？』子曰：『居處恭，執事敬，與人忠：雖之夷、狄，不可棄也。』」（子路）「子張問『仁』於孔子？孔子曰：『能行五者於天下，爲仁矣。』『寬，則得眾；信，則人任焉；敏，則有功；惠，則足以使人。』」（陽貨）

〔註5〕 如《論語》上所載孟懿子問孝、孟武伯問孝、子游問孝、子夏問孝、葉公問政、齊景公問政、季康子問政、子貢問政、子張問政、子路問政，司馬牛問君子、子路問君子、子貢問君子，以及子貢問「何如可謂士矣？」、子路問「何如斯可謂士矣？」，等等皆是。

〔註6〕 徐復觀先生即認爲孔子對於祭祀鬼神的參與，只是其已爲當時社會的一種風

內在精神自覺的顯發，是否就是要或必然會否定了傳統的宗教信仰？那麼，孔子以前之傳統與孔子所處時代及孔子之間又存在了一個什麼樣的關連？是否對傳統的否定才是對當時代的革新？我們不要忘了孔子曾說過：「述而不作，信而好古；竊比於我老彭。」（論語述而篇）以及「我非生而知之者，好古，敏而求之者也。」（同上）如此之語，難道亦只是客氣話或欲藉古之權威以支持其所言？我們也不能忘了《論語》中所載關於孔子自覺重建周文的天賦使命：「周監於二代，郁郁乎文哉！吾從周！」（八佾）「甚矣！吾衰也久矣！吾不復夢見周公。」（述而）「吾其爲東周乎！」（陽貨）可見「天」在孔子的生命中，雖未被視爲知識探討的對象，對「天」的態度亦未如同傳統原始宗教一樣爲與人隔離之無上的超越主宰者，但是，亦非對傳統「否定」了什麼而以爲當時代有了什麼「創新」！卻是於傳統之一脈相承中，「天」逐步下貫於人生命之內在的自存潛存卻不失其超越性；天與人之間親密的結合，融和於人性之本然，由人之道德內在之精神自覺中透顯出來；爲孔子來說，此道德內在之精神自覺的透顯，即是「仁」。所以，我們欲瞭解孔子所言之「天」，即要通過其言「仁」來瞭解。當然，由整部《論語》的記載，我們也已知道孔子亦未嘗爲「仁」之義涵有所定義或直接陳述，卻是相關於人之行爲及諸德而說之！所以，我們欲瞭解孔子之言「仁」之義涵，亦必要由人之行爲活動中加以掌握、契會，尤其是要注意孔子言說之對象不同而陳述的有所不同，與孔子自言之語，其於義理深淺上之層次不同，方得深切地契會得孔子之言「仁」之義涵。

由上所言，我們可以明白，孔子雖未將「天」視爲知識探討的對象，但亦未曾懷疑「天」的實然存在，卻爲生命之一切的根源，根本不可能有所懷疑，就如同人不可能懷疑其有父母（無論是否曾見之）一樣！故而，在思想上，「天」即爲一先天、超驗之實存，且我們不能說孔子對其所言之「天」卻

俗，對於鬼神的態度亦是一種不能證明其有無的「闕疑」態度：故而孔子所言「祭祀」實非宗教性的，而是道德性的。（《中國人性論史》——先秦篇，頁82）言下之意，即是認爲「鬼神」乃非客觀知識之對象，我們對之一無所知！另徐先生引《墨子》〈公孟〉篇之言：「子墨子謂程子曰，儒之道，足以喪天下者四焉。儒以天爲不明，鬼爲不神，天鬼不說，此足以喪天下。」一語以作爲儒家對傳統宗教之持否定態度的旁證，進而否定了孔子心目中的天爲一人格神之存在的說法。（同上，頁88～89）似乎所謂「鬼神」、所謂「人格神」，只是心理上的一種無助心態的投射！在理性自覺下，即應加以摒除，而當以「極道德之量」（徐復觀先生語）的敬畏之情代之！

是一無所知，只是一純粹的信仰對象（即使講到「信仰」，亦不能脫離理性的自覺，否則即成了「迷信」），所以我們說孔子之言「天」爲一「實然之存在」，而非僅爲一設定（postulate）罷了！那麼，我們當如何證成呢？筆者發現，新士林哲學由康德之先驗哲學方法發展而來的超驗方法（The Transcendental Method）可以幫助我們完成這項工作；故而，於以下正文的第一章，我們即來看看什麼是新士林哲學的超驗方法？其由康德而來，又與康德有何不同？其如何可能幫助我們思考孔子所言之「天」？簡單的說，超驗方法是研究形上學的一個方法，它是藉康德對人類理性所能成就客觀有效之知識的主體結構之基本成素的探討方法，更進一步掌握那最基本之「存有」及「存有本身」，而就在人的認識活動中，顯然地肯定了存有者，且隱然地掌握到存有本身之絕對，就在這樣的動態關聯上，存有本身（絕對者）即成爲我們認識活動的基本成素。因爲是在活動中的瞭解，所以它是動態的，且意志亦在其中作用，其終極就是那存有本身之絕對。這樣的思維方法，照顧到生命的整體，而不只是分析地將生命分判成幾個部份或不同領域（如康德所爲）。而整部《論語》所昭示的，正是生命整體由內而外、起自生命內在之不容已而呈現於外的德行，發顯人之德性本性，此「內在之不容已」即爲那終極實在於人之本性中透顯出者；所以孔子之言乃依於不同對象、不同情況，就當下的指點，使人不僅於知識層面的瞭解，且得以體會、感受到生命內在之不容已的終極實在，而能於生命活動或德性行爲中獲得體證。而前已言及，孔子之言自非無中生有或所謂的創造發明，卻是於傳統中的傳承而發展開來，人的內在精神自覺全然透顯出來，擴展了生命的界域。故而，欲瞭解孔子之所言，必要傳統以降及於孔子的一脈相承與發展；所以，於本文第二章中，即是針對孔子之前以迄孔子所處時代，關於「天」概念的一個發展。我們將會發現，由上古以迄孔子，「天」由一幾乎與人隔絕的超越主宰者，而逐漸下降與人產生直接關聯，並進而下貫於人之內在，與人產生親密的關聯；此一下貫之趨勢，展現於人之精神自覺的逐漸顯發，逐漸地由一個人（君主）到少數人（貴族階層），而終普及於每一個人，成爲每一個人之內在本性。另一方面，雖然於「天」概念上有如此之一開展，但是，不變的是，從上古以迄孔子，「天」一直是那終極之實在，對「天」的實存未曾有過任何的懷疑，雖然於孔子所處時代，正當春秋之末，禮崩樂壞，以致政治腐敗，戰禍連年，人們對天逐漸失卻了信心，但信心的喪失仍無礙於對「天」之爲一實存的肯定，卻就是因爲肯定

了這麼一實然之存在，我們才能說對之有無信心，否則怎說得對之有無信心呢？所以，由歷史的傳承看來，「天」一直是中國人心靈中的先天概念，而且是終極地超驗存有。很清楚地，孔子仍然承續了傳統以來對「天」的概念，且更進一步的內化與深化，以「仁」表達出此一終極地絕對！本文第三章即直指孔子之所言（依據《論語》的記載），對孔子所言「天」之所指作一省思。於此所欲證成的，並非為孔子之言「天」之所指作一界定，而是就孔子之言「仁」的具體實在，契會孔子之生命內在所感受到的那發之於本性的不容已之情，發而為外在地諸德之行，如此由內向外的顯發，不為一行一事所滿，而自然地意向著終極的絕對，指引生命整體無限向上之企向。此一企向既是出於內在之不容已，必非外在所賦予、非由外而發現，而是本然地內存於生命，隱然地顯於生命內在之不容已的感受。但其並非一死板板的觀念而已！卻是活生生地通向外、通向上，貫通內外、人我及上下；此一感通，不僅是理智的認知、不僅是心理的意向、亦不僅是發之於情的感動，而是整個生命的一體呈現，即孔子之言「仁」的感通。故而，一體之仁的呈顯，使我們趨於無限的超越企向成為可能；但是，人畢竟是有限的實在，其存在非自己所能，所以，當我們於生命內在感受那終極之絕對時，即因仁之感通的超越企向上感受到那超越的實在，即為「天」！故而，「天」是為即超越即內存之超越而內存之實在，因其無限性，使我們無限向上之超越企向成為可能；亦因其無限性，即不但不能成為我們知識認知之對象，且根本不能成其為一「對象」，因如此即對之作了限定，成為「有限」了！而我們對「天」的所知，即是通過「仁」的感通，此一感通，澈通了性與天道，貫通了天與人！人同承天命，經由「下學上達」的工夫進路而證知天命，這正是孔子自述：「吾十有五，而志於學；三十而立，四十而不惑，五十而知天命，六十而耳順，七十而從心所欲，不踰矩。」（論語為政篇）一語之義。言及於此，我們不難明白，欲瞭解孔子之言「天」為何，即是要通過其言「仁」之義涵上契會。故而，孔子所言之「天」到底是什麼？我們所要作的，不是去界定那是什麼！而是藉超驗的思維方式，透過孔子所言「仁」之義涵，以對孔子之「天」有所契悟。

第一章　超驗方法

　　本章企欲於進入本篇論文之主題前，言明吾人所用之思考方法，即新士林哲學家順康德哲學之方法所發展出來因應當代哲學之問題的「超驗方法」（Transcendental Method）。既言順康德之方法，故而必先略知康德之應用，然後方可說明新士林哲學之方法比之康德有何不同，而明新士林哲學確不同於康德之所言。最後，我們再由綜觀超驗方法之應用，而言超驗方法於思及孔子所言「天」之所指上及作進一步發展如何可能。

第一節　康德及其先驗哲學

　　康德於其《純粹理性批判》一書第一版前言之起始，即論及人類理性道：「人類理性有此特殊命運，即：在其知識的一種類中，其為一些其不得不理睬的問題所苦惱，因為這些問題就是為理性其自身之本質而被指示於理性，但是，由於它們超越了理性所有之能力，故而其又無法解答之。」（AVII）〔註1〕康德所意指者，乃「形上學」。所以，其《純粹理性批判》一書即針對「形上學如何可能？」之一問題，對人類的理性能力作一批判，以決定人類理性之根源、範圍及界限。（參閱 AXII）康德由後世所稱「哥白尼式的轉向」之「思考方式的革命」，一反傳統所言知識依對象而定，而言對象依主體的知識結構而定，而對人類理性之認識能力的活動方式作一探究，這樣的知識，康德稱之為「先驗的」（參閱 B25），且康德直稱己之哲學為「先驗哲學」。那麼，康德所謂「先驗的」

〔註1〕中文翻譯乃筆者自行於康德之《純粹理性批判》一書之英譯本（translated by Norman Kemp Smith; Edinburgh，1933）譯出。

（Transcendental）是何意義呢？與「先天的」（Apriori）有何關聯呢？為什麼同樣 "Transcendental" 一字，於兩種不同的哲學中（康德哲學與新士林哲學），有不同的意義呢？最後一個問題很簡單，就是因為 "Transcendental" 一字於兩種哲學中具有不同的意義，但因新士林哲學乃順康德發展而來，彼此之間自有所關聯。故而，我們對 "Transcendental" 一字於康德哲學中的瞭解，亦可明其於新士林哲學中之意義。

一、先驗的（Transcendental）與先天的（Apriori）

　　"Transcendental" 一字，最早出現在中世紀士林哲學時代，而其當時與 "Transcendent" 一字為同義字，其義為「超越的」，指的是超乎感覺之超越界的事物，所以最常見的用法是 "transcendent being"（超越的存有）。另外，"Transcendentals" 用作名詞則指的是「超級特性」——存有（ens）、單一（unum）、真（verum）、善（bonum）、物（res）、某物（aliquid）——。直至康德，才將 "Transcendental" 與 "Transcendent" 二字之義分開，"Transcendental" 一字之意義有了重大的轉變。〔註2〕康德於其《純粹理性批判》一書第二版的「導言」中言及：「我名之為『先驗的』之一切知識，並非為從事之於對象的探究，而是為我們之於對象知識的方式，就此知識之方式是為先天的可能之探究。一如此些概念的系統，可名之為先驗哲學。」（B25）〔註3〕由這句話，我們不難見得，康德之所言「先驗的」，即為相關於我們認知對象而先天地可適用於這些對象（即我們知識之對象）的知識。這樣的知識並非指出對象之如何、如何，而是我們面對對象之認識如何先天的可能。而其所言「先天的」之義，乃言明知識之具普遍性與必然性；康德說：「那麼，這是一個問題，此問題至少要求較精確的檢視，且不允許任何隨意的解答：——是否有任何一種知識是如此不依於經驗且甚至不依於一切感官印象者。如此之一知識名之為『先天的』，而區別於『經驗的』，其有其『後天的』之根源，也就是，在經驗內者。」「然而，此『先天的』之措辭並未充分的精確指出我們的問題之完全意義。因為於習慣上已有所指稱，甚而許多起源於經驗的知識，為我們先天即有之或於先天上即能有之者，因而其意義為我們不

〔註 2〕　參閱 Norman Kemp Smith "A Commentary to Kant's 'Critique of Pure Reason'"；Second Edition，Revised and Enlarged，Edinburgh，1933；頁 73～74。

〔註 3〕　中文翻譯，同註1。

能直接地由經驗得之，而能由一普遍之規律得之——然而，此一規律其自身乃為我們由經驗所假藉者。」（以上兩段，參閱 B2）〔註 4〕一般而言，「先天的」相對於後天、經驗的，乃不依於經驗者，而康德所言則更多了層意義，即「先天的」並非一般所言之全然隔絕於經驗的超越者，而是要與經驗相關聯而得其效用。故而，我們對之並無任何知識可言，所有之可能只是相應於經驗的先天認識，也就是說，其有效性限於經驗之領域。另一方面，由於經驗是瑣碎的、個別的、偶然的，所以知識的普遍性與必然性必不能來自經驗，而是來自「先天的」，這是康德的一項「假定」，無待多加證明之一顯明的事實。〔註 5〕

　　簡單的說康德所言「先天的」與「先驗的」之意義，如同包姆嘉特納（Hans Michael Baumgartner）在其《康德〔純粹理性批判〕導讀》一書之「重要語彙簡釋」中所解釋的：「先天的（apriori）：無待乎經驗的概念或判斷」；「先驗的（transcendental）：一切涉及我們對於對象的認知方式者」。〔註 6〕此之謂「對象」乃可能之經驗對象，所以康德所言之純粹悟性之概念及原理之應用，全然的限於可能經驗的範圍內。而關於這些純粹悟性之概念及原理的知識，卻是無待於一切經驗者，是為先天的知識。康德於其《純粹理性批判》一書第二版之導言一開始即指出：無可置疑的，我們的一切知識皆起始於經驗的觸動，但這並非意謂著一切知識皆由經驗發生，因為我們尚有不同於此等由後天經驗而來的知識，這類有別於經驗知識的知識，就是有待嚴密考察的，名為「先天的」之知識。（參閱 B1）〔註 7〕當然，依於康德，先天知識之對象自非那些先天概念及原理，而是對這些先天概念及原理之可能及其正當使用的批判與證明。其證明即為康德所稱形上學之所以可能；其正當的使用即是在於可能經驗的範圍。而我們的經驗之所以可能以及我們的關於認知對象之知

〔註 4〕中文翻譯，同上。
〔註 5〕參閱孫振青著《康德的批判哲學》，臺北黎明文化事業公司出版，中華民國 73 年 9 月初版，中華民國 76 年 10 月三版：第一章之陸「『先天』（apriori）的意義」，頁 19～21。
〔註 6〕參閱 Hans Michael Baumgartner 著．李明輝譯《康德〔純粹理性批判〕導讀》一書，臺北聯經出版事業公司，中華民國 77 年 9 月初版，中華民國 78 年 12 月第二次印行：頁 158。
〔註 7〕包姆嘉特納於其所著《康德〔純粹理性批判〕導讀》一書中即明言：「康德已指出：我們的一切知識始於經驗，但並非一切知識均源於經驗。因為我們擁有先天知識。」頁 40。

識之所以可能，即依於這些先天概念及原理，因此，其爲「先驗的」。綜而言之，我們理性知識之客觀有效，即在於始於經驗對象的觸動。而經驗之所以可能，即是以我們所有之純粹悟性概念與原理爲前提，所以它們必先於經驗，且我們之於對象的認知基於它們而爲可能。而這樣的認知方式，其普遍性與必然性必不能來自經驗，乃先天的可能，故這類知識名爲「先驗的」。就相關於認知方式——純粹悟性概念與原理全然在於經驗對象上的使用——而言，其爲「先驗的」；就關於無待於經驗而爲普遍必然者而言，是爲「先天的」。康德於其方法論中論述道：「關於事物一般之綜合命題，其直覺不容許先天地被給予，是先驗的。先驗的命題決不能經由概念的構作而被給予，而只能根據諸先天概念而被給予。它們只不過包含了此規律，我們即根據此規律而於經驗上找尋某種綜合的統一，此種綜合的統一不能先天地以直覺呈現（即，知覺）。但是這些原理不能先天地展示任何一個它們的概念於一特殊事例中；它們僅能藉著經驗後天地展示，此經驗自身僅僅依據這些原理方爲可能。」（B748～B749）〔註 8〕由此，我們即能明顯見得，康德哲學並未超越經驗的範圍，其所言「先驗的」、「先天的」，雖獨立於經驗、不受經驗所左右，但必只能使用於經驗所給予之對象，對於其本身並不能有任何的認識，否則即爲康德所言之僭越，造成先驗的幻相。故而，於中文而言，康德哲學乃「先驗」哲學，而非「超驗」哲學。

二、康德的先驗哲學

哲學史上，關於康德鑒於當時數學與物理學的知識在思考方式上有了重大的變革，而根據哥白尼之宇宙觀，對吾人於知識獲取上之觀點作了一個轉變，這樣的轉變即爲所謂的「哥白尼式的轉向」。（參閱 Bxv～Bxviii）誠如包姆嘉特納所說：「康德假定：我們的知識並非依對象而定，而是反過來，對象依我們知識底結構而定。」〔註 9〕康德主要針對傳統形上學作一批判，因爲形上學嘗試著解答人類理性所提出的種種問題（即前所引康德之語所言理性自身所提且無法拒絕的問題），而理性對這些問題的回答，奠立了傳統哲學的根本，爲一切哲學提供了最終的基礎。故而，亞里斯多德稱形上學爲「首要哲學」或「第一哲學」。但是，康德亦見到哲學史上關於形上學的論戰，亦無一

〔註 8〕 中文翻譯，同註 1。
〔註 9〕 《康德〔純粹理性批判〕導讀》，頁 31。

刻休止，那麼，何者才是眞實知識呢？「眞實知識」又該是如何呢？康德思及數學與物理學上之「思考方式底革命」〔註 10〕是否於形上學中亦有可能？也就是一般所謂形上學是否可能？而形上學又如何可能？故而，康德於其《純粹理性批判》一書第一版序文即明言「純粹理性批判」作爲一「法庭」，以對一般理性能力作批判，「……其將保證理性之合法的聲稱，以及除卻一切無根據的虛飾，此並非藉著專制的法令，而是根據其自身所擁有之永恆的及不變的法則。」「藉此，我並非意謂著一種批判的書籍與系統，而是理性一般之能力的批判，乃關於其不依於一切經驗而會奮力求取的一切知識。其因此將決定關於形上學一般之可能性或不可能性，以及規定其根源，其範圍，及其限界──一切皆據於諸原理。」（參閱 Axi～Axii）〔註 11〕康德於其《純粹理性批判》一書第二版導言標題爲「純粹理性之概要問題」之第六節中明言：形上學之問題之所以一直未能解決，即是由於未思及「先天綜合判斷如何可能？」此一問題，而且康德將純粹理性所有之問題歸攝於此一問題之下。（參閱 B19）因此，整部《純粹理性批判》就在這麼一個問題之下鋪陳出來，如同包姆嘉特納所說：「『先天綜合判斷如何可能』這個一般性的問題導出一個內容廣泛的綱要，它由必要的且相互支持的細部討論所組成。」〔註 12〕

　　康德由區別分析判斷與綜合判斷，認爲傳統形上學在其對象的認知上產生矛盾，因爲其已超乎理性之可能對象的限界，而形上學也僅止於對先天概念的分析，對於其知識的擴展毫無裨益。而分析判斷本身即爲先天知識，綜合判斷則是後天經驗的，那麼，同時爲擴展（綜合的）且爲先天的知識又是如何呢？當怎麼去理解呢？亦即，是否有所謂的先天綜合判斷？康德發現，於數學與自然科學中即有此先天綜合判斷作爲原則（參閱 B15～B18）。但是，康德認爲，數學與自然科學作爲一門學問的存在不成問題，而形上學卻只能因著純粹理性受到自身驅迫（即前所言「它爲它所無法拒絕的問題所困擾；因爲這些問題是由於理性自身底本性而被提交於理性，但理性亦無法回答它們」）而作爲自然傾向之存在。可是，形上學之爲自然傾向常無可避免矛盾的產生，那麼，理性必要確立形上學之對象爲己足，亦即形上學必要完成作爲一門學問，也就是「形上學作爲一門學問如何可能？」之問題。康德說道：「此

〔註 10〕《康德〔純粹理性批判〕導讀》，頁 30。
〔註 11〕中文翻譯，同註 1。
〔註 12〕《康德〔純粹理性批判〕導讀》，頁 43。

學問不能有些許令人有所卻步的冗長繁複，因為其必須處理的，並非理性之諸對象，這些對象之多樣性是無窮盡的，而僅是其自身以及全然起自其自身之內的問題，且這些問題是因著其自有之本性而加諸其上，而並非因著與其相區別之諸事物之本性。一旦當理性已完全習得了去瞭解其自身關於能於經驗中而被呈現於它之諸對象之所擁有之力量時，其應容易地即能規定，帶著完善性與確定性，其超越一切經驗之限度的嘗試使用之範圍及限界。」（B23）〔註13〕這也就是說，基於如此理性對其自身的考察，以使其免於因獨斷的應用而產生之矛盾；不似獨斷形上學僅於先天概念上的分析，而由我們如何能先天的達至此等先天概念，以決定此等概念之於一般所言知識對象上的效用。（參閱 B23～B24）

前已有言，康德於其《純粹理性批判》第二版之導言的開端即言明一切知識皆始於經驗，而又雖說並非一切知識皆起源於經驗，但這些不含雜經驗以作為我們知識之所以可能的先天條件之純粹知識，卻僅適用於經驗，且其有效性亦僅僅基於這種對經驗的關係。故而，康德於其先驗方法論的起始即告誡我們在純粹理性的運用上，不可逾越了可能經驗之範圍。康德認為純粹理性於哲學上一再地以數學之名的獨斷使用，即造成了錯誤。因為數學與哲學是兩種不同的理性知識。數學是於「量」上之先天的展示，是全然無需於經驗中求取例證的，所以，康德之言數學是理性於純粹直觀中之構成概念之知識。哲學正與此相反，哲學是以「質」為對象，而關於「質」之知識必要在經驗中展示，所以，其必須依於一經驗的直觀，而經驗之可能性即在於先天之普遍概念。故而，哲學乃由概念而來之知識。綜此，康德說：「一切我們的知識，最終地，皆關聯於諸可能直覺，因為僅僅經由它們一對象才被給予。現在，一先天的概念，也就是，一並非經驗的概念，或是於其自身內已包含了一純粹直覺（且如果是這樣，其即能被構作），或是其只不過包含了並非先天地被給予之諸可能直覺的綜合。於此後一事例中，我們確能利用之於構成先天綜合判斷，但僅依據概念推論地構成，決非經由概念之構作而直覺地構成。」（B747～B748）〔註14〕康德續言及此於先天所授與我們的唯一直觀，即為「時間」與「空間」。數學即視為「量」之時間、空間概念，於直觀中的先天展示；而之於一般事物由時間、空間所給與我們的，乃現象的質料，於知

〔註13〕中文翻譯，同註1。
〔註14〕中文翻譯，同上。

覺中呈現，所以是後天的。但是，作為此現象之先天呈現的經驗內容之一般事物的概念，卻是需綜合規律之綜合方為可能成就此一般事物之先天綜合知識；這樣的一些綜合規律即為康德由判斷表所推得之「純粹悟性概念」（範疇）與「純粹悟性的原理」。

第二節　新士林哲學的超驗方法

　　如果如康德所說，人們的認知能力已被「規定」了！其言「先天的」一切也僅為相對的必然，因為它們必要在於經驗所給予者才有意義；面對絕對者，康德言其僅為一「設定」（postulate）。慕克（Otto Muck）教授引馬雷夏對康德之評價之言云：「康德的不可知論起自某種於其『批判』本身中之基本的缺陷。」「康德由於僅僅接受了於心靈的活動中，那經驗地被給予者之純粹綜合，而欺騙了其自己。」〔註 15〕康德於起始即將客觀知識限定於我們感性能力所僅能於時間、空間中，經由直覺所感知的直接經驗與料，一切的悟性原理及純粹概念亦僅適用於這樣的被給予之與料上，也就是說，我們的理論理性（theoretical reason）所能達到的就是這麼多了！其餘，於思辨上，對超出此範圍的探究，即造成康德於其先驗的辯證中所言及之先驗的幻相（transcendental illusion）、或是二律背反（antinomy）。康德就是如此而將現象（phenomenon）與本體（numenon）、理論的與實踐的理性相分隔開了。慕克說：「馬雷夏反而會主張『人類的理智是，就在同一時刻，一經驗的能力與一向往絕對之可能性。』」〔註 16〕為此，馬雷夏訴諸於對「判斷」（judgement）的分析上。首先，我們知道，康德認為悟性的一切活動可歸之於判斷，而判斷之統一的建構之機能（function）〔註17〕即為範疇（純粹悟性概念），然而，康德這種將雜多置於一概念下的判斷之統一，卻是僅限於理智主動地朝向由感官所被給予的雜多，這樣的一種綜合所能達到的就是經驗所由來的對象。實際上，為一個「判斷」來說，它並不只是一個綜合形式，還有與此綜合密不可分的「肯定」（affirmation）；康德的缺失即是只注意到「綜合」，而忽略了

〔註15〕此兩段引言參閱 Otto Muck "The Transcendental Method"，Translated by Wiliam D. Seidensticker，Herder and Herder，1968；頁 40。中文翻譯乃筆者由英文自行翻出。
〔註16〕同上。
〔註17〕康德有解釋其所謂「機能」乃指「將種種表象歸諸一共同表象之下的活動之統一」。（參閱 B39）中文翻譯，同註 1。

判斷中的「肯定」。慕克引馬雷夏之言云：「實際上，『綜合』之關聯於絕對的實在，於『肯定』中特別明顯。」〔註 18〕康德雖已指出理智的主動自發性，但是，當我們在作一判斷時，並非只是思辨上的，而且是一種朝向對象的「態度」（attitude）。我們都知道，所言「邏輯真理」指的是「於判斷中，我們的概念與存有相符應」，而我們在作判斷活動時，一方面接收了那被給予之與料，一方面由於判斷活動之可能先決條件（pre-conditions）而主動地限定了對此一對象的置定。所以，當我們說「是」（is）時，理智主體於此活動中同時在接收與奮力朝向某既定對象，這樣的一種關聯即在於被給予之與料的綜合特性。故而，慕克引馬雷夏之言云：「真實地，於判斷中，『這是』，此屬性『是』即為一理智主體於面對被給予之某事物之原始的、全然的反應之一象徵的抄本。」〔註 19〕另一方面，這樣的接收那被給予者之於理智主體亦成為其一對象，這是由於我們本性之意願（willing）所然。康德即是將此意志的成份僅是歸於實踐理性上而言，「意志的自由」僅為一設定；而實際上，當我們在作判斷時，主體並非如同一綜合的機器將接收到的雜多因著純粹悟性概念而得以綜合統一起來，主體的主動性並非僅止於此，且同時主動地奮力朝向對象並指向某一目的，故而，這樣的活動有其目的性；綜合的產生也就是據於目的性原理（the principle of finality）。這個意思就是說，每一判斷活動所奮力向往之個別而部份之目的，必然在於認知主體依其本質目的性所指向之終極、普遍目的之秩序結構之安排，「意願」正是如此之目的性的表達；所以，我們的意願並不囿於任何個別特殊的被給予之與料，而積極地預設了一關聯於那絕對最終的、無所受限的目的，即存有自身（being itself）。故而，理智主體之絕對目的即為判斷之建構元素，意即判斷因著「肯定」而使概念與存有者之存有產生關聯，同時意志的意願亦藉之指向存有的某一目的，而此目的於基本上從屬於絕對目的，部份判斷之可能也就在於此絕對目的之秩序結構。〔註20〕

　　於此，我們已能清楚地見得康德基本上的缺陷，其將絕對與現象分開，使得我們的理論理性被化約為只能於現象上建構客觀知識，而失卻了理智主體本性上的目的性，即理論理性無法達至絕對者。但是，理智主體本性之目的性卻令其不但可達至絕對者，而且是必然地無可避免的達至絕對者，否則

〔註18〕"The Transcendental Method"，頁 41。中文翻譯乃筆者由英文自行翻出。
〔註19〕同上。
〔註20〕"The Transcendental Method"，頁 42。

客觀知識無由建立。故而，馬雷夏認為我們不得將目的性排除於理論理性之外，只有二者的合一（且必然的合一）才能解決此問題，「因為此對絕對者之朝向（其為每一判斷之一元素）並非只是思想，且為肯定的、完全的、以及主動地導入於肇始此活動之諸目的之秩序安排中。」〔註21〕

一、超驗的分析（Transcendental Anylysis）

　　藉由超驗的分析，可使知識之可能的先天條件顯露出來。但是，首先我們要注意的是，超驗的分析不同於一般邏輯的分析，因為一般的邏輯只關聯於思考的純粹形式，無關乎思考的內容，所以一般邏輯的分析僅就思想對象之特質加以分判及歸類；而超驗的分析則是關乎意識之對象的純粹思考，對此，我們所關切的不再是表象間的邏輯關聯，而是於意識內之對象的必然結構元素。〔註22〕所以，康德言之為概念的分析，而非分析概念。（參閱 B90）

　　關於超驗的分析這整個過程，有個前提是：直接呈現於反省中的思想之對象，不是死板板的一個什麼東西，而是於我們心靈內，由潛能到現實的一種變化、一種運動狀態。所以，所言「先天的」，並非靜態的，而是具有動態的特性，是一種「形式──產生」的條件（a formproducing condition）。故而，超驗方法之應用於知識的批判，即在於我們能經由反省而知覺到這樣的一種內存之活動（immanent activity），由對此活動的分析，我們即可知其所遍及與觸動之表象的相關元素。〔註23〕馬雷夏認為，以康德來說，其超驗的分析可分為兩個步驟，即「直接反省」（direct reflection）與「超驗的演繹」（transcendental deduction）。〔註24〕

　　藉由直接的反省，我們不但於對象中抽離了一切經驗的與非意識的內容，僅見統合的必然形式，而且確認了某些能力（faculty）；這些能力即決定了對象之意識的活動，以及於意識內建構了對象。所言「能力」是為每一個主體所固有之概念的力量，因著不同的先天條件掌握被給予之表象關聯於在我們內之知識的不同根源。然而，僅是這樣的反省，只不過揭露了我們意識內之對象有其「先天的」成份之事實，並未顯出此「先天的」成份之於每一

<hr>

〔註21〕同上，頁 43。中文翻譯乃筆者由英文自行翻出。
〔註22〕同上，頁 58。
〔註23〕同上，頁 61。
〔註24〕同上，頁 63。

可能對象的普遍必然性。康德依據此原理，即：每一統合的多元性，預設了一「先天的」作為其統合原理。例如：一張紙上成為一群集的四個點，我們無法由分別的每一點來推得這樣的群集性，因為由此每一點而成的多數並不意味著一種統合的元素。故而，在邏輯上，必定已預設了一種多元性的統一，即「先天的」；於此例即為「空間」。此於每一知識的對象上皆普遍有效，因為其無疑地包含了一被統合的多元性之綜合。康德的發現是，我們之於對象的意識內，由感官所給予之雜多而逐步的一種先天統合；首先是於時空內的知覺，而後是範疇之為客觀化的先天條件，最終是統覺的統一作為統合原理。由此一路徑的反省，不但考慮到統一的先天元素，而且認知主體之能力亦被顯示為先天的統合元素。〔註 25〕至此，所成就的只是知識之對象所以可能的先天條件，以康德來說，即為其言先於一切經驗而屬於悟性本身之先天概念的確認。當我意識到一對象時（我意識內之對象），這樣的意識不僅是關於對象之意識，且伴隨著關於自我之意識（自我意識，self-consciousness），也就是說，這樣的對象是我之意識內之對象，不但是諸對象之每一個具體意識由自我所統合，而且是自我與其自己的同一，亦即諸多表象藉由一普遍的綜合力量而與自我的統一。所以，我所意識到的，是為我之表象之一必然的先天綜合。故而，於認知主體內必然具有一些先天條件，這些先天條件使得意識之內容成為可能。〔註 26〕如今，我們已對知識的先天條件有所確認，而它們如何發現？以及關於知識之每一對象的意義如何？尚未能證實。如此，我們即進入了超驗分析的第二步驟——超驗的推證。

慕克轉述馬雷夏之意而言：「超驗分析的第二步驟，此步驟不僅指出了肇始於個別的、被斷言的思想之諸內容之可能性的諸先天條件，而且更導引至關於無論何種知識之每一對象之可能性之諸確定的先天條件之必然性，即為超驗的推證。」〔註 27〕馬雷夏認為，於知識的批判上，與料於初始且必然的被給予於我們，我們接受了所意識之現象或是思想內之對象，同時，我們也接受了一些使其之為可能的必然建構條件。那麼，如果這些條件包含了一絕對者的客觀存在，則我們亦因而得知此絕對者；如果這些條件僅指出了現象上的相對性，則我們因而亦只將之作為現象對象之機能來處理。就康德而言，

〔註 25〕同上，頁 63～64。

〔註 26〕同上，頁 62。

〔註 27〕同上，頁 66。中文翻譯乃筆者由英文自行翻出。

此無所受限之絕對者並非建構元素，而只是一種規制元素，所以康德由其先驗分析（前已有言，同樣是"Transcendental"，但康德之言只能說是先於經驗之「先驗」）所發現之純粹悟性概念（範疇）仍僅具有現象對象之意義。馬雷夏即欲藉由超驗分析以顯示此絕對者乃現象對象之建構元素，且知識亦不僅限於經驗現象之秩序，而能達於存有的基本秩序內。這個意思就是說，所謂「現象對象」，我們不能以一種純粹的意義視之。馬雷夏認為，超驗的推證呈現出兩種形式，即：主觀推證（subjective deduction）與客觀推證（objective deduction）。主觀推證在於主體機能於意識內建構對象之必然性；而客觀推證即在於被給予之對象，其內在化之於理性上的可能性。康德則混雜了這兩種推證形式，因為我們對超驗主體之先天機能的探究，可得知這些先天機能已隱含了作為思想之對象的先天限定或統合形式，於此觀點上，此兩種形式相互一致。馬雷夏所欲說明的，就是康德於範疇的推證上，雖然夾雜了主觀的推證，但卻僅在於客觀推證上。〔註28〕

　　前已有言，康德認為悟性的活動就是「判斷」，因而悟性即能由判斷的力量而呈現出來；故而，康德即由邏輯傳統而來之判斷表推出範疇。康德說：「思想是藉由概念的知識。但是概念，作為可能判斷之賓詞，關聯於一尚未被限定之對象的某種表象。……因此，如果我們於判斷中能給予統一的機能之一徹底的陳述，悟性之機能即能被發現。」（B94）「於一判斷中，給予不同表象以統一之同一機能，亦於一直覺中，給予不同表象以統一；而此統一性，以其最為普遍之表達，我們稱之為悟性之純粹概念。」（B104～105）〔註29〕由這樣的關聯，康德即由判斷表推得範疇表。接著，康德必須要解決的問題是：「思想的主觀條件如何能具備客觀有效性，亦即，如何能給予一切對象的知識之所以可能之條件。」（B122）〔註30〕對象之知識之為可能，必須先使這樣的對象成為可認識之對象，這些概念即是作為其之所以可能的先天條件；那麼，這些先天概念必然地建構了每一知識的客觀內容，故而，它們即具備客觀的價值。而就康德來說，這樣的對象是我們可能的經驗對象，亦即，範疇之運用於我們感官所感知之對象上才有意義；範疇乃我們感官經驗及其對象之可能性之機能，其客觀有效性亦僅限於此一領域內。這是因為，康德認為，

〔註28〕同上，頁67～68。
〔註29〕以上兩段引言，同註1。
〔註30〕同上。

一內容或質料的被給予，僅能經由「直覺」（非直覺知識是不可能的），而由於我們只有後天的感官直覺，並無先天的理智直覺，所以，客觀表象之內容必然是經由感官直覺而被給予。馬雷夏認為，這樣的推證導致了一不可知論（agnosticism）的結論，其基本的錯誤就是將知識之機能固著為一種靜態的概念，批判主體不再活動，只是一些靜態形式所構成的組織，亦只能規律化感官之與料而建構對象。因此，康德的先驗推證，純粹的主觀推證僅於設置一些作為規律原理之理念（idea）上有可能；而此處關於知識之對象的內在建構機能的證明，則是在於客觀的推證。主觀推證所設置的那些理念，於理論理性上是為規律原理，而於實踐理性上是為設準。如此，前亦有言，康德將實踐理性太過份的抽離了理論理性。事實上，康德並未全然忽視認知主體的內存活動，因其亦常使用一些動態的以及因果秩序（從潛能到現實）上的表達，例如：自發活動、綜合、知性的運作、等等，只是康德著重了靜態形式上的表達，而忽略了此動態的樣式，並未給予其相當的評價。總之，「康德的根本錯誤，在於太徹底的分開了理論的與實踐的理性、『呈形式的』與『呈動態的』。」〔註31〕那麼，在什麼樣的基礎上，才不致將理性如此的二分，且呈現一種動態觀呢？就是在「存有」的基礎上。康德之先驗推證的不完全，即在於其固執著在如此形上的秩序中不能獲得任何的知識。於此，我們要完成康德未走完的路，就是關於存有之肯定的先天必然性的超驗推證。

二、存有學之肯定的超驗推證（Transcendental Deduction of Ontological Affirmation）

當我們意願一對象時，此對象本身往往並非即為此一意願活動的目的，所以，意願的活動於意識上所追求的乃是一目標。而於此一追求的意義上，我們亦隱含地肯定了此一目標之實現的可能性，也就是肯定了此一目標的實現之所以可能的客觀條件之存在。藉著這樣的「肯定」，實踐上的目的不再與認知分開，即意謂著其為存有上的實在。故而，「關於存有之肯定的先天必然性之證明，主要隨著一證明之結果而來，此一證明即：意願活動的先天必然性已含括了一絕對的、客觀的肯定之必然性」。〔註32〕前亦有言，思想中之對象並非靜態死板的什麼東西，而是由潛能到現實的變化活動，所以，於主體中之內存對象（immanent

---

〔註31〕 "The Transcendental Method"，頁 69～72。中文翻譯乃筆者由英文自行翻出。
〔註32〕 同上，頁 114。中文翻譯乃筆者由英文自行翻出。

object）在於推論悟性（discursive understanding）主動的同化（assimilation）外在地被給予者之過程，方於主體內顯出相對於主體之表象內容（內存的客觀化，immanent objectivation）。主體之意識某一特殊對象，即隱含地受此內存客觀化之影響；而此推論悟性內主動的同化作用亦直接的滿足了關於存有學之肯定的必然且充分之條件，因而，存有學之肯定即為推論悟性之每一個對象之所以可能的內在條件。〔註33〕關於其證明，可概述如下。

　　由直接的反省或對判斷之結構的分析，顯示出知性是推論的（於悟性內無直接的直覺），且其純理智的活動是一由潛能到現實的動態過程。所以，超驗主體對對象的先天限定，不再只是靜態的形式，而有其主動的力量去限定之。這個力量因著被給予者而現實化，並現實化那被給予者且隸屬於此力量最終的限定。因此，我們可以知道，於邏輯上，在個別知識之先，有一作為限定之先天者，其涵蘊一奮力趨向的目標，且此先天者對每一個別知識的限定，皆隸屬此目標之下。而這整個的運動（包含每一個別的運動）過程，由可限定到被限定，皆依於一致的律則而奮力朝向著一終極目標。這樣一個終極目標不能是虛幻的，亦不能是主觀、個別的，其必為在存有上普遍而無所受限的客觀的最終目標，其先天地規範著悟性的純理智活動，而悟性之先天的純理智活動就在這普遍且無所受限的存有之形式的導引下，朝向此一終極目標，且歇止於此一終極目標。因其是普遍且無所受限的，則必為一自立的實在，且必在於現實之秩序內；如此，我們所能設想之即為那絕對的存有——上帝。〔註34〕

　　然而，悟性的純理智活動之內容並不能由其自身產生，而必須是外在地被給予。對於這外在地被給予者，純理智之活動的同化作用藉由感性的接收而現實化，成為一主動的過程去同化那外在地被給予者。同樣地，我們要注意的是，如此之由主動同化作用而產生的一個新的限定，不僅是靜態的形式限定，而且是動態的關聯於此活動所朝向的最終目標。這樣的一種主動的關聯於終極目標直接地構成被給予者及其被同化為我們意識之對象，所以，此一對象不僅在主體內成為主體的一部份而充實了主體，而且之為主體意識內之對象而相對於主體。故而，如此之動態的關聯，隱含地為對象之建構元素，也就是說，主體之內存對象被建構為一相對於主體而於主體內之對象，於此

〔註33〕同上，頁114～115。
〔註34〕同上，頁115～116。

—19—

程序中，必然內在地關聯於形上秩序。由此，我們不難明白，這樣的同化作用，相伴隨著將被給予者導入目的性之絕對秩序中，就是「肯定」，如此，判斷中的肯定即呈現出形上的價值。所以，「肯定」不僅滿足了客觀統覺（之於現象上之意義而言）的必然與充足條件，而且滿足了形上統覺的必然與充足條件。〔註35〕

那被給予者關聯於之為絕對存有之最終目標，是建構知性之每一對象之所以可能的先天條件，而我們對於此絕對存有僅有類比的知識，而且，這樣的知識並不在此關聯中直接表象出來，所以只是「隱含地」涵蘊於每一對象之知識內。故而，「於思想之每一對象上，無論它可能是什麼，我們隱含地肯定了絕對存有者且明顯地肯定了偶有者。除此同時存在的雙重肯定外，將無客觀思想之可能性。」〔註36〕

三、歸謬的肯定（Retorsion）〔註37〕與超驗方法

"Retorsion"一字在古典批判的使用上，就是我們無法對存有之肯定的普遍必然性之根本有效性加以置疑，而使得我們不得不去贊同之，換句話說，當我們對一存有者之肯定置疑時，這樣的置疑已預設了此存有者之肯定，否則此「懷疑」本身亦是可疑的！那麼，當我們置疑所懷疑者時即已預設了所懷疑者的肯定，如此的懷疑豈不荒謬！反而，因著這樣的置疑，更進一步地說明了存有者之肯定的普遍必然性，使我們無可置疑。但是，歸謬的肯定並未說明此存有的肯定「為什麼」是必然的、以及「如何」之為必然的！而我們所能得知的是，由於歸謬的肯定證明了存有之肯定的普遍必然性，所以其即指出了存有之肯定是為一被給予者之為意識之對象之所以可能的內在先天條件，這就是說，歸謬的肯定隱然地含括了一存有學之肯定的客觀超驗推證。但是，這樣的一種方法卻無法滿足當代對知識的批判，因為當代關於知識的批判是直接對知識活動的反省，以掌握及瞭解知識的活動與包含於其中之對象。而歸謬的肯定在其推證上顯然亦未言明「存有」是如何的被賦予於對象上，以及這樣所賦予對象之「存有」其真實意涵是為存有之絕對意義、或僅在於經驗的領域內。關於這

〔註35〕同上，頁116～117。
〔註36〕同上，頁117。中文翻譯乃筆者由英文自行翻出。
〔註37〕"Retorsion"一字，一般譯為「歸謬」之意義，但是筆者認為，其並非單純的「歸謬」，而有更進一步的肯定其所欲言者之意義，故而，筆者自行將之譯為「歸謬的肯定」。

些問題，我們必須運用超驗方法方得以解決。〔註38〕

　　由以上我們可知，僅是歸謬的肯定必不足以即為超驗方法，但是，歸謬的肯定與超驗方法仍有相當的關聯，我們由以下超驗方法的兩種特性，即可見得歸謬的肯定與超驗方法的關聯、以及其間的差異。〔註39〕

　　（1）超驗方法言明必然包含於知識中，而為知識之每一對象的內在必然之基礎的成份，我們對之無可置疑，否則即陷入矛盾及疑惑之中。此即於歸謬的肯定中顯示出來，於超驗方法中，其證明並非以概念化的形式出現，而明證出判斷中之存有之肯定的有效性以及真理之知識的可能性，是無可否定的，否則即造成自相矛盾。

　　（2）超驗方法對知識之活動加以思考，亦思及對此活動之條件的分析，以便解釋知識之活動的特有性質。而我們欲發現這些條件，就在此活動之結構上。但是，如果此活動之結構本身未有任何的限定，我們即無法對這樣的一個結構加以理解及分析，也就是說，知識的活動必有其對象，此活動因著我們對此對象的理解而有一結構。故而，「關於這些條件的分析導致了那於一對象之理解中所生發者之明確的知識，因為這些條件必然地含括於其中。」如此，我們稱第一項特性為「歸謬肯定之元素」（the retorsive element），其為關於超驗方法之有效性之基礎的元素。第二項特性為「活動──分析的元素」（the act-analytical element）或「操作的元素」（the operative element），此特性指出了對象之所以被知之結構與意向此對象之活動的建構條件間的連結。故而，由此我們可得知，超驗方法與歸謬的肯定間之差別，就在此操作元素上，亦即，超驗方法是操作的，而歸謬的肯定則否。那麼，於此我們即當明確的限定「操作的」一辭之意義。〔註40〕

　　所謂「操作的」，意指：經由一活動來決定意義之結構。我們所言之「操作型定義」（operative definition），即是藉由相關於一活動而限定了一概念。這是對於一些廣包的概念，無法以類別及種差加以區別而定義時，所使用的一種定義。例如：我們說「氫」是一種氣體，這種氣體就是當電流通過酸性溶液時，在陰極釋放出的氣體。由此，我們不難明白，超驗方法即是操作的，

〔註38〕 "The Transcendental Method"，頁 129。
〔註39〕 以下兩點，參閱 "The Transcendental Method" 一書，頁 130。中文翻譯乃筆者由英文自行翻出。
〔註40〕 同上。

「因為它嘗試著經由純理智活動之分析來決定此活動之對象的意義，而且固置了此活動之條件（可能性主觀條件）與對象之結構元素（可能性之客觀條件）間之緊密的相互關聯」。〔註41〕純理智活動之對象之所以為一對象，除其本身之客觀實在，乃主體有此能力主動地建構之而為一對象。這樣的活動並非全然為對象所影響而被動地接收對象，而是主體的活動必有其目的性，主動地朝向一終極目的——絕對的、無相對性之對象，即：絕對存有——，此一絕對的對象即為一個別對象之客觀實在的基礎，亦為相關於此個別對象之知識活動的建構條件。所以，我們對知識之活動的分析，顯示出知識的每一對象皆關聯於存有的絕對秩序。「無論如何，這一切意味著，關於此活動的分析已決定了此活動的對象之意義，亦即，於一必然關聯於存有之絕對的、自足的、以及自我可知的秩序之意義上（此為一顯出操作型方法之特徵的程序），其同時表達了存有之必然肯定乃含括於知識之活動中」。〔註42〕我們不難看出，這樣一個程序即為存有學之肯定的超驗推證。如此，超驗方法之為「操作的」，與歸謬的肯定之方法不一樣，它並未在一開始即證明任何對其之置疑必歸於荒謬，僅是藉由對知識的活動之條件的分析而確立了其確實意義。〔註43〕

第三節　超驗方法的意義

　　人的存在必有多種不同模式的活動，人們嘗試以不同的角度去瞭解這些不同模式的活動及其關聯，因著某種角度的探討，對這些活動的瞭解亦在於不同範圍與秩序之中。而超驗方法則是起始對我們意向活動的反省，據於廣涵的存有之秩序，以尋求對這些活動及其領域的終極理解。我們朝向一對象的自發活動即以此秩序為其所賴以活動之基礎，但是，此秩序並非由外在而附加於此活動上者，而是於活動中顯現出來，因著這樣的顯明，我們才有可能得知此活動正是我們所知曉的那樣。所以，此即自我認知的活動，由對此活動的分析可得到其所以可能的條件，且經由此自我認知活動其自身才能顯露出廣涵的存有之秩序。而我們意識之對象，也就在此秩序的統一中，才能

〔註41〕同上，頁131。中文翻譯乃筆者由英文自行翻出。
〔註42〕同上，頁132。中文翻譯乃筆者由英文自行翻出。
〔註43〕同上。

理解對象之多樣性，而非僅限於某一領域。故而，「就此顯露乃爲於此活動中所能被知者所維續而言，我們所處理的是此活動的自我解說」。〔註44〕既然此整體秩序是在活動中顯露出來，那麼如此顯露的起始點亦在於這樣的秩序，此起始點就是我們關於對象的意識。但是，意向活動的主要問題並不在此一相關照應上，而是在於我們所掌握的領域上。往往我們由一受限的範疇形式理解了某一特殊的領域，而未顧及一整體的絕對領域，或者是誤解了某一特殊領域及其範疇形式即含括了此一整全的整體，如此即產生「二律背反」（antinomy）的問題，而僅有在於存有的絕對秩序中，此問題方得以解決。超驗方法就是這麼一種方法，「其經由操作於活動本身之廣涵的秩序之一評價而提供了此活動之一廣涵的自我理解，而能將此活動之諸構成元素（如同由諸特殊方法中所顯露出的一樣）彼此相關聯，因而將這些方法及它們的有效結論導引入秩序中」。〔註45〕

　　超驗方法的起始點是對於對象的意識，就是關於對象的直接知識。這樣的意識已經由主體的活動，使得眞實對象被表象出來，而限定了被給予於意識之事物。因此，其起始點就是於精確意義上之現象的對象，亦即，內存之對象，或意識內之對象。〔註46〕但是，超驗方法並未囿於其起始點這樣的基礎上，反而在面對當代思想所引發之問題時，超越其起始點而做了更進一步、更深一層的理解，以予當代哲學問題一充分的解決。〔註47〕這是由於超驗方法是奠基於存有之絕對秩序的基礎上，而此秩序是從活動中顯露出來，並非由外在所附加者；而我們卻無可忽視的一個事實是：人們的一切活動皆受限於某一觀點上，但是，我們可由這樣的限制中去瞭解人們的活動，以實現它們所堪稱的絕對性，因爲一切的活動皆由存有之絕對秩序所維續。雖然如此，我們對此活動亦只能在於相關聯的照應上去瞭解及發展，而活動本身卻是順應於絕對的秩序。「無論如何，其原理，作爲活動中的操作者，

〔註44〕同上，頁 336。中文翻譯乃筆者由英文自行翻出。
〔註45〕同上，頁 338。中文翻譯乃筆者由英文自行翻出。於翻譯句中言及之「這些方法」，包括：現象學之方法（the phenomenological method）、知識之邏輯的與語言的分析之方法（the methods of the logical and linguistic analysis of knowledge）、系統批判之方法（the systematico-critical methods）、等等。慕克對它們做了簡短的討論，言明其應用及限度，並指出產生錯誤之可能性。於此不多加敘述及討論，可參閱頁 336～337。
〔註46〕同上，頁 122。
〔註47〕同上，頁 338。

能區別於相對者而被掌握（此為超驗還原的工作），而且，此活動之絕對性之內容能據於其所相關的絕對秩序而被推得與理解（此為超驗推證的工作）」。〔註48〕

新士林哲學家將「人」視為一整體，而且「人」必與絕對者有所關聯；〔註49〕「人」既為一整體，則人之活動即不得分割於不同秩序中（如康德之劃分）。故而，新士林哲學家們即企欲於一普遍性的觀點下，由對人之活動的瞭解，以達到人之所是及其世界的終極關懷。新士林哲學的超驗方法就是這麼一個方法，其對人之活動的終極解釋，並非僅抽出一絕對者或絕對秩序作探討，而是絕對秩序運作於人之存在的活動中，並在此活動中顯現其自己。所以，超驗方法乃思考絕對秩序與人之具體實在的關聯，因著於此秩序中理解我們的活動及其對象，絕對秩序亦由之顯露出來。故而，「此秩序，存有之秩序，為一維續活動之先天者。因此，其為自我認知的、對象朝向的活動所關聯的客觀實在之秩序，而且，其含括了那活動者、活動自身與對象」。〔註50〕由之，我們得以明白，我們之於秩序及活動與對象的理解與解釋，也就是我們無法獨立地去理解先天或後天者，在理解上必然是相互倚賴的，而且是在互動上的掌握。所以，超驗方法是動態的，而非僅是先驗形式的靜態解釋。但是，前已言及，超驗方法的起始點即是對對象之意識，而每個人對對象之意識亦可能有所差異，所以對此秩序即可能出現不同的理解及發展。而這樣的差異情況亦是必要的，「否則有所區別的人之存在的活動，將不會達至如同其內在律則所要求之有所區別的存在活動的意義之統一的反省的澄清」。〔註51〕由此，我們可知，超驗方法之為一種方法，其自身亦在於此廣涵的絕對秩序中，沒有一固定的表現形式，而就是在存有境界內呈現出不同的型態，且並不因為這些具體呈現的不同型態而失其為超驗方法，除非於起始即予以錯誤的期盼，使其僅為一受限的方法！然而，倒頭來當我們對此受限之方法尋其終極基礎時，超驗方法卻又因應而出了。

〔註48〕同上，頁340。中文翻譯乃筆者由英文自行翻出。

〔註49〕參閱戴孚高（Bernard Delfgaauw）著，傅佩榮譯《西方哲學》一書，業強出版社出版，1989年6月初版，1992年3月三版，頁40～42。

〔註50〕"The Transcendental Method"，頁341。中文翻譯乃筆者由英文自行翻出。

〔註51〕同上，頁341。中文翻譯乃筆者由英文自行翻出。慕克於其書中亦對繼馬雷夏之後，續對超驗方法作不同發展的幾位新士林哲學家的超驗方法有所闡述，其中包括：拉內（Karl Rahner）、馬爾克（Ander Marc）、羅耐剛（Bernard J. F. Lonergan）、柯勒（Emerich Coreth）等人。可參閱9、11、12、13章。

第四節　以超驗方法思考孔子之言「天」之可能性

　　「方法」就是達到目的的手段及途徑，其本身並不能提供我們任何新的知識，但是，在學術上，知識即是藉由方法而獲得，知識系統卻是基於方法而得以建構。故而，方法的應用確實重要，由之，我們可獲得更多的知識；但是，方法的運用卻要適宜，否則不但無法達至我們求知的目的，且反而會誤導我們的求知途徑，導出許多錯誤的結果及扭曲的知識。那麼，本文欲以新士林哲學的超驗方法來研究孔子之言「天」之所指是否適宜呢？這個問題所欲得到的即是：新士林哲學的超驗方法確實與中國人的思維方法相符合，亦即，超驗方法得容於中國人之心靈。那麼，我們首先要問：「思維方法」本身是否受到某種範疇（文化、地域、集團、社群、等等）之制約呢？日本學者中村元言及：「思維方法指的是屬于一個集團或民族的個人，附隨於其集團或民族，或者被制約於其占支配地位而有特徵的思維傾向，以某種有特徵的方法作思維時的思維方法。……諸種的思維方法合攏來成為一連串傳統力量，強力地支配著一個集團，社會乃至民族的思維方法的場合，特稱之為思維傾向。」〔註52〕中村元的意思不外乎就是說每一集團或民族，自覺或不自覺地經常作傾向於某一方面的思維，因而得出不同的思維產物或思想，成就其特有的文化或思維形態；簡單的說一句，就是每一集團或民族皆有其特有的思維方法。雖然如此，一民族與他民族之間在文化上的攝取、容受，亦表現出了思維方法的變貌，佛教的傳入中國，終而發展出中國的佛教而成為中國文化的一部份，如徐復觀先生在其所翻譯《中國人之思維方法》一書之「譯序」中，明白地言及佛教傳入中國之時，中國自己早已有高度的文化，中國文化之主流有其自己貫徹自己中心不動之點，所以佛教因中國的思維方法而變貌，但是「中國化」之佛教並未因此而失卻其佛教之特性，相形之下，中國文化之主流──儒教──亦受傳入之佛教的影響；故而，此兩種文化的接觸所發生的是相互間的影響，彼此在其特性上相互間都打了一個折扣。〔註53〕中村元亦述及：「一個民族，對其他民族的思維方法或思想形態，並不非源源本本照樣加以攝取；而是在攝取之際，會加以批評，選擇，變形的。這種攝取的方法，很顯著的表示其民族思維方法的特徵。」〔註

〔註52〕參閱中村元著‧徐復觀譯《中國人之思維方法》一書，臺灣學生書局出版，中華民國80年4月修訂版一刷，頁3～4。
〔註53〕同上，頁III。
〔註54〕同上，頁11。

54）歷史上，佛教之中國化，的確是中國文化與一方外文化會通的成功，不但充實了中國文化之內涵，更凸顯了中國之思維方法的特徵；但是，民國之初的「五四」時代，當中國面對西方之「科學」與「民主」思想時，卻未能顯出中國文化那般的氣魄及凸顯中國思維方法之特徵，反而顯得處處受到了壓制！可是，很快的，我們亦得到了教訓，全盤的接受外來思維方法與思想，不顧及本有思維方法與思想之特性，亦是注定要失敗的！在這裏，筆者即遇到了一個同樣的問題：新士林哲學之超驗方法畢竟是西洋的哲學系統中發展出來的思維方法，那麼，超驗方法又如何能應用於中國傳統思想的反省上呢？或是如徐復觀先生所說於彼此的特性上相互間都得打個折扣呢？佛教之傳入而終能開出中國之佛教（佛教中國化），成為中國文化之一部份，不乏其傳入正當中國魏晉南北朝老莊道家之說盛行而與其心靈相近之契機，那麼，超驗方法如今應用於中國傳統思想之反省，是否亦正當如此之契機——適於中國人之心靈？

　　新士林哲學的開展，乃以多瑪斯哲學為其主流，是為「新多瑪斯主義」（Neo-Thomism），如戴孚高（B. Delfgaauw）所說：「……在廣泛的新士林哲學運動中，新多瑪斯主義固然匯為巨流，但是另外也涵括了斯考特主義（Scotism）與蘇亞雷主義（Suarezianism）的思想。我們若描述新多瑪斯主義的學說立場，將可非常清楚地看出新士林哲學的地位。」〔註55〕多瑪斯雖然承襲了亞里斯多德之言第一哲學或形上學為研究存有之為存有的學問，但是多瑪斯卻著眼於人類心靈之限度內，對存在之存有的解釋，柯普斯登（Frederick Copleston，S. J.）教授說：「他的思想經常保持著與具體事物、存在事物相接觸，此二等事物所有之存在乃為衍生的某者、接受之為存在的某者，以及那並非接受存在而其即為存在者。」〔註56〕可見多瑪斯不僅是對一般的存在之存有，甚至那其本身即存在的至高存在者。因此，對多瑪斯來說，關於知識論上的問題，仍是為證成形上學，〔註57〕柯普斯登教授言及：「……聖多瑪斯是一基督徒哲學家。……他之為基督徒神學家的這樣一個事實，使得他一再的強調『第一哲學是全然地指向作為最終目的之上帝的知識』，而且『上帝的知識是每一個人之認知與運作的終

〔註55〕《西方哲學》，頁 32。
〔註56〕參閱 Frederick Copleston，S. J. "A History of Philosophy"，Image Books edition 1962 by special arrangement with The Newman Press，Westminster，Maryland；VolumeII‧PartII，頁 26。中文翻譯乃筆者由英文自行翻出。
〔註57〕同上，參閱頁 108。

極目的』。」〔註58〕馬雷夏認為,「亞里斯多德──多瑪斯」哲學在解決知識之問題上,呈顯出兩種面向:首先即是對存有之絕對肯定(the absolute affirmation of being)的超驗證明(transcendental proof),「超驗證明」一辭雖是藉康德之語,「亞里斯多德－多瑪斯」的運用乃超越康德之在於現象的實在,而是在於存有之絕對領域中,「亞里斯多德──多瑪斯」以意志的意願促使行動的必然性,必趨向一行動的目的,所以邏輯上即隱含了客觀肯定與判斷的必然性,而行動及其目的必在於實在的秩序之中(in the order of reality)。客觀肯定與判斷必有其所肯定之對象,此被肯定之對象在存有境界內即同一於其自己〔第一原理:同一律(the principle of identity)或不矛盾律(the principle of non-contradiction)〕。因此,存有的絕對必然性即是人類活動之可能性的終極條件,對它的否定亦即此一否定經由這樣的否定活動而否定了其自己(歸謬的肯定,retorsion)!至於存有與不同的個別對象之間的關聯如何?以及二律背反之問題如何解決?欲回答此等問題,即為「亞里斯多德──多瑪斯」哲學在解決知識之問題上所呈顯的第二個面向──絕對肯定之建構的存有學之批判(the ontological critique of the constitution of absolute affirmation)──。此即一與多、非物質與物質間之關聯問題,亞里斯多德提出了現實與潛能間的區別,有限存有者之變化即是由潛能至現實的運動過程;〔註59〕多瑪斯則更深一層地見到了本質與存在二者之為有限存有者的雙重原則,更進一步地說明了亞里斯多德所言之不動的動者實為本質即存在的自有永有之存有本身的上帝。〔註60〕柯普斯登教授言及:多瑪斯認為,「感官必然地為一殊種對象所限定,但是理智,是為非物質的,即為理解存有之能力。理智之為如此乃指向一切存有。理智之對象是可理解的:沒有東西是可理解的,除非其為於現實中分享存有者,而一切那於現實中者皆為可理解的,只要其為於現實中,即分享存有者。如果我們精確地思考人類理智之為理智,則我們必須承認,其首要對象即為存有。……作為人之理智,其必須起始於感官、於物質存有者,但是作為人之理智,其亦能不斷的超越感官,而不受制於物質的存在,雖然其僅在於非物質對象於感覺世界中且經由感覺世界而被彰顯出來、在於物質事物有一關聯於非物質對象中方能如此。」〔註61〕由亞

〔註58〕同上,頁 28〜29。
〔註59〕"The Transcendental Method",頁 50〜53。
〔註60〕"A History of Philosophy",VolumeII・PartII,頁 145〜146。
〔註61〕同上,頁 113〜114。中文翻譯乃筆者由英文自行翻出。關於理智及其對象的相關討論,亦可參閱祈爾松(Étienne Gilson)所著之"The Christian

里斯多德所建立，後經多瑪斯所發展之形上學，在如此意義下，即爲「知識的批判」（the critique of knowledge），「它決定了關於必然規範之存有之肯定的合法意義」。〔註62〕「亞里斯多德──多瑪斯」哲學雖已有超驗的基本觀念於其中，但是一方面其所著重的乃在於「客觀性」而非「主體性」，〔註63〕另一方面，其所使用之方法是「歸謬的肯定」，不同於今之超驗方法；所以稱其爲「知識的古典批判」（the classical critique of knowledge）。〔註64〕

當代哲學自笛卡兒（Descartes）之後，知識的問題逐漸轉向主體的一面，但是在康德之前，關於如此之轉向仍不完全。例如：笛卡兒所言之「自我」（self）仍是一實體（I-substance），乃存有學之對象，只是在眾多對象中被呈現出來的一個對象，亦只是被賦予了直接顯明的特性罷了！而經驗主義者所言之「自我」只是一心理的主體（psychological subject），以產生以及理解聯想與感官表象之間的結合，所以此一自我並不能作爲知識之客觀價值的基礎。直至康德方成就了關於主體的新概念，此一新的概念「表顯出超驗主體爲思想的對象之一內在的與建構的功能，且其浸透於整個的批判哲學。」〔註65〕康德雖然調和了理性主義與經驗主義之間的論爭，但是他的先驗哲學卻僅解決了感性（sensibility）與悟性（understanding）之間的二律背反，仍未解決悟性與理性（reason）之間的二律背反。〔註66〕關於康德哲學的構想及其根本錯誤，前已有所論述，簡單的說，康德思及傳統形上學之知識批判的論戰由來已久，至其所處之時代已走上獨斷論及懷疑論之途，康德即採取了第三種哲學立場，即「先驗批判論」（transcendental criticism）。其所著《純粹理性批判》一書，則決定了形上學的可能性及如何可能，亦重新決定了哲學與自然科學間、邏輯、形上學與經驗間的關係。〔註67〕而康德的根本錯誤即在於他太過份的

Philosophy of St. Thomas Aquinas"（Translation on from the French by L. K. Shook，C.S.B.；Random House，New York，1956），Part Tow "Nature"·Chapter VI "The Intellect and Rational Knowledge"；以及"The Spirit of Medieval Philosophy"（Translated by A. H. C. Downes，Copyright，1936，by CHARLES SCRIBNER'S SONS，New York，1940），Chapter XIII "The Intellect and Its Object"。

〔註62〕 "The Transcendental Method"，頁 53。中文翻譯乃筆者由英文自行翻出。
〔註63〕 "A History of Philosophy"，VolumeII·PartII，頁 28。
〔註64〕 "The Transcendental Method"，頁 50。
〔註65〕 同上，頁 56～57。中文翻譯乃筆者由英文自行翻出。
〔註66〕 同上，頁 48。
〔註67〕 《康德〔純粹理性批判〕導讀》，頁 11～12。

將本體與現象、理論理性與實踐理性區分開來，使其先驗哲學呈現出一種靜態形式，而忽略了動態的觀點。新士林哲學家們企欲回歸傳統士林哲學（尤其是多瑪斯的哲學傳統），另一方面，他們亦不得不面對當代的哲學問題，對中世紀之後近代的大哲學家們提出的問題作一解答，新士林哲學家們即與不同的哲學傳統相接觸。面對不同的哲學傳統，新士林哲學並非與之立於相對的立場，而是與之對話，思考當代哲學問題與傳統士林哲學的關聯，由士林哲學的傳統中尋求對當代哲學問題的解決。當然，此絕非單純的將傳統士林哲學之內容應用於當代哲學問題上，而是需進一步的轉化與發展；故而，新士林哲學家們所面臨的不僅是內容問題，更是方法上的問題。所以，慕克說：「……康德的超驗立場並非一偶然的發現。它是區別當代思想與中世紀時期之理智發展的一個結果。」〔註68〕經由新士林哲學家的探討及思考，康德哲學的先驗批判之觀點及其方法，的確能成就方法上的專門化、專門學術的分類、不同模式之知識間的關聯、不同哲學立場間的關聯、乃至實在界之整體秩序的解釋，但是，超驗方法卻不止於康德之《純粹理性批判》的具體結論；新士林哲學家們注意到了康德的根本錯誤及對超驗方法的表達不完全而超越之，基本上仍承繼了「亞里斯多德──多瑪斯」的哲學內容，而以超驗方法建構了具超驗基礎的形上學。所以，拉內（Karl Rahner）在其為慕克所著之《超驗方法》一書所作的序文中說到：「本書作者討論了現代『士林哲學』中之超驗方法，也就是，他概述了接納一思想模式的歷史，此一思想模式是那樣的改變了接納的『系統』，以致於它成為一全然新的與不同的一種思想模式。對超驗方法的接納亦即『新士林哲學』（neo-scholasticism）的目的，就這個詞的歷史意義上而言。這並不是說此一接納否認了中世紀時期（特別是多瑪斯‧亞奎那）之傳統哲學的承繼之實質為虛妄的或無意義的。」「超驗的轉向並不意謂著只是於一以不同方式而穩固的與靜態的『系統』中，採取一標示為新的學說，而是此『系統』其自身之一全然新的概念。」〔註69〕

由以上對歷史的綜觀，以及本章對超驗方法的解釋，我們明白了新士林哲學的超驗方法在歷史境遇內之立足點及其與傳統士林哲學之關聯，而超驗方法的運作是將人視為一整體（不似康德在人之理性及其認知上所作的區隔），直接針對人之意向活動的反省，沒有任何預設及為任何歷史條件所束

〔註68〕The Transcendental Method", 頁19。中文翻譯乃筆者由英文自行翻出。
〔註69〕以上兩段引言，同上，頁9。中文翻譯乃筆者由英文自行翻出。

縛，且在這樣的反省上發覺由活動中所顯露出來的實在界之整體秩序。所以，超驗方法的應用已非僅止於認知上，而更有主體於情境中的感受；故而，新士林哲學家們在超驗方法的運用上，並不致力於一詳盡的知識論之建構，而是成就了一不與傳統脫節卻不同於傳統之新的形上學。中國哲學乃一道統的傳承，著重人之本身生命境界的闡釋，強調生命的體證，特別注意到生命的活動，而直指生命活動的反省與指點。不多言其他，就本文所探討之對象──孔子──來說，孔子與弟子問答之間，同樣的問題由不同的弟子問出，孔子亦有不同的回答而予不同的指點，我們常稱之為「因材施教」！殊不知孔子如何知其弟子之資質？即是由弟子之行為、實踐，亦即其活動中知之。所以孔子乃針對諸弟子之行為所處加以指點，使諸弟子得以於其自己所有的活動中體會、領悟，得以於其實踐上悟得所受之道理。故而，此已非僅是認知上所然，而更是生命主體本身的體證。舉個例子來說，《論語》上記載「子游問：『孝？』子曰：『今之孝者，是謂能養；至於犬、馬，皆能有養；不敬，何以別乎？』」（爲政篇）與「子夏問：『孝？』子曰：『色難。有事，弟子服其勞；有酒食，先生饌？曾是以爲孝乎？』」（爲政篇）什麼是「孝」？《說文》：「孝，善事父母者。」《釋名・釋言語》：「孝，好也；愛好父母，如所悅好也。」〔註70〕「孝」之無可定義，以上所言僅是人子之於父母之爲孝之行爲的指引，難就難在於個人不同的資材、背景下，當如何行孝呢？孔子面對子游、子夏二名弟子的問「孝」，見子游之學，以習禮自見，而嫻習於禮，明達禮意，且能行禮樂之教，〔註71〕因「禮」以「敬」爲主，否則即流於禮之形式，如《論語》中記載：「子曰：『居上不寬，爲禮不敬，臨喪不哀；吾何以觀之哉？』」（八佾篇）「祭如在，祭神如神在。子曰：『吾不與祭，如不祭。』」（八佾篇）故答子游之問「孝」爲能「敬」，如果只是「能養」，則何以異於犬、馬之「養」呢？所以，孝事父母乃以「敬」。而子夏乃孔子所許可與言詩的兩個弟子之一（另一者爲子貢），所不同者乃「子貢因論學而知詩，子夏因論詩而知學」（朱注引謝氏之言）；然子夏於論詩之餘往往不免溺於典籍章句之中，而忽於義理、忘卻世道，所以孔子嘗提醒他：「女爲君子儒，無爲小人

〔註70〕 以上兩段引言，轉引自嚴靈峰編著《經子叢著》（第三冊），中華叢書，國立編譯館中華叢書編審委員會編印、發行，中華民國72年5月印行；前部「論語章句新編」，頁33。

〔註71〕 參閱蔡仁厚著《孔門弟子志行考述》一書，臺灣商務印書館發行，中華民國58年9月初版，中華民國70年2月五版；第十章「嫻習禮樂的子游」。

儒。」（論語雍也篇）子游亦以：「子夏之門人小子，當洒掃應對進退，則可矣！抑末也，本之則無，如之何？」（論語子張篇）之語提醒子夏君子當務本，切不可泥於器藝，捨本逐末。孔子嘗藉與子夏論詩之機以明其義理世道：「子夏問曰：『詩云：”巧笑倩兮，美目盼兮，素以爲絢兮。”何謂也？』子曰：『繪事後素。』曰：『禮後乎！』子曰：『起予者商也！始可與言詩已矣。』」（論語八佾篇）孔子以「繪事」之喻以言《詩經》所謂美女先有倩盼美質，再加之華采之飾，更見其容色之美，猶如繪畫當先有粉地之質，復施以五采，而成其繪事之美；子夏聽孔子之語而悟得於「禮」上而言，當先有忠信之質，方得習禮之節文，以成就君子之德。〔註72〕所以，孔子答子夏問「孝」，勿以服其勞、後其食爲「孝」，因此皆爲人子之常事，何能謂之「孝」！必「承順父母顏色，乃是爲孝耳」（馬融語），「夫氣色和，則情志通；善養親之志者，必先和其色；故曰難也」（顏延之語）。〔註73〕

　　本章行文至此，由前諸多的討論與闡釋，我們不難明白，新士林哲學的超驗方法是對人之活動最終極的理解與解釋，是在最爲廣涵的存有之絕對秩序中的動態展現，自我的存在亦處於其間的關聯，而非僅是作爲一客觀機構的主體。而中國哲學的傳承著重的是生命的具體存在，並未開出知識理論的一面，即並不重視知識系統的邏輯建構，所以，中國哲學當然不是靜態形式的闡釋，卻是生命存在境界的動態展現，中國哲學所言之「道」，亦是在實踐中顯露出來，如《論語》中記載孔子之語：「人能弘道，非道弘人。」（衛靈公篇）即意含「道」於人之行爲實踐中展露，而非外在加於人之身上者。另一方面，中國歷代哲人之言「天」或「天道」，無論後世將之釋爲純粹至善之本體、道德之形而上依據、或是如同基督宗教所言之具位格的上帝等等，皆無礙於先聖先哲們之於現實生命的體證上掌握一絕對的存有（此於下一章歷史的探討上即可明示）——即內存即超越；超驗方法的運作，正是具備了這種超越性。故而，筆者認爲中國人特有的思維方法即爲超驗的，只是以不同的具體型態呈現出來，這也正是超驗方法於具體呈現上的一個特徵。如此，我們當不難瞭解，本文之以新士林哲學的超驗方法思考孔子之言「天」的可能了。

〔註72〕同上，第十一章「教授傳經的子夏」。
〔註73〕以上兩段引言，轉引白《經子叢著》（第三冊），前部「論語章句新編」，頁40、
　　　　39。

第二章　孔子之言「天」的歷史背景

　　勞思光先生於其所著《中國哲學史》中言及：「……古代中國思想，是指哲學開始成立以前說。孔子於周末創立儒學，方是中國最早的哲學。」因為「……孔子最先提出一系統自覺理論，由此對價值及文化問題，持有確定觀點及主張。」〔註1〕姑不論這樣的說法及對哲學的觀念是否無誤，可以肯定的是：言下之意，乃論即至孔子之時，理性的自覺方才充分展現出來。而自孔子自己曾說道：「述而不作，信而好古；竊比於我老彭。」（論語述而篇）及孔子對堯、舜、禹、文王、周公等之先聖先王的仰讚，〔註2〕復言：「殷因於夏禮，所損益可知也；周因於殷禮，所損益可知也；其或繼周者，雖百世可知也。」（論語為政篇）「周監於二代，郁郁乎文哉！吾從周！」（論語八佾篇）乃至孟子所云：「由堯舜至於湯，五百有餘歲；若禹、皋陶則見而知之，若湯則聞而知之。由湯至於文王，五百有餘歲；若伊尹、萊朱則見而知之，若文王則聞而知之。由文王至孔子，五百有餘歲；若太公望、散宜生則見而知之，孔子則聞而知之。由孔子而來，至於今，百有餘歲。去聖人之世，若此其未遠也，近聖人之居，若此其甚也；然而無有乎爾，則亦無有乎爾。」（孟子盡

〔註1〕以上兩段引言，參閱勞思光著《中國哲學史》（第一卷）一書，三民書局股份有限公司出版，中華民國70年1月初版：頁47。

〔註2〕諸如《論語》中所載孔子所言：「大哉！堯之為君也。巍巍乎！唯天為大，唯堯則之！蕩蕩乎！民無能名焉。巍巍乎！其有成功也。煥乎！其有文章。」（泰伯篇）「無為而治者，其舜也與！夫何為哉？恭己正南面而已矣。」（衛靈公篇）「禹，吾無間然矣！菲飲食，而致孝乎鬼神；惡衣服，而致美乎黻冕；卑宮室，而盡力乎溝洫。禹，吾無間然矣！」（泰伯篇）「文王既沒，文不在茲乎？」（子罕篇）「甚矣！吾衰也久矣！吾不復夢見周公。」（述而篇）等等。

心篇下）顯示中國文化有一個一脈相承之道，切不能有所割斷及隔離。同樣地，欲瞭解孔子之言，自必於此一脈相承之道上去領悟。以下即針對孔子以前「天」之一概念，於中國文化思想及精神上之傳承與轉化，作一探討及闡述。而於本章正題之探討開始之前，有一點需先言明，即雖說乃針對「天」之一概念作探討，但不可能不及於古代中國思想上的一些概念，且又往往涉及考證問題，而即如孔子亦感嘆取證之文獻不足，〔註3〕今之考證問題更是雜難以定論！故而，以下爲文，除非必要，否則不論及考證問題，直接引取可徵之文獻、學說，以論述孔子以前之古代中國文化之思想與精神上關於「天」概念的源起及其轉化。

第一節　「天」概念的源起

這裏所探討的源起問題，主要的並非在於時間上的問題，而是其出現時的價值意義問題，亦即，「天」概念是因何源起？其出現的當時又代表何意義呢？我們所當注意的是，「天」之一字的初始出現並不見得即代表「天」概念的源起，因爲「天」字雖於殷商之末已然出現，但並不是指神明，而直至周代，「天」方才是一至上神。〔註4〕而另一方面，前已有言，中國文化有其一脈相承之道，殷、周之間的文化傳承自不能忽視，徐復觀先生亦特別強調了這一點，他說：「周公在殷遺民前強調『殷革夏命』，以證明周革殷命之爲正義；由此可知周公未取殷之前，固承認殷之政權係由天所命，亦即係天之代表；則夏殷在未亡時，原爲當時所共同承認之共主，殆無疑義。所以就我的看法，周的文化，最初只是殷帝國文化的一支；滅殷以後，在文化制度上的成就，乃是繼承殷文化之流而向前發展的結果。殷周文化，不應當看作是兩支平行的不同系統的文化。」〔註5〕既然殷、周之際有所傳承，那麼「天」之爲至上神的概念並不會突然冒出！也就是說，殷商民族必已有此觀念，否則怎能言「有所傳承」！那麼，殷商民族卻又爲什麼不見其以「天」爲神之觀

〔註3〕如《論語》中記載孔子之言：「夏禮，吾能言之，杞不足徵也；殷禮，吾能言之，宋不足徵也；文、獻不足故也。足，則吾能徵之矣。」（八佾篇）
〔註4〕參閱朱天順著《中國古代宗教初探》一書，谷風出版社出版，1986年10月出版，頁245。
〔註5〕參閱徐復觀著《中國人性論史》（先秦篇），臺灣商務印書館發行，中華民國58年1月初版，中華民國79年12月十版；頁16～17。

念出現呢？何炳棣先生解釋道：「商人甲骨文未見以『天』爲神的觀念，是因爲帝早已是尊榮的神名，加以晚商諸王曾統一規定諸神的名號，禁止在占卜中使用諸神的別名。」〔註6〕至此，問題仍未完全解決，因爲雖說甲骨文中諸神的名號是基於統一的規定，那麼爲什麼在殷商乃規定「帝」或「上帝」爲其至上神之名號，而卻未規定由「天」來表示呢？朱天順先生提出了一個原由，他說：「……我國遠古時代，人們對於天空空間本身，沒有加以神化崇拜。古人對於無限的天空也許感到很神秘，但光有神秘感並不一定會產生宗教迷信，只有能引起人們依賴感加上神秘感的對象，人們才會把它想爲神靈。這是殷人沒有崇拜＂天＂爲神的原因。」〔註7〕這樣的推測並非全然無根據的臆測，徐復觀先生即認爲，原始宗教的形成即是因爲當時的人民對天災人禍之自然力量的無可測度而產生恐怖之情，因著這樣的情緒而尋求某種依賴或對此神秘力量有所皈依；而殷商民族的精神生活仍在於這種原始之型態，所以「他們的宗教，還是原始性地宗教。當時他們的行爲，似乎是通過卜辭而完全決定於外在的神──祖宗神、自然神、及上帝。」〔註8〕在這三種神祇裏面，祖先神卻居於較重要的地位，因爲上帝雖爲至上神，主宰著自然界與人世間的一切事物，但是人並非直接獻祭於上帝，亦並非直接禱於上帝，必要藉著祖先爲中介的傳達方得及於上帝；既然祖先扮演著上帝與人之間的連繫角色，因此商人首要的宗教儀節即是對祖先的崇拜。〔註9〕由此，我們即不難明白，商人在面對無可解的神秘力量時，對祖先最是倚賴，甚至認爲先王的神靈高居於天，與上帝產生密切關係，是神靈世界的統治者，如殷墟卜辭中有記載：「咸不賓于帝，下乙賓于〔帝〕。」（乙 7197）「下乙不賓于帝，大甲賓于〔帝〕。」（乙 7434）「大甲不賓于帝，賓于帝。」（乙 7549）逐漸地，殷之

〔註6〕　轉引自傅佩榮著《儒道天論發微》一書，臺灣學生書局出版，中華民國 74年 10 月初版，中華民國 77 年 8 月第二次印刷；頁 11～12。傅佩榮教授於書中續述及董作賓先生亦支持此看法，因爲「……甲骨文屬於一種特殊的占卜文字。在這種文字中，統一規定諸神的名號，似乎是自然的與必要的。因此，甲骨文中未見以天爲上帝之觀念，並不表示商人沒有這一觀念」。參閱頁 12。

〔註7〕　《中國古代宗教初探》，頁 245。於此順便一提的是，這部書中，著者將「宗教」與「迷信」混爲一談，以爲宗教爲中國古代統治者基於神權以治下民的一個藉口。關於這個論調，吾人並不贊同，但此牽涉宗教、信仰、以及迷信之問題，已超出本文討論之範圍，故於此不多加討論。

〔註8〕　《中國人性論史》（先秦篇），頁 15。

〔註9〕　《儒道天論發微》，頁 8。

先王亦被賦以「帝」之尊號。然而,「帝」之名被僭用的結果,使得只要是商王,無論其有德無德,死後皆可享此尊榮。如此之一結果即很可能與周人之以「天」代「帝」有關,因為「天」概念所強調的即是君王在道德上的無尚要求。〔註10〕

　　無論由現有之文獻資料或基於字形字義探討皆無法對「天」與「帝」之起源為何下一定論,〔註11〕徐復觀先生以殷、周文化的相承,以及《書‧商書》的記載而推測,目前所發現的甲骨文中雖無「天」之本義之天,但是這並非概括了殷代的全部材料,所以殷代必有以「天」之本義的天字。〔註12〕雖然如此,但直至周初才產生以「天」與「帝」表現同一概念而互換使用之情形,而這無論是基於政治上的考慮以便降服殷之遺民,或是前所言乃殷之先王僭用了「帝」名之故,「天」之概念即自殷周之際即已佔優勢,而逐漸取代了「帝」之名,〔註13〕且有了進一步的發展,直至孔子之時代而有了更進一步的轉化。以下我們先就周朝之文獻《詩經》與《書經》的內容來探討周代之「天」概念的發展,然後在論及孔子所處之時代「天」概念的轉化,以明孔子之言「天」的整個歷史背景。

第二節　周初之於「天」的概念

　　殷商時代對「帝」或「上帝」的概念乃在於原始宗教之型態,雖說宗教可能是社會制度與政治體系的一種反映(王國維即持此看法),〔註14〕但是上帝仍是當時人們祈福的對象(當然是通過對祖宗神的祭祀之轉求),所以上帝亦只是消極及被動的祈求對象,尚未真正成為社會的主導力量。所以,雖然卜辭中有「帝命」一辭,《書‧商書》亦言及「天命」(「帝命」即「天命」),但商人所言「上帝」之為主動地天命、天意之表現仍在於萌芽階段,尚未成

〔註10〕《儒道天論發微》,頁10;《中國古代宗教初探》,頁248。引言轉引自後者。
〔註11〕關於「天」與「帝」之起源的討論,可參閱《儒道天論發微》一書,導論之第二節「『帝』概念之起源」與第四節「『天』概念之突起」;以及羅光著《中西宗教哲學比較研究》一書,中央文物供應社發行,中華民國71年2月出版,第一編第一章第二節之(一)「帝字和天字的意義」。
〔註12〕《中國人性論史》(先秦篇),頁18~19。
〔註13〕《儒道天論發微》,頁27。
〔註14〕同上,頁6。朱天順於其所著《中國古代宗教初探》一書中亦有此意,參閱頁246。

為其主要神性。〔註15〕直至周代，不但逐漸以「天」代「上帝」之名，且「天命」思想更趨系統化與複雜化，已直接進入了社會道德秩序與政治制度之權威中，呈現出一主導地位，而非只是人們藉以祈福的被動對象。〔註16〕另一方面，關於「天」之概念已逐漸脫離原始宗教的信仰型態，而走出了人文精神的自覺，如徐復觀先生所說：「周初的天、帝、天命等觀念，都是屬於殷文化的系統。…………總括的說，周原來是在殷帝國的政治、文化體系之內的一個方國；它關於宗教方面的文化，大體上是屬於殷文化的一支；但在文物制度方面，因為它是方國的關係，自然沒有殷自身發展的完備。……但人類精神的自覺，並不一定受物質成就的限制。周之克殷，乃係一個有精神自覺的統治集團，克服了一個沒有精神自覺或自覺得不夠的統治集團。」〔註17〕

一、人格天與形上天

　　所言「人格天」之義即為一般所謂表現意志之人格神，而「形上天」則是指作為形上實體的「天」之觀念，勞思光先生認為「人格天」之觀念乃人類早期社會的普遍信仰，不足以代表古代中國之思想特色，且鮮具哲學意義，僅能算是宗教或習俗之一部份，故而標舉「形上天」之義，以利哲學之討論及顯古代中國之思想特色。勞先生認為「形上天」之觀念是出現在《詩經》中，如：「維天之命，於穆不已。於乎不顯，文王之德之純。」（詩‧周頌‧清廟之什‧維天之命）勞先生從朱熹所撰，釋「天命」即「天道」，所以此之言「天命」已非「意志」表現之人格天，而是呈現一「理序」之形上天；又如：「天生烝民，有物有則，民之秉彝，好是懿德。」（詩‧大雅‧蕩之什‧烝民）朱注，釋「則」即「法」、「秉」即「執」、「彝」即「常」，所以「天」乃一理序必然性之根據，而非意志的表現；另有：「上天之載，無聲無臭，儀刑文王，萬邦作孚。」（詩‧大雅‧文王之什‧文王）凡此等等，「天」皆為

〔註15〕《中國古代宗教初探》，頁250～251。關於《書‧商書》是否可代表殷商民族之思想觀念之問題，朱天順於其書中亦有討論，他認為：《商書》十七篇雖為西周以後的著作，但是著者不會全然未考慮商人的情況，而只是全然地套上周人之思想觀念；所以，《商書》所表現的對上帝的信仰與天命觀念，亦僅能視為乃殷末周初之混合。（參閱頁252）徐復觀先生亦認為，我們不能全然否定《商書》所載之真實性，而懷疑只是後人所擬作罷了！（《中國人性論史》（先秦篇），頁18～19）

〔註16〕《中國古代宗教初探》，頁255～256。

〔註17〕《中國人性論史》（先秦篇），頁19。

一形上實體之概念，而非意志之表現的人格神之概念。故而，勞先生區別「形上天」與「人格天」或「意志天」的最大差別即在於：「形上天」表示一具理序之實體，而無意願，相應於後世之「天道」觀念；而「人格天」為一主宰者，表示其意願，相應於「天意」觀念。而依勞先生之意，「人格天」雖為一主宰者，但卻非一創世者，所以「人格天」乃受一理序觀念的約束，如詩書中所載天帝支持有德者，懲罰失德者，「德」則是由人之行為所顯發的理序，而非天帝本身所立之標準。「人格天」既不表一權威意志，其主宰仍受理序之約束，故而，於思想上，「人格天」乃低於「形上天」。〔註18〕

這裏的問題是，勞思光先生自己亦承認：「就詩經本身而論，此種『形上天』觀念，既是偶然一現，僅可看作一種想像，未能作為正式理論看。但後世儒者（漢以下的儒者）頗有順此一途徑而建立一理論者，因此，我們可說，這種觀念本身所含的哲學意義，與日後中國哲學理論有關。」〔註19〕所以，作為表一理序之實體的「形上天」是否為周人之於「天」概念的一個切面即成為問題？另一方面，如上所引《詩經》中諸句：「維天之命，於穆不已」、「天生烝民，有物有則」、「上天之載，無聲無臭」，即使釋「天」為此一理序之根據、為一實體，亦不能全然摒除「理性」與「意志」之意義於其中，因為既呈現一「理序」，此理序自不會無由出現，必有其規律者使之如此、如此，且其為一「實體」，則必為一類比之絕對實體，否則「天」不能是為一終極根源或根據。故而，至少對周人來說，「形上天」並非其之於「天」之概念；而關於之言「人格天」是否即表示同於西洋基督宗教所言之「人格神」，於此無需多加討論，只能說於周人之於「天」之概念上，仍在於一主宰之「人格天」，卻少了「創世」之觀念。秦家懿（Julia Ching）在其與孔漢思（Hans Küng）合著之《中國宗教與西方神學》一書中亦言及：「四千年前，在中國文化的萌芽期間祖先崇拜、祭祀、占卜等宗教活動是日常生活的重要部分。後來，周人興起，以一具人格的上帝改化了商代宗教。這一『人格神』（personal deity）看顧人間萬物，根據人的道德理性表現或賞或罰。因此，天意不再是神秘莫測而成為可知的，可理解的，並成為人一切理性活動的歸依。宗教觀念轉化

〔註18〕《中國哲學史》（第三卷），第一章（B）之（一）「詩經中之『形上天』觀念」與（C）之（一）「人格天觀念」。關於所錄朱熹之撰，參閱楊家駱主編，增訂中國學術名著第一輯，朱子小學及四書五經讀本，第三冊，《書經集傳·詩經集傳》：世界書局出版，中華民國70年11月五版。

〔註19〕《中國哲學史》（第三卷），頁26。

以後，人類歷史顯得更合理，人們逐漸體會到自己有掌握本身及歷史命運的能力。」〔註 20〕我們可說，周人之於「天」概念上，基於不同的意義，表達了「人格天」的不同切面；〔註 21〕而最重要的是，周人對「天」的概念已由人向天的祈福逐漸轉向人自己的一面，亦即人文精神已逐漸於其中顯發出來。所以，前亦有言，周代已逐漸脫離殷商時代之原始宗教，而展現宗教人文精神的轉化。〔註 22〕這其中必有新觀念的產生，以促成這樣的轉化。勞思光先生所言「形上天」之義，是否後世儒者乃順《詩經》之言而成就之理論，是為另一個問題：於此可肯定的是，「形上天」在周人來說，只能說是於某意義上之為「人格天」的一個切面，且「形上天」之觀念並不足以為由殷商至周代宗教人文精神轉化上的一個新觀念。

二、由原始宗教至宗教人文精神的轉化（一）──洪範九疇

雖說直至殷商時代仍未脫原始宗教之型態，而至周代方轉出人文精神的一面，但是，我們切不能忘卻中國文化之一脈相承之實；故而，周代宗教人

〔註20〕參閱秦家懿（Julia Ching）、孔漢思（Hans Küng）合撰‧吳華主譯《中國宗教與西方神學》一書，聯經出版事業公司出版，中華民國78年7月初版；頁63。

〔註21〕傅佩榮教授在其所著《儒道天論發微》一書中，即言及《詩經》與《書經》所呈顯之「天」或「帝」乃一至高主宰，而於不同意義上，展現出統治者、啟示者、審判者、造生者、與載行者，五種不同的角色，表達了「天」的不同切面。參閱頁27。

〔註22〕之言「宗教人文精神」一語，乃因筆者觀勞思光先生分別「形上天」與「人格天」之意，是要區分哲學的討論與宗教有所不同，亦有人文精神的透顯乃擺脫宗教之意。實際上，筆者認為，至少在周代，人文精神的自覺不可能擺脫宗教，且事實上宗教並不與人文精神的自覺有所衝突！因為「宗教」之義並不限定於一固定形式，如：西洋之基督宗教。如孔漢思認為，世界上有三大宗教河系：第一大宗教河系為源出閃米特人（Semitic）的先知型宗教，包括猶太教、基督教、伊斯蘭教，是為「亞伯拉罕系三大宗教」（the three Abrahamic religions）；第二大宗教河系為源出印度民族之神秘主義之宗教；第三大宗教河系則為源出中國之聖賢的哲人宗教。此即為人類歷史上猶太先知型傳統（Semitic-prophetic traditions）、印度神秘型傳統（Indian-mystical traditions）、以及中國哲人型傳統（Chinese-sagely traditions）之三大宗教系統。（《中國宗教與西方神學》，頁 ix～x 與頁 110）蔡仁厚教授亦言及：「……宗教的形式並沒有定然性，宗教的型態也是多元性、多樣性的。沒有理由要求所有的宗教都要具備一定的形式。」（參閱蔡仁厚著《儒家思想的現代意義》一書，文津出版社出版，中華民國76年5月出版，頁363。）所以於中國文化上，人文精神的自覺並不與宗教相牴觸，宗教與哲學的討論亦無法全然二分的。

文精神的轉化雖是在此一脈中逐漸透顯。如唐君毅先生所言：「……（尚書）虞夏書之言舜之命契爲司徒，敷五教；皋陶爲士，察獄訟；益爲虞，治草木鳥獸；伯夷典禮；夔典樂等，則不外言中國古代之人文社會之次第形成中，有掌政教禮樂之事之官守。此諸官守，爲一切古代民族社會所共同。……唯在中國文化，于一切人文之事，恒歸功于始創此種種人文之業之特殊人物。」「至于在虞夏書中之皋陶謨中，則更言九德、六德、三德，又言『天敘有典，天秩有禮，天命有德，天討有罪』，及『天聰明自我民聰明，天明畏自我民明威』。此則由古代人文創始之時，人原無將其自己與天或神帝相對立之意識，故于人所奉行之典禮與所當爲之事，皆視爲天所垂典、降命，而命之爲者。于是天之聰明即表現爲人之聰明，亦表現于民之聰明；天之光明與可敬畏，亦即表現于人文之光輝與人民對天之敬畏之情中。」〔註23〕如此對上天的敬畏之情，匯集於《書‧周書‧洪範》之「九疇」（五行、五事、八政、五紀、皇極、三德、稽疑、庶徵、五福與六極），〔註24〕乃天啓聖王之道，《書‧周

〔註23〕 參閱唐君毅著《中國哲學原論》（原道篇卷一），香港新亞研究所出版，臺灣學生書局印行，中華民國65年5月修訂再版（台初版），中華民國73年1月五版（台四版）：頁50～51。相關文獻，見《書‧虞書‧舜典》所載：「帝曰：契；百姓不親，五品不遜。汝作司徒，敬敷五教；在寬。」「帝曰：皋陶；蠻夷猾夏，寇賊姦宄。汝作士，五刑有服，五服三就。五流有宅，五宅三居。惟明克允。」「帝曰：疇若予上下草木鳥獸？僉曰：益哉！帝曰：俞！咨益，汝作朕虞。益拜稽首，讓于朱虎熊羆。帝曰：俞！往哉汝諧。」「帝曰：咨四岳，有能典朕三禮？僉曰：伯夷。帝曰：俞！咨伯，汝作秩宗，夙夜惟寅。直哉！惟清。伯拜稽首，讓于夔龍。帝曰：俞！往欽哉。」「帝曰：夔；命汝典樂，教冑子。直而溫，寬而栗，剛而無虐，簡而無傲。詩言志，歌永言，聲依永，律和聲。八音克諧，無相奪倫，神人以和。夔曰：於！予擊石拊石，石獸率舞。」以及《書‧虞書‧皋陶謨》所載：「皋陶曰：都！亦行有九德，亦言其人有德。乃言曰，載采采。禹曰：何？皋陶曰：寬而栗，柔而立，愿而恭，亂而敬，擾而毅，直而溫，簡而廉，剛而塞，彊而義。彰厥有常，吉哉！日宣三德，夙夜浚明有家。日嚴祇敬六德，亮采有邦。翕受敷施，九德咸事。俊乂在官，百僚師師，百工惟時。撫于五辰，庶績其凝。」

〔註24〕 《書‧周書‧洪範》記載：「初一，曰五行。次二，曰敬用五事。次三，曰農用八政。次四，曰協用五紀。次五，曰建用皇極。次六，曰乂用三德。次七，曰明用稽疑。次八，曰念用庶徵。次九，曰嚮用五福，威用六極。」方東美先生釋之如下：

＊「初一曰『五行』——謂五種自然元素『水、火、木、金、土』。次二曰『敬用五事』——謂慎行五項內外生活方式『貌、言、視、聽、思』。次三曰『農用八政』——謂謹施八項政務功能『食、貨、祀、司空、司徒、司寇、師』。次四曰『協用五紀』——謂燮理陰陽，恪奉天時，詳推曆律，釐制五項天

書‧洪範》中記載：「王乃言曰：『嗚呼！箕子；惟天陰騭下民，相協厥居，我不知其彝倫攸敘。』箕子乃言曰：『我聞在昔，鯀堙洪水，汨陳其五行。帝乃震怒，不畀洪範九疇，彝倫攸斁，鯀則殛死。禹乃嗣興，天乃錫禹洪範九疇，彝倫攸敘。』」蔡沉撰：「武王之問蓋曰：『天於冥冥之中，默有以安定其民，輔相保合其居止，而我不知其彝倫之所以敘者如何也！』」「箕子之答蓋曰：『洪範九疇，原出於天。鯀逆水性，汨陳五行，故帝震怒，不以與之，此彝倫之所以敗也。禹順水之性，地平天成，故天出書于洛，禹別之以爲洪範九疇，此彝倫之所以敘也。彝倫之敘，即九疇之所敘者也。』」〔註25〕冥冥之中，天自有其安民保全之常理、常道，天將此大自然及人事之常理常道賜之於禹而爲九類治天下之大法；而天之所以賜之於禹，乃天之念禹能順水之性（本然——大自然之常道）而成就治水之大功，消弭歷來之水患，因而授予禹以治天下。因其言「天所賜」，乃由「天啓」得而知之，故而，饒有濃厚的宗教意味！然而，人受之於天啓，人必有所感，由人親身經驗而感受到自然及人事上之自發自律的秩序（常理、常道）；而人只是此秩序的經驗者或感受者，並非此秩序之造成者，故而，此秩序先於人而業已存在，無待於人之有感、無感，所以說之「天於冥冥之中，默有⋯⋯」。項退結教授於其所著《中國哲學之路》一書中亦言及：「對我人之經驗而言，秩序乃以兩種方式出現：或者它來自自覺之人類（動物雖亦行走並朝某一方向前進，但卻缺乏反省的自我意識），或者來自人類以外的自然界。我們從一己之經驗得知，人類不僅以自我意識採取行動，並且也能意識地採取全新的方向進前。我們之得以如此做，並非由於我們能夠開天闢地，而是在任何意識行爲之前，業已接受秩序與指令。人類與自然界相同者，是與其他一切事物一樣都接受秩序與指令（借用電腦科技之字彙，我們全都被『賦以程式』）；不同者則是人類還能夠

文秩序『歲、月、日、星辰、曆數』。次五曰『建用皇極』——謂建立大中意符爲無上極則，以彰其根本大義『皇建其有極』。次六曰『乂用三德』——謂致力培養三達德『正直、剛克、柔克』。次七曰『明用稽疑』——謂按驗人事諸疑，澄而明之。次八曰『念用庶徵』——謂察諸自然徵候，審以應之。次九曰『嚮用五福，威用六極』——謂趨五福、避六凶。」

＊參閱方東美著‧孫智燊譯《中國哲學之精神及其發展》一書，成均出版社出版，中華民國73年4月初版；頁59～60。又所謂「五福」、「六極」，《書‧周書‧洪範》有載：「九五福；一曰壽，二曰富，三曰康寧，四曰攸好德，五曰考終命。六極：一曰凶短折，二曰疾，三曰憂，四曰貧，五曰惡，六曰弱。」

〔註25〕此兩段蔡沉之撰，參閱《書經集傳‧詩經集傳》。

自覺地產生新的秩序。」〔註26〕既然人並非秩序的造成者，只是內在地感受到秩序與自覺地產生秩序者，那麼，「秩序」的造成之源必外在於人的一絕對者而為人所感受之秩序的基礎及保全。〈洪範〉以「天」解釋了如此之秩序的合理性與權威性，且為「天」直接啓示於人，非經由卜筮或祖先神的傳達，雖仍重於「天」之一面（神權）但已漸轉向人之一面（德治），因其所啓之人乃有德者（順乎常理、常道）；這樣的一個轉化，尤在洪範九疇之核心——皇極——中表現出其基礎理念。

「皇極」即「大中」，依方東美先生之言：「以『太』或『大』釋『皇』，自無疑問，蓋『偉大』之涵德，商周之人皆奉為秉於『天』或『上帝』。」〔註27〕蔡沉撰：「極，猶北極之極，至極之義，標準之名，中立而四方之所取正焉者也。」〔註28〕故而，「皇極」乃宇宙至高之準則，立於「中」，不偏不倚，惟天所予，自天子以至庶民皆以其為本，共尊為無尚之極則，凡個人以至於天下之吉凶禍福，莫不繫於此「大中」；〈洪範〉載：「皇極，皇建其有極。斂時五福，用敷錫厥庶民。惟時厥庶民于汝極，錫汝保極。凡厥庶民，無有淫朋，人無有比德，惟皇作極。凡厥庶民，有猷、有為、有守，汝則念之。不協于極，不罹于咎，皇則受之。而康而色曰：『予攸好德。』汝則錫之福，時人斯其惟皇之極。無虐煢獨，而畏高明。人之有能有為，使羞其行而邦其昌。凡厥正人，既富方穀，汝弗能使有好于而家，時人斯其辜。于其無好德，汝雖錫之福，其作汝用咎。無偏無陂，遵王之義。無有作好，遵王之道。無有作惡，遵王之路。無偏無黨，王道蕩蕩。無黨無偏，王道平平。無反無側，王道正直。會其有極，歸其有極。曰：『皇極之敷言，是彝是訓，于帝其訓。』凡厥庶民，極之敷言，是訓是行，以近天子之光。曰：『天子作民父母，以為天下王。』」天子有感於天所予之常理、常道而建此大中至正之道，所以，「皇極」非人君之訓，乃天之訓；而一般百姓與天子同有人之性之本然，故亦能同體天之常理、常道。故而，「皇極大中」建之於天子，立之於庶民；天子承天啓而為萬民之表率，則天下治矣！方東美先生說：「……萬物資始大中，復歸本大中。粵在洪荒上古，舉國一切莫不繫乎此『大中』之原始象徵意符。是故，由之開出廣大悉備之『中正』原理，創發

〔註26〕參閱項退結著《中國哲學之路》一書，東大圖書公司出版，中華民國80年4月初版；頁112。

〔註27〕《中國哲學之精神及其發展》，頁74。

〔註28〕蔡沉之撰，參閱《書經集傳，詩經集傳》。

『中道哲學』，迢迢遠引，蘄向永恆世界。」「大中宣言，啓示永恆法相，乃是一大彝訓，不啻上帝神旨垂教，凡厥庶民，本此至德，充實發揮，大而化之，體而行之，自可上契天子之榮光。而天子親民如父母，乃足以治天下。」〔註29〕如此，自天子以至庶民，同體天之常理、常道，同受天之訓（「是彝是訓，于帝其訓」、「是訓是行，以近天子之光」），天、君、人於此「皇極大中」內結爲一體，因而傅佩榮教授有「神權到德治的轉化，即以上述理念爲基礎」之語出。〔註30〕

三、由原始宗教至宗教人文精神的轉化（二）──周初之「敬」觀念的出現

《書·周書·洪範》曰：「稽疑，擇建立卜筮人，乃命卜筮。……立時人作卜筮，三人占，則從二人之言。汝則有大疑，謀及乃心，謀及卿士，謀及庶人，謀及卜筮。」方東美先生於其所著《中國哲學之精神及其發展》一書中解「稽疑」一疇時認爲：「茲有兩點值得注意，殊堪玩味：其一、於解釋所占之事，採嚴守多數決原則，以爲定奪；其二、占卜本身竟使此種上古發明頓成可廢，幾同虛設，蓋釋惑實得諸內心反省（謀及乃心），謀及卿士，謀及庶人，終乃謀及卜筮，最後末舉，無關緊要。此一歷史時代特色或屬後起，足示周人心態異乎前人。」〔註31〕周人之於「天」之觀念逐漸脫離原始宗教之型態，更由「卜筮」之地位的消弱、徵多數人之意見、以及有疑首先「謀及乃心」等之諸現象亦可見得一般，重要的是，周人已然對一外在之「天」或「帝」的全盤倚賴，轉向人內在之求諸內心之反省以體現天之訓示，但周人並未否定一宗教上之全能者之「天」或「帝」。徐復觀先生認爲，周代之傳統宗教的轉向，即整體文化的新發展，在乎一新精神的躍動，此「新精神」即「憂患意識」；人於此新精神上的自覺表現，即在於「敬」之一觀念上！以下論述此義。〔註32〕

前已有所述及，周公強調「殷革夏命」以明「周革殷命」而取得政權的正當性，乃承天命之所然！但是，周人卻未如殷人一般將一切事託於上天作最後

〔註29〕 以上兩段引言，《中國哲學之精神及其發展》，頁 61、62。
〔註30〕 《儒道天論發微》，頁 39。
〔註31〕 《中國哲學之精神及其發展》，頁 63～64。
〔註32〕 《中國人性論史》（先秦篇），第二章之「三、敬的觀念之出現」一節，頁 20～24。

的決定，而是以戒慎恐懼之心，以一己之理智與意志，主動地對一切事作一番深思熟慮，而明白其吉凶成敗取決於人之行爲如何，而非是以一恐懼、怖慄之情捨己之行爲責任而全憑上天之降吉凶成敗（如：「殷人尚鬼」）。周人之如此面對一切事，而表現出責任感的精神自覺，即爲《易傳》所言之「憂患」意識；如《易·繫辭下》云：「易之興也，其於中古乎？作易者，其有憂患乎？」「易之爲書也不可遠，爲道也屢遷。變動不居，周流六虛，上下無常，剛柔相易，不可爲典要。唯變所適，其出入以度，外內使知懼，又明於憂患與故。」徐復觀先生說：「憂患正是由這種責任感來的要以己力突破困難而尙未突破時的心理狀態。」「……只有自己擔當起問題的意志和奮發的精神。」〔註33〕此刻，人由外在神意而已漸能體會到自我生命主體的承受天命，得主動地由己之行爲表達天命之所然。所以，人之信心即由對上天的全盤倚賴轉而之於人自身的謹愼與努力。如此之信念的轉向，主要即表現在對神的祭祀之崇敬轉而對人自身精神專一之敬德的道德意識上。如《書·周書·召誥》云：「惟王受命，無疆惟休，亦無疆惟恤。嗚呼！曷其奈何弗敬？」「嗚呼！天亦哀于四方民，其眷命用懋，王其疾敬德！」「惟不敬厥德，乃早墜厥命。」「宅新邑，肆惟王其疾敬德。王其德之用，祈天永命。」凡此等等，「敬」字所表達的皆是人之精神專一於己之德行，對事的謹愼認眞、誠實無妄，以不違天之詔示，方得永保天命。如此之「敬」的觀念，全然不同於原始宗教之人將己消融於對神之怖慄的崇敬，而是人自己時時反省、規整自己的行爲；徐復觀先生說：「周初所強調的敬，是人的精神，由散漫而集中，並消解自己的官能欲望於自己所負的責任之前，凸顯出自己主體的積極性與理性作用。……周初所提出的敬的觀念，則是主動的，反省的，因而是內發的心理狀態。這正是自覺的心理狀態……」〔註34〕這裏有個問題，我們先得提一下，就是：雖然周初之「敬」觀念的出現，人即已開始轉出內在自覺的一面，但是，「天」一直是宇宙的統治者，主宰著一切事物，那麼，人（在周初仍主要是指「君王」）如何承受天命？且永保天命？其實，關於這兩個問題，於前所述已可見得端倪！周初之人已然覺悟到事物之吉凶禍福相關於人之行爲，所以，雖然維續天命之不易，但人得以主動地、積極地由對己之行

〔註33〕同上，頁20～22。

〔註34〕同上，頁22。徐復觀先生尚引了《書·周書·無逸》中的一段話，以明敬的這種心理狀態，即：「周公曰：『嗚呼！自殷王中宗，及高宗，及祖甲、及我周文王，茲四人迪哲。厥或告之曰，小人怨汝詈汝，則皇自敬德。厥愆，曰朕之愆，允若時，不啻不敢含怒。』」

爲負起責任以回應天命，如《詩・周頌・閔予小子・敬之》所云：「敬之敬之！天維顯思，命不易哉！無曰高高在上，陟降厥士，日監在茲。」既然如此，消極的、被動的卜筮亦非周初所言承受天命之主要途徑（由前所引〈洪範〉所言：「謀及乃心，謀及卿士，謀及庶人，謀及卜筮。」即可見得一般），主要則在於人之「德性」，在周初，尤其是「敬德」，如徐復觀先生所說：「周人的哲學，可以用一個『敬』字作表代。周初文誥，沒有一篇沒有敬字。」〔註35〕關於「敬」之義，於上已有所論述。而關於「德」之義，依徐復觀先生之意，「德」原本只是指「具體行爲」而言，無有好、壞之意，而僅有敬德、明德之「德」方表示好的意思，後來才演進爲「好的行爲」，「好的行爲係出于人之心，於是外在的行爲，進而內在化爲人的心的作用，遂由『德行』之德，發展成爲『德性』之德。『敬德』是行爲的認眞，『明德』是行爲的明智」；〔註36〕如《書・周書・康誥》所云：「惟乃丕顯考文王，克明德愼罰。……王曰：『嗚呼！小子封，恫瘝乃身，敬哉！天畏棐忱，民情大可見。』」另一方面，《書・周書・酒誥》云：「弗惟德馨香祀，登聞于天。誕惟民怨，庶群自酒，腥聞在上，故天降喪于殷。罔愛于殷，惟逸！天非虐，惟民自速辜。」蔡沉撰：「弗事上帝，無馨香之德以格天，大惟民怨，惟群酗腥穢之德以聞于上，故上天降喪于殷。無有眷愛之意者，亦惟受縱逸故也！天豈虐殷，惟殷人酗酒，自速其辜爾！」〔註37〕無馨香之德聞于天，則天命不保，而「馨香之德」即「明德」，如《書・周書・君陳》載周公之訓曰：「至治馨香，感于神明，黍稷非馨，明德惟馨。」蔡沉撰：「物之精華，固無二體，然形質止而氣臭升。止者有方，升者無間。則馨香者，精華之上達者也。至治之極，馨香發聞，感格神明，不疾而速。凡昭薦黍稷之芬芬，是豈黍稷之馨哉！所以芬芬者，實明德之馨也。至治舉其成，明德循其本，非有二馨香也。」〔註38〕對上天祭祀之馨香，主要在於人本身德行之馨上達於天，亦因此，上天無需降於世即可察知人之德如何。〔註39〕故而，人之承受天命並永保之，即在於修德，尤其是「敬德」與「明德」；徐復觀先生說：「周人建立了一個由『敬』所貫注的『敬德』、『明德』的觀念世界，來察照、指導自己的行爲，對自己的行爲負責，這正是中國人文精神最早的出現；而此種人文精神，

〔註35〕同上，頁22～23。
〔註36〕同上，頁23。
〔註37〕蔡沉之撰，參閱《書經集傳，詩經集傳》。
〔註38〕同上。
〔註39〕《儒道天論發微》，頁45。

是以『敬』爲其動力的，這便使其成爲道德的性格，⋯⋯在此人文精神之躍動中，周人遂能在制度上作了飛躍性的革新。並把他所繼承的殷人的宗教，給與以本質的轉化。」〔註40〕

四、由原始宗教至宗教人文精神的轉化（三）——原始宗教的轉化

殷商之人以卜筮測度天帝之意，藉由對祖先神的祭祀以轉達向天帝祈福之情，「天帝」之彌高，主宰著自然界的一切，人完全在一種被動的情境受著天意所降之吉凶禍福，君主則是當然的承受天命者。而天命的無常，隨其意所願而降下凶禍、撤換君主、改朝換代，人們只得一味的討好天帝，以求得吉福！周之伐殷取得天下，有鑑於殷之代夏、周之代殷，乃由於夏桀、殷紂之假借天命而實行一己之私，暴虐無道，而天命不保，失得天下，〔註41〕因而將注意力轉向人自身行爲之合理與否上；「天命」仍然是政權的根源與保障以及行爲的最終依據，人之行爲則是天命的選擇根據。人不再處於一種對靡常之天的怖懼之情境中，而是通過己之德行以契會天命之常！人已由原始宗教的被動而有了相當的自主性；〔註42〕如《詩經》上所說：「明明在下，赫赫在上。天難忱斯，不

〔註40〕 《中國人性論史》（先秦篇），頁23～24。

〔註41〕 如《書・周書・多士》所載：「我聞曰：『上帝引逸。』有夏不適逸，則惟帝降格，嚮于時夏。弗克庸帝、大淫泆，有辭；惟時天罔念聞，厥惟廢元命，降致罰。乃命爾先祖成湯革夏，俊民甸四方。自成湯至于帝乙，罔不明德恤祀；亦惟天丕建，保乂有殷；殷王亦罔敢失帝，罔不配天，其澤。在今後嗣王，誕罔顯于天，矧曰其有聽念于先王勤家？誕淫厥泆，罔顧于天顯民祇。惟時上帝不保，降若茲大喪。惟天不畀不明厥德；凡四方小大邦喪，罔非有辭于罰。」又如《書・周書・多方》云：「⋯非天庸釋有夏，非天庸釋有殷；乃惟爾辟，以爾多方，大淫圖天之命，屑有辭。乃惟有夏，圖厥政，不集于享；天降時喪，有邦間之。乃惟爾商後王，逸厥逸，圖厥政，不蠲烝；天惟降時喪。」

〔註42〕 《中國人性論史》（先秦篇），頁24。但是，徐復觀先生所說：「⋯⋯因爲由憂患意識而來的『敬』的觀念之光，投射給人格神的天命以合理的活動範圍，使其對於人僅居於監察的地位。」之語，似言「人格神」乃人之爲某種目的所造作的什麼東西？！且可隨人之思想而限定之，成了某種權術的應用！殷商原始宗教時代之人所感之天命（帝命）與人之間就只是外在地由上到下的關係，人雖能由卜筮測度天命，但亦只能一味的投其所好，無法把握天命之常；所以「天帝」僅爲一無限超越而幽暗神秘的主宰者。周人儼然逐漸擺脫這種幽暗神秘之氛圍，感受到天命之有序（天命之有常），與人本身有切近的關聯，這樣的感受即是在於人之行爲活動中體會天命之序。天仍然是外在超

易維王。天位殷適，使不挾四方。……維此文王，小心翼翼，昭示上帝，聿懷多福。厥德不回，以受方國。天監在下，有命既集。」（大雅·文王之什·大明）「維此王季，帝度其心。貊其德音。其德克明，克明克類，克長克君，王此大邦，克順克比。比于文王，其德靡悔。既受帝祉，施于孫子。」（大雅·文王之什·皇矣）由此兩段《詩經》的歌詠，得見天命不但以人之行為為根據作選擇，而且啟示於人其行為準則，如前所錄《詩·大雅·文王之什·皇矣》一段，朱熹撰：「言上帝制王季之心，使有尺寸，能度義。又清靜其德音，使無非間之言。是以王季之德，能此六者；至於文王，而其德尤無遺恨。是以既受上帝之福，而延及于子孫也。」〔註43〕天之啟示，乃人之行為的最高準則，而人亦當勉力為之，以期達至德行的理想境界。而周初雖已漸漸由原始宗教對天帝的全然倚賴中解脫出來，走向人自身主體的一面，但仍摻有原始宗教的思想，那麼，關於「天啟」或「天命」的把握，消極、被動的卜筮已不為重視，即具體地通過積極、主動之人之德行去把握；文王即為此一德行修養的極致表現，故而，周人即通過文王之德以把握天命。如《詩經》所云：「帝謂文王：『予懷明德，不大聲以色，不長夏以革，不識不知，順帝之則。』」（大雅·文王之什·皇矣）「上天之載，無聲無臭。儀刑文王，萬邦作孚。」（大雅·文王之什·文王）「儀式刑文王之典，日靖四方。」（周頌·清廟之什·我將）所以，徐復觀先生說：「……通過文王具體之德來作行為的啟示。因此，文王便成為天命的具體化；……因此，文王在周人心目中的地位，實際是象徵宗教中的人文精神的覺醒，成為周初宗教大異於殷代宗教的特徵之一。」〔註44〕周文王承受天命，為統治者（君主）之典範，但是，君主又怎知「天意」如何呢？《尚書》云：「天聰明，自我民聰明；天明畏，自我民明威。達于上下，敬哉有土！」（虞書·皋陶謨）「天視，自我民視；天聽，自我民聽。」（周書·泰誓中）因為人由天所

越的統治者，但人已能把握天命，而非單純地由上到下的意志作用。

〔註43〕朱熹之撰，參閱《書經集傳，詩經集傳》。

〔註44〕《中國人性論史》（先秦篇）頁27～28。然而，徐復觀先生之言：「『文王之德之純』，便成為上帝的真正內容。」似有欠妥！我們先看看朱熹之撰：「……文王之德，純一不雜，與天無間，以贊文王之德之盛也。」至少於周初，上天仍是一外在超越的統治者，有其神秘不可知之的一面，而文王之盛德乃天命的具體呈現，為人之德行修養的具體典範，由之以瞭解、把握天命之常，而這樣的瞭解、把握亦非「知識」上的掌握，而是生命境界的契悟與體會，其亦非死板的規範，乃由行為活動中展現出現。所以，「文王之德之純」只能說是天之所命的具體內容。

生，稟承天性，與天同心，所以「天意」顯現在人民身上，君主之德即表現於民之所欲（「天矜于民，民之所欲，天必從之。」──書·周書·泰誓上），且君主之行爲的是非得失，亦可察之於民情（《尚書》云：「天畏棐忱，民情大可見。」──周書·康誥；「人無於水監，當於民監。」──周書·酒誥）。而既然人由天所生，稟承天性，則人之天賦本性應是美好善良的（「天生烝民，有物有則。民之秉彝，好是懿德。」──詩·大雅·蕩之什·烝民），但是，人性卻可能因爲慾之所趨而偏離常道，終陷於混亂，甚而毀滅之境！故而，民之德必要有所指引（「惟天生民有欲，無主乃亂，惟天生聰明時乂。」──書·商書·仲虺之誥）。君主之德即爲人民行爲的表率，君主應具備最高的道德修養，立下道德典範，以導引人民回歸天性之善（「天佑下民，作之君，作之師，惟其克相上帝，寵綏四方。」──書·周書·泰誓上）。〔註45〕所以，文王之承受天命，不啻爲君主之典範，亦爲百姓之典範，儼然成爲宗教人文精神的象徵。「天意」顯於民，事民即事天、「受命」即「受民」，上天之選取君主降下天命，乃爲民之故，如《書·周書·多方》所載周公告殷遺民之語曰：「天惟時求民主，乃大降顯休命于成湯，刑殄有夏。」「乃惟成湯，克以爾多方，簡代夏作民主。慎厥麗、乃勸，厥民刑、用勸。」人民的存在受到了相當的重視，徐復觀先生說：「這是開始由道德地人文精神之光，照出了人民存在的價值，……」。〔註46〕

五、由原始宗教至宗教人文精神的轉化（四）──祭祀之禮

「祭祀」是宗教的一種儀式，藉此儀式以表達對神（或諸神）的祈求或崇敬，所以，杜普瑞（Louis Dupre）教授說：「祭獻（或祭祀）在各種儀式典禮中始終占有優越的地位。」〔註47〕中國早在殷商之前即有祭祀之禮，〔註48〕

〔註45〕《儒道天論發微》，第一部第一章第二、三、四節，頁30～36。
〔註46〕《中國人性論史》（先秦篇），頁29～30。
〔註47〕參閱 Louis Dupré 著·傅佩榮譯《人的宗教向度》（The Other Dimension）一書，幼獅文化事業公司印行，中華民國75年12月初版；頁180。
〔註48〕《中國哲學之精神及其發展》，頁76。關於祭祀的源起，如《後漢書·祭祀志》所載：「祭祀之道，自生民以來則有之矣。豺獺知祭祀，而況人乎。」又如《史記·五帝本紀》有載：「……諸侯咸尊軒轅爲天子，代神農氏，是爲皇帝。……而鬼神山川封禪，與爲多焉。……帝顓頊高陽者，黃帝之孫……，依鬼神以制義……潔誠以祭祀。……帝嚳高辛者，黃帝之曾孫也。……曆日月而迎送之，明鬼神而敬事之。……帝堯者……乃命羲和，敬順昊天。」〔可參閱羅光著《中西宗教哲學比較研究》一書，中央文物供應社發行，中華民國71年2

如《書・虞書・舜典》記載：「正月上日，受終于文祖。在璿璣玉衡，以齊七政。肆類于上帝，禋于六宗，望于山川，遍于群神。」而祭祀有其儀節，祭祀的儀節是為「禮」；「禮」所包括的不僅是「行禮之器」，亦指「祭祀中的整個行為」。雖說「周因於殷禮」（論語為政篇），但是，殷商之祭禮所著重的是藉此宗教儀節以達「致福」之目的──祭以祈福──，儀節本身之意義並未受到重視，所以「禮」之觀念不顯。如《禮記・表記》所載：「殷人尊神，率民以事神，先鬼而後禮，先罰而後賞，尊而不親；其民之敝：蕩而不靜，勝而無恥。」實則，殷人之「禮」專指宗教上的祭祀儀節，而殷人的一般之威儀法典──法典、規範，及一般生活中之威儀──在於周初所言之「彝」上，周初之「彝」的觀念更包括了由「敬」之觀念而來的人文規範與制度；周公之制周禮，則將此一抽象的「彝」之觀念融入了「禮」的觀念中，因而在祭祀之禮上，才特別重視到其儀節本身的意義，「祭祀」方於宗教的意義上，顯出道德的人文精神，故而《禮記・表記》復云：「周人尊禮尚施，事鬼敬神而遠之，近人而忠焉，其賞罰用爵列，親而不尊；其民之敝；利而巧，文而不慚，賊而蔽。」（孔子之時，禮崩樂壞，故孔子致力於周文之重建）「禮」之內容的擴大與充實，使得此具新內容之「禮」的新觀念，成為宗教人文精神最顯著的表徵。〔註49〕亦如同方東美先生所說：「周未統一天下之前，因原為其宗主國，故殷商一般文化成就，尤其宗教方面，為普天所共享，周因前朝文化典章制度而刻意修正之，乃遠較殷為進步，而後來居上。」〔註50〕

祭禮的種類有許多，而誠如傅佩榮教授所說：「大體說來，這些祭禮表現了人對超越界的欽崇、依恃、與期盼。不管超越界與現實界之間的距離是遠是近，這兩個世界或同一世界的兩個領域總有某種關聯。」〔註51〕這樣的關聯，尤其表現在祭祀之禮上，不但古代聖王皆是善於行祭之祭司，且祭典之不可廢關係著國家、甚或宗族之存亡，祭祀更要以虔敬的態度舉行，否則即流於一種形式與功利心態。〔註52〕祭祀之禮中，對「昊天上帝」的祭祀最為隆重與虔敬，〔註53〕以回應或回覆天命，如方東美先生所說：「三代之際，始

月出版，頁136～138。〕
〔註49〕 《中國人性論史》（先秦篇），第三章第二節〈禮與彝的問題〉，頁41～46。
〔註50〕 《中國哲學之精神及其發展》，頁87。
〔註51〕 《儒道天論發微》，頁53。
〔註52〕 同上，頁53～54。
〔註53〕 《中國哲學之精神及其發展》，頁88。

於帝堯，天子五年一巡狩，遍巡諸侯州牧治下之十二州或九州，以觀民風及其生活狀況，並察民之所好惡。巡狩之際，天子乃於境內四方，分登四大名山之頂以祭天，並及於其附近山川諸神祇。回朝、則祭祖先於太廟。與此約同者，即行封禪之事，登泰山之巔以祭天，臨近邱平臺設壇以祭地，復『升中於天』，祭告天子在地上所爲種種大事，以上覆天命。凡遇帝王薨逝，其繼承大統者，或國遭大事，其爲當朝天子者，憂患之際，必祭於太廟，以上應天命，兼告祖宗也。」〔註 54〕殷商之際，祭祀之天（帝）仍在於原始宗教意識下之一遙不可及的超越主宰者，直至周初，周禮承於殷禮而充實之，轉出了道德的人文精神之內涵，宗教意識內初顯人文的道德意識。既然對「天帝」之觀念及祭祀之禮的逐漸內在化，那麼，關於對「天」的祭祀亦當然逐漸內在化；由外在地對「天」的回應或回覆，亦逐漸轉向內在地提昇自我以應天命，宗教的祭祀行爲亦逐漸是爲道德的實踐。於祭祀行爲上的這樣一個轉化，於周初，明顯地呈顯於對祖宗的祭祀上；周人一改殷人對所有（無論是直系或旁系）先王先公先妣的祭祀，只對太祖及較親近的祖先祭祀，餘則採合祭，如徐復觀先生所說：「……至周則除三年一祫，五年一禘之外，其經常所祭者，蓋在四廟與七廟之間；親盡則廟毀，廟毀則不常祭，此即所謂親親之義。則是周初對祖宗之祭祀，已由宗教之意義，轉化爲道德之意義，爲爾後儒家以祭祀爲道德實踐之重要方式之所本。」〔註 55〕

第三節　孔子所處時代之精神

周初雖已由殷商之原始宗教中顯發出道德的人文精神，人對自己的行爲

〔註 54〕同上，頁 76～77。方東美先生尚引《詩‧周頌‧清廟之什》之〈清廟〉、〈維天之命〉、〈昊天有成命〉及《詩‧周頌‧閔予小子之什》之〈敬之〉、〈桓〉、〈般〉，與《詩‧商頌》之〈烈祖〉、〈長發〉、〈殷武〉等諸節以爲徵。

〔註 55〕《中國人性論史》（先秦篇），頁 28。而所謂「祫祭」、「禘祭」與「毀廟」，朱天順在其所著《中國古代宗教初探》一書中有所說明：「……禘祭，是國王一年一次對祖先的大祭，諸侯以下是不能舉行的，因其所祭的對象是推始祖所自出之帝，並以始祖配祭，……」（頁 202）「合祭就是祫祭，集合遠近祖先的神主，在太祖廟大合祭。《公羊傳》文公二年：『大事者何？大祫也。大祫者何？合祭也。其合祭奈何？毀廟之主陳于大祖，未毀廟之主皆升合食于大祖。五年而再殷祭。』這裏所說的『毀廟』，就是將原來每年單獨祭祀的祖先，變成每五年一次合祭的對象。」（頁 202～203）另關於所謂「四廟」、「七廟」，參閱頁 203～204。

已有了某種程度的責任心與自主性，但是，一方面這僅止於君王，並未普及於每一個人身上，天命雖顯於民，而人民之禍福仍在於君之德，且另一方面，君王對天命的回應，仍是在於向外在之「天」的一個承擔，尙未完全內在化於己，由自身內在地把握天命與絕對者；如《書·周書·多方》所載：「惟聖罔念作狂，惟狂克念作聖。天惟五年須暇之子孫，誕作民主；罔可念聽。天惟求爾多方，大動以威，開厥顧天。惟爾多士，罔堪顧之。惟我周王，靈承于旅，克堪用德，惟典神天。天惟式教我用休，簡畀殷命，尹爾多方。」此刻，神權之治尙未完全轉向德化之治，如同傅佩榮教授之言：「……天命有常可以由君王之德來證實；君王有德與否進而決定人民的禍福。天、君王、與人民之間的三角關係，是傳統神權政體轉化爲德治政體之基礎。德治政體並不表示人在道德方面要完全擺脫一位超越的主宰；它的重點毋寧在於肯定君王是絕對正義的體現。」〔註56〕直至周室厲王、幽王時代，人們對天或天命，方才由寄盼於君王身上而逐漸轉向己身且內在化於自己；其中，周公之制周禮，「禮」之內容的充實及其觀念的內在化，亦於此轉向上，扮演著重要的導引角色，使得孔子所處之春秋時代，儼然爲一以禮爲中心的人文世紀（借用徐復觀先生之辭）。唐君毅先生說：「由此人之爲禮之事，同可養人之種種之德，故由左傳、國語、諸書所記，即可見春秋時人之言德行，恒環繞禮文之名而說。」〔註57〕以下我們即主要由《左傳》與《國語》之內容，來探討周初至孔子，以「禮」爲中心之「天」概念的發展。

一、原始宗教神權之治的衰微

中國古代之政治，一開始即與宗教結合在一起，君王同時爲宗教的祭司及國家的統治者，是爲政教合一的體制。周初宗教人文精神的躍動在君王身上顯現出來，君王承天命以治國，天命顯於民，而民之禍福仍繫於君之有德、無德，君王仍爲人民的表率，人民亦通過君王以明天之意志。一旦君失其德，無視於民情、民願，人民頓失其表率，天意亦顯得晦暗不明，以致政治腐敗，道德淪喪，外患頻仍，人民飽受戰亂及苛政之苦，天似乎失去了其神性正義的性格？對天的信心難免動搖！對君王之承受天命亦產生了相當的懷疑，「天命觀」開始有轉變，神權政體即漸趨衰微。周室厲王、幽王在位之際，正是

〔註56〕《儒道天論發微》，頁52。
〔註57〕《中國哲學原論》（原道篇卷一），頁61。

這麼一個時代！此時代之民怨天之情，如《詩經》所載：「天方薦瘥」、「不弔昊天」、「昊天不傭……昊天不惠……」、「昊天不平」（小雅・祈父之什・節南山），「悠悠昊天，曰父母且，無罪無辜，亂如此憮。昊天已威，予慎無罪！昊天泰憮，予慎無辜！」（小雅・小旻之什・巧言）此時人們由於己身的遭遇，對天起了怨懟之情，對天之權威亦有了相當的置疑，但是，無可否認的仍感受到「天」之為一超越的主宰，卻是人得罪了天，如《詩經》之言：「敬天之怒，無敢戲豫。敬天之渝，無敢馳驅。昊天曰明，及爾出王。昊天曰旦，及爾游衍。」（大雅・生民之什・板）「僶勉從事，不敢告勞。無罪無辜，讒口囂囂。下民之孽，匪降自天，噂沓背憎，職競由人。」（小雅・祈父之什・十月之交）「如何昊天，辟言不信？如彼行邁，則靡所臻。凡百君子，各敬爾身。胡不相畏，不畏于天？」（小雅・祈父之什・雨無正）「彼何人斯？胡逝我陳，我聞其聲，不見其身？不愧于人，不畏于天？」（小雅・小旻之什・何人斯）由此，我們不難明白，周初雖已由原始宗教逐漸顯出宗教的人文精神，已逐漸由宗教意識中透顯出道德意識，但是，仍未完全脫離原始宗教的氛圍，向外訴求之功利心猶然尚存；於政治上，仍在於君承天命的神權政體。直至春秋之前屬王、幽王時期，君王失其德，致政治敗壞，人民頓失生命生活的保障，不滿之情尤現於對其生命生活之根據之「天」！此刻，由對天的敬畏之情中已顯出命運自然之天（蒼天）的觀念，〔註58〕如《詩經》所云：「蒼天！蒼天！視彼驕人，矜此勞人！」（小雅・小旻之什・巷伯）「蕩蕩上帝，下民之辟。疾威上帝，其命多辟。天生烝民，其命匪諶，靡不有初，鮮克有終。」（大雅・蕩之什・蕩）等是之謂！這樣的一個變化，最重要的就是神權之治的衰微，人民向外之於天命的訴求以為其生命生活之根據及保障者，則起了根本的動搖！而由於體天之情無可抹滅，對天之敬畏亦未泯沒，復因「禮」之觀念的重建與強化，使得對天命的向外訴求逐漸轉向內，由君王身上逐漸轉向每個人身上。周初宗教人文精神的覺醒，至此以逐漸由每個人身上展現出來；直至春秋時代，可說是以「禮」為中心的人文世紀（借徐復觀先生之語）。故而，就如同《詩經》上所記載，周屬王、幽王時代之人民對天的怨懟與哀訴，並不表示人們對天的否定！亦不代表宗教意識之天為道德意識之天所取代，因為宗教之天與道德之天並不相妨礙！（相關於道德的形上實體之天與宗教上之天之問題，後有所論）而是誠如傅佩榮教授所說：「隨著這一類

〔註58〕《儒道天論發微》，頁 57、58。

感人的哀告，我們走向一個時代的終結。這個終結並不是死胡同，而是中國思想史上新時代的開端。……中國哲學各家各派，在某一重要意義上，皆可以從傳統的天概念吸取無窮無盡的滋養。……春秋戰國時代的『哲學突破』，正發源於思想家對天概念之復振、錘鍊、與重塑的努力。」〔註59〕

二、春秋時代「禮」的凸顯與宗教的道德人文精神化

　　周初由於周公的制禮作樂，已由宗教意識中透顯出道德意識，宗教人文精神逐漸在人身上顯發出來。西周之末厲、幽王時代，原始宗教的神權觀念因對天之權威的動搖而幾近瓦解；直至春秋時代，「禮」的觀念凸顯出來，取代了原始宗教的神權觀念，道德意識愈見顯明，宗教人文精神因「禮」的發展而由君王身上轉而普及於每一個人。春秋時代「禮」觀念的確定，範圍了整個的宇宙人生，如《左傳》所載：「夫禮，天之經也，地之義也，民之行也。……禮，上下之紀，天地之經緯也，民之所以生也，是以先王尚之。」（昭公二十五年）《國語》亦有言：「夫禮所以正民也。」（魯語）「非禮不終年。」（晉語）誠如徐復觀先生所說：「通過《左傳》《國語》來看春秋二百四十二年的歷史，不難發現在此一時代中，有個共同的理念，不僅範圍了人生，而且也範圍了宇宙；這即是禮。」「……禮的觀念，是萌芽於周初，顯著於西周之末，而大流行於春秋時代；則《左傳》《國語》中所說的禮，正代表了禮的新觀念最早的確立。」〔註60〕前已有言，「禮」之形成原屬宗教意義上的祭祀之儀節，在原始宗教上最與君主發生關係（君主乃祭祀之主體），乃至西周末神權的衰微，春秋時代社會的動盪不安，人們由對天之權威的動搖而於天概念上亦起了相當的變化，傅佩榮教授說：「一旦進入春秋時代，我們的第一印象就是：天不再是王室與少數貴人的談話題材（如書經所見），也不再限於做為百姓痛苦哀號的對象（如詩經的後期部分所見）。在左傳與國語中，天成為普遍談論的話題，君臣之間，上層社會之間，甚至百姓之間，都在對話中談天說帝。」〔註61〕此刻，人們對天的感受已普及於每一個人身上，與天的接觸亦已非為君主與王室貴族的專利；但是，「天」在失其絕對權威的當兒，人們對「天」之觀念的宗教性亦被漠視，〔註62〕

〔註59〕同上，頁59～60。
〔註60〕以上兩段引言，《中國人性論史》（先秦篇），頁47。
〔註61〕《儒道天論發微》，頁75。
〔註62〕同上，頁76～77。依傅教授所言，此刻「天」已喪失其以往受尊崇的地位，或落於戰爭與惡行之藉口，或只是作為現實情況的說明，宗教性的虔敬幾已

如此，以宗教性爲其首要意義的「禮」亦隨之喪失其內在精神，僅成爲外在的形式儀節罷了！〔註63〕雖然如此，「禮」確是夏、商、周以來一脈相承的傳統，〔註64〕且「禮」源之於天，〔註65〕如《尚書》所言：「天敘有典，敕我五典五惇哉；天秩有禮，自我五禮有庸哉。」（虞書・皋陶謨）《左傳》亦云：「齊侯侵我西鄙，謂諸侯不能也。……季文子曰：『齊侯其不免乎！己則無禮，而討於有禮者。』曰：『女何故行禮，禮以順天，天之道也。』」（文公十五年）「……對曰：『禮之可以爲國也久矣，地並。……』公曰：『善哉！寡人今而後聞此，禮之上也。』對曰：『先王所秉於天地，以爲其民也，是以先王上之。』」（昭公二十六年）此引《左傳》之言，見之乃天地並稱，實範圍整體宇宙之存有界而言，〔註66〕並由上所引《左傳》云「禮」乃「天之經，地之義」、「天地之經緯」之言，可知「禮」實乃通貫上下而一貫於天、地、人者！故而，春秋時代之天權威的受到置疑，禮之基礎亦爲之動搖，徒具外在的威儀法典；但是，由天概念的普及，以及外在禮儀形式的制約，我們亦不難明白，春秋時代之重「禮」，其制約的力量並不在於利用之人，仍是在於冥冥中的主宰者，否則怎會有「……天其以禮悔禍于許，……禮，經國家，定社稷，序民人，利後嗣者也。」（左傳隱公十一年）「古之治民者勸賞而畏刑，恤民不倦，……三者禮之大節也，有禮無敗。」（左傳襄公二十六年）「夫禮，死生存亡之禮也。」（左傳定公十五年）「非禮不終年。」（國語晉語）等之語出呢！而依徐復觀先生之意，《左傳》《國語》所言之天、天地多爲道德之常則常法，所言天命亦在乎道德的人文精神，全然無所

無存。

〔註63〕同上，頁98～99。傅佩榮教授說到：「禮的開展，顯然以其宗教性爲底基：正由於忽略、遺忘了這種宗教性，才造成『禮壞樂崩』的現象。禮的宗教性一旦喪失，餘下的具體儀節只能被統治者用來畏其臣民，使不踰法，而祭祀的真正價值也只是用來鞏固人民而已。如此，禮成爲一種工具或手段，喪失原始涵義，只剩下外在形式而已。這正是『禮壞樂崩』的困境，也正是孔子所深以爲憂的。」（頁99）由此語我們已不難明白，「禮」的開展與「天」有著相當的關聯，春秋時代之爲「禮的世紀」，並不代表「天」已爲「禮」所取代；於正文中會詳論及於此。

〔註64〕同上，頁97。

〔註65〕同上，頁80。

〔註66〕《國語》中亦有言：「周將亡矣。夫天地之氣，不失其序，若過其序，民亂之也。」（周語）「不帥天地之度，不順四時之序。」（同上）「大者天地，其次君臣，所以爲明訓也。今宋人弒其君是反天地而逆民則也。」（晉語）「必有以知天地之恆制，乃可以有天地之成利。…因陰陽之恆，順天地之常。」（越語）

謂宗教性或人格神之意味；〔註67〕關於此，我們可先來看看唐君毅先生的一段話：「周之文教制度之次第建立，自亦有一長時期之歷史。如春秋以前之西周數百年，即周之文教制度次第建立之時期，而不必皆有史文可考者。此一切文教與制度，蓋皆統于一禮之名之下。禮原所以祭天帝社稷、祖宗，及生前有功有德之人之爲鬼神者。讚頌鬼神之詩樂，初與祭禮俱行。主祭者爲宗子國君，而與祭者則依其親疏尊卑之序，以就列而成禮。于是禮初爲人之致敬于鬼神者，亦皆漸轉而爲致敬于人者。一切親親、尊尊、貴貴、賢賢，天子與諸侯，諸侯與諸侯及士大夫之相與之事，無不可以禮敬之意行之，皆可名之爲禮。此禮遂于人之宗教、藝術、文學、人倫、政治之事，無所不貫；而人在種種爲禮之事中，亦同時即可養成種種不同之德矣。」〔註68〕此語不但明筆者前所述「禮」之一脈相承，益明禮之由祭祀儀節（人之關乎超越界之事）逐漸下貫而至於整體存有界的一貫之序！其中，禮與德的關聯最爲重要，此「德」已非僅止於君之德，乃逐漸普及於每個人之德行，如此，天命隨德定之義，亦隨之而漸及於每個人身上；如《左傳》所載鄭大夫裨諶之言：「善之代不善，天命也，其焉辟子產？舉不踰等，則位班也。擇善而舉，則世隆也，天又除之，奪伯有魄。子西即世，將焉辟之？天禍鄭久矣，其必使子產息之，乃猶可以戾，不然將亡矣。」（襄公二十九年）此由詩書之言君主之德而受天命，而順命隨德定之義而及於爲臣者，〔註69〕後世儒家更由此而及於一切人；而承受天命之「命」亦非僅止於享國之長短或壽命，如《左傳》云：「邾文公卜遷于繹，史曰：『利於民，而不利於君。』邾子曰：『苟利於民，孤之利也！天生民而樹之君，以利之也。民既利矣！孤必與焉。』左右曰：『命可長也，君何弗爲？』邾子曰：『命在養民，死之短長時也，民苟利矣遷也，吉莫如之！』遂遷于繹，五月，邾文公卒。君子曰：『知命。』」（文公十三年）此乃由周初所展顯之「敬德」之義而凸顯出君之「知命」乃「義」所當爲，此言「知命」正是邾文公之所以成君之「義」、成君之「德」而無顧己之壽命，此即後世儒家所言捨生取義之行與知命之義之所涵。〔註70〕另《左傳・成公十三年》記劉康公之言曰：「吾聞之，民受天地之中

〔註67〕《中國人性論史》（先秦篇），頁51～53。
〔註68〕《中國哲學原論》（原道篇卷一），頁61。
〔註69〕參閱唐君毅著《中國哲學原論》（導論篇）一書，香港新亞研究所出版，臺灣學生書局發行，中華民國55年3月初版，中華民國73年1月六版（臺五版）；頁508。
〔註70〕同上，頁510～511。

以生，所謂命也，是以有動作威儀之則，以定命也。能者養之以福，不能者敗以取禍。是故君子勤禮，小人盡力。勤禮莫如致敬，盡力莫如敦篤，敬在養神，篤在守業。國之大事在祀與戎，祀有執膰，戎有受脤，神之大節也。今成子惰，棄其命矣。其不反乎？」此語雖以禮之外在之動作威儀以為「命」，類於《詩經》所云：「天生烝民，有物有則。民之秉彝，好是懿德。」（大雅·蕩之什·烝民）仍為外爍而非人之本性的內發，〔註71〕但是，此天所命已非絕對的超越外在於人，而在於天地之中的整體存有界，「禮」雖為外在動作之威儀，而已顯出乃「義」所當然，故而以禮定命實則已在天地之序（存有界內之秩序，或言之為常則常法）體天命之常！只是春秋之初天概念之宗教性的式微，以致禮壞樂崩，道德的人文精神亦未完全透顯出來，所以，「禮」的凸顯卻是失其根基的外在化之儀節形式！整個生命整體、生活秩序亦為之混亂！直至孔子，致力於周文之重建，因生命整體、生活秩序之一切皆攝於「禮」中，而周之建國，周公制禮作樂，禮制始備，孔子復加以道德精神自覺之肯定，而成就「禮」之重建。〔註72〕然我們切不可忘記「禮」之源之根之所在，禮之宗教性無礙於禮之道德性之顯發，卻是在宗教性中顯出道德性之自覺，以使整體生命、生活秩序走向人文精神之自覺的肯定。唐君毅先生說：「然依儒家之義，一切禮之大者，則為祭祖先、祭聖賢忠烈，及祭天地之禮，吾嘗稱之為三祭。………敬之大者在是，體之大者亦在是。此敬此禮，皆可以使人之自己超越於其本能習慣之生活，以及一切個人生活中所已有者之上，……」「……此對天地之祭，即所以使人之生命心靈，由祭之敬誠，以上達於此無窮之生命與心靈，以與之感格，而使由此根原而生，若離於此根原者，更與此根原相契接，……」，〔註73〕故而，「禮」的重建亦正是「天」概念的宗教人文精神化，人之道德的自覺由之而全然透顯出來。

〔註71〕同上，頁 511～512。

〔註72〕《中國哲學史》（第一卷），頁 54～55。

〔註73〕以上兩段引言，參閱唐君毅著《生命存在與心靈境界》（下冊）一書，臺灣學生書局出版，中華民國 75 年 5 月全集校訂版；頁 210、211。

第三章　對孔子之言「天」的省思

　　承上章所言，在中國人的心靈內，於一開始，「天」即爲一掌控萬物的無上主宰者，人生命中的生、死、福、禍，一切皆在於天，人無由決定，必須經由卜筮或君主以明天意，人對天的祈求亦得經由祖先神的傳達於天。於思想上，「天」即爲一無可否定的先天之超越存在者，是外於人而與人相對之存在，雖有意志的表現（人格天），但卻是與人無直接關聯的超然而漠然之存在。「天」的存在，在中國上古之人的思想中，是先天本具，無由亦無需證明，但是，一旦否定了天的存在，天下事物將成爲無原無由，生命之一切將落於無法理解、無可設想的地步！這樣的思想，尤其表現在「天命觀」上。天命永存（無論無常、有常），接續不斷，一直是朝代更替的正當理由；對「天命」的知曉，起先主要在於卜筮的測度，周代轉向君主之有德爲永保天命之依據。對天命的依賴、對大之存在的信念，即使至於春秋時代的混亂局面，人們對天逐漸失卻其信心，亦並未予以否定，卻是於生命內在轉化出自覺地道德之宗教人文的精神。這是在於周初由憂患意識引發了「敬」的觀念，逐步地形成一道德觀——敬德。由憂患意識到「敬」的這一過程，即是人意識到事的吉凶成敗與己之行爲的密切關聯，而表現出的一種負責認眞、戒愼恐懼之態度，天命亦由此過程而逐漸下貫到人的身上，人之承受天命即由人之道德而決定，人之德性主體於此而初顯出來；牟宗三先生說：「在中國思想中，天命、天道乃通過憂患意識到所生的『敬』而步步下貫，貫注到人的身上，便作爲人的主體。……彷彿在敬的過程中，天命、天道愈往下貫，我們的主體愈得肯定自己；本質地說，實是在天道、天命的層層下貫而爲自

己的真正主體中肯定自己。」〔註1〕「天命」由外在而內在（層層下貫）的這一趨勢，使「天」與人產生了直接的關聯。這一關聯，至於孔子，天與人不僅是「二者」的關係，乃為本然地親密結合。

第一節　孔子所言之「天」乃實然之存在

在上古之人的思想、信仰中，天與鬼神的存在是不成問題的，而且主導著其生活、教化。直至原始宗教的衰微，甚至人們對天失卻了信心，天與鬼神的存在仍並未因此而受到置疑。至於孔子，天命普及於每一個人身上，人內在精神自覺的顯發，〔註2〕然於孔子的生命（包含思想與信仰）中，天與鬼神仍然是實然之存在，由《論語》中所載孔子對「祭祀」的態度來看，孔子為樊遲解其所答孟懿子問孝時所言「無違」之義曰：「生，事之以禮；死，葬之以禮，祭之以禮。」（為政）另孔子對禹的稱述中有：「菲飲食，而致孝乎鬼神。」（泰伯）「鬼神」及祖先的神靈，在上古時代，對鬼神的祭祀為的是祈福消災，而對孔子來說，祭祀之禮是對父母之孝的推擴，〔註3〕而不再是一種功利、諂媚的行為，所以孔子說：「非其鬼而祭之，諂也。」（為政）這是由人之內在道德自覺的顯發，推自身誠敬仁愛之德，而對祭祀之價值的重新肯定，其目的唯在盡一己之德，而非對鬼神有所祈求。〔註4〕但是，孔子並未因此而否定了鬼神的存在（無論是現實上或隱含地），在孔子的思想中，鬼神

〔註1〕參閱牟宗三者《中國哲學的特質》一書，臺灣學生書局印行，中華民國52年6月初版，中華民國69年元月六版（學五版）；頁15。至於牟先生於文中提及此一天命下貫於人的過程，與西洋基督宗教之言皈依上帝者不同，即在於後者乃主體的投注於上帝處的自我否定，而前者乃在主體之道德價值上的自我肯定；筆者以為，主體價值的肯定與信仰上的皈依於一無限者上帝並不相衝突！筆者於此不多加申論，於正文中有相關之論。

〔註2〕如《論語》上記載孔子之言：「五十而知天命」（為政）、「君子有三畏：畏天命，畏大人，畏聖人之言。小人不知天命而不畏也，狎大人，侮聖人之言」（季氏）等等，於正文將有詳論。

〔註3〕徐復觀於其所著《中國人性論史》（先秦篇）一書（臺灣商務印書館印行，中華民國58年1月初版，中華民國79年12月十版）中，釋「致孝乎鬼神」之「致」乃「推擴」之意（頁82）。

〔註4〕同上。但是，依徐復觀先生之意，如此之對祭祀之價值的肯定，卻只是突顯了其道德上之意義、價值，而隱沒了其宗教上之意義、價值，雖未直接否定鬼神之存在，但這只是由於在己之誠敬仁愛之德中的一種不忍人之心罷了！隱含地，即已否定了鬼神之存在。

之存在仍是先天概念，所以孔子無需去證明其存在，這尤其於孔子之生命中可見得；對父母的敬事是發自生命內在之不容已的感受，如同孔子之答子游問孝而言：「今之孝者，是謂能養；至於犬、馬，皆能有養；不敬，何以別乎？」（為政）這樣的感受並不因為父母的亡故（不為我們具體現實上之對象）而有任何改變，故而，父母無論生、死，皆以「禮」一以貫之，一貫其敬事之誠。只是父母亡故後，我們無法如同父母生時於現實上那般的敬事之，而藉祭祀之禮以通幽明，同盡一己敬事之誠，所以《論語》上記載：「祭如在，祭神如神在。子曰：『吾不與祭，如不祭。』」（八佾）這樣出自生命內在之不容已的感受而對父母的敬事，當然不是一種心理作用而已，如果只是一種心理作用，則是短暫的，而且必是出自某種外在原因而產生的一種迷妄或迷惑，沒有什麼道理可說的，又怎能說是出自生命內在之誠？！所以孔子答樊遲問知而言：「務民之義，敬鬼神而遠之；可謂知矣。」（雍也）「敬」所表達的就是面對一確實存在之對象的專一、誠敬，「遠」所表達的即為非心理作用（某種功利心理）的迷妄。故而，父母在世，為我們現實存在之對象，我們當然不能否定其實然存在，但是如果我們對父母的奉養只是因為外在的社會規範如此、或是想從父母那裏得到什麼利益——不敬——，如何能稱得上是對父母之孝呢？同樣的，父母的亡故，也許我們因父母亡故而來的悲情會因時間而逐漸淡化，但是我們對父母的思念及敬愛卻是永遠的，而且，如果我們對父母的這份思念及敬愛不是明明白白、確確實實地感受到、肯定了父母之神靈的存在，那麼這份思念、這份敬愛所及於的又是什麼？豈不令人迷惑！如果我們對亡故父母的祭祀只是為了貪圖什麼、或是以為其具有不同於現實存在之人的一種可使人避禍消災之神力而諂媚之，如此功利心的作祟，豈不令人迷妄！講到這裏，我們僅將對父母（或祖先之神靈）的敬事集中於父母身上當如何、如何，似乎所言「孝」亦僅止於如此！？實則，我們看《論語》中的記載：「子曰：『弟子入則孝，出則悌，謹而信，汎愛眾而親仁；行有餘力，則以學文。』」（學而）孔子將孝、悌、謹、信、愛眾、親仁併言，表示行為的一貫，有其內外、遠近、親疏之別，卻不能只以單獨之行而論；又：「或謂孔子，曰：『子奚不為政？』子曰：『書云：〔孝乎！惟孝！友于兄弟，施於有政。〕是亦為政，奚其為為政？』」（為政）如果我們只對父母好而無視於周遭之人，如何稱得對父母之孝？乃使父母受辱！如果我們只關心敬事父母之事而無衷於其它事，又如何稱得上對父母之敬事？益使父母受辱！其

實，正是因為對父母之孝、對父母之敬事，所以我們更要慎於對周遭人事物；正是因為能孝敬父母，所以我們能將這份誠敬之心擴及周遭。〔註5〕對現實存在之父母的敬事是如此，對鬼神的祭祀乃為對父母之孝的推擴，更當如此，因為鬼神之如何存在非為現實存在的我們所能臆測，我們以祭祀表達我們對去世的父母、祖先之神靈的孝敬，並不因為其不同於現實之存在而有任何改變，所以當孔子回答季路之問當如何敬事鬼神時而言：「未能事人，焉能事鬼？」（先進）故而孔子此語並非將「事人」與「事鬼」排有先後、或孰較重孰較不重，只是尤其表現在對鬼神的敬事上，只談事鬼，而隔斷了與人之關係，豈能不流於功利心？又豈能成就祭祀之價值？因為祭祀之價值正是在於人與鬼神的這層（推擴孝）關係上。孔子對鬼神的態度是明確的，就是因為如此的明確，使我們更能瞭解到孔子對於孝之敬事對象，於其生命內在的強烈感受，並不因為其對象之生、死而有任何差別，如此，我們亦更能明白孔子對鬼神之存在的肯定無以異於對生者之存在的肯定。而且，這樣的肯定絕不能說是對鬼神的一無所知，而只是保持著的某種精神狀態，因為如是這麼樣的話，我們又怎能說是對鬼神的祭祀是對父母之孝的推擴呢？就好像如果我們對父母一無所知，又如何得盡孝道呢？但是，我們對父母的確又能知多少？無怪乎孔子答子夏問孝時言：「色難。」（為政）生者尚如此，何況乎死後之為鬼神者！但亦不能說無知！此「知」當然不是於理智上之佔有或掌握，卻是於彼此相互間之關聯的動態感應，隔絕了這樣的關聯，不但不能知，亦無價值、意義可言！

　　由孔子之於鬼神的態度，我們知道鬼神已然由外在之祈禱避禍之對象，而為內在生命之感受的顯發，如此，孔子不但沒有否定鬼神之存在，而且更加切身地肯定了鬼神的存在。由此，我們推而向上，孔子當然亦更加肯定了「天」之為實然之存在，因為在原始宗教階段，鬼神雖為掌握吉凶禍福的權威，〔註6〕但是真正掌理天下萬物者是「天」，而「天」卻是超然而漠然之存

〔註5〕《論語》上有記載：「曾子有疾，召門弟子：曰：『啟予足！啟予手！詩云：〔戰戰兢兢，如臨深淵，如履薄冰。〕而今而後，吾知免夫！小子！』」（泰伯）曾子此行並非僅為探視己之身體是否有所毀傷罷了！卻是藉此對身體是否完整的探視，以明此生於德行上之全。（參閱蔡仁厚著《孔門弟子志行考述》一書，臺灣商務印書館印行，中華民國58年9月初版，中華民國70年2月五版：頁28～29）

〔註6〕參閱蔡仁厚著《孔孟荀哲學》一書，臺灣學生書局印行，中華民國73年12月初版：頁134。

在，雖然主導著人生活之一切，但是人卻無法企及於天，必須經由中介者的傳達，鬼神即是這重要的中介者；直至孔子，由於人之內在自覺的顯發，對鬼神之態度的轉化，天與人之間有了直接的關係，鬼神亦不再是天與人之間的中介者。這在《論語》中記載孔子病重，子路欲請孔子禱於鬼神，而孔子之言：「丘之禱也久矣！」（述而）中可見，孔子當然並非真的向鬼神祈禱，卻是子路不達孔子之意，孔子方作如是答！一方面鬼神並非祈福消災之對象，一方面「孔子素行合於神明」（孔安國語），〔註7〕順應天命，病重乃命運之所限，尚何事於禱求？孔子此語已隱然地含有肯定鬼神之上之一無尚超越主宰的存在之意！又孔子答王孫賈之問而言：「獲罪於天，無所禱也。」（八佾）孔子自述：「五十而知天命。」（為政）並將「畏天命，畏大人，畏聖人之言」（季氏）三者併舉，明確地承繼了傳統以來對「天」之存在的肯定！而且，孔子之言：「天厭之！天厭之！」（雍也）「天生德於予」（述而）、「吾誰欺？欺天乎？」（子罕）、「天喪予！天喪予！」（先進）「知我者其天乎？」（憲問）等等之語，可見得孔子肯定之「天」已非超然而漠然之存在，而是有知、有情、有意之實然的存在！言至於此，我們要注意到的是：孔子雖然承繼了傳統以來對「天」的信仰，但絕未因循流俗；在思想上仍保持了天之先天性及超越性，但是這樣的思想不能僅由理智上的測度來看，而是在態度上由宗教意識轉出道德意識，使宗教與道德的合一，這是在於內在生命的自覺而由原始宗教轉化出的宗教人文精神，至孔子而全然顯發出來的。所以，孔子對「天」之存在的肯定，是先天上的肯定，因為其非由經驗上而來，且生活上的一切皆基於天、在於天（證知天命、敬畏天命、安處命運之限），故而，這樣的肯定更是整體生命的肯定。此刻，「天」已不再只是超越的存在，亦是貫注於我們生命內的存在。關於這個道理，我們必須通過孔子之言「仁」去瞭解，同時，我們亦會發覺，孔子即是以一仁道貫通天人。

第二節　孔子之言「仁」之義涵

　　春秋時代，「禮」觀念的凸顯，涵攝諸德，周初首要之敬德，亦經由「彝」之觀念的轉折而與「禮」發生關聯，如《左傳》上所云：「禮，國之幹也，

〔註7〕轉引自嚴靈峰編著《經子叢著》（第三冊），國立編譯館中華叢書編審委員會印行，中華民國72年5月行；前部〈論語章句新編〉，頁126。

敬，禮之輿也，不敬則禮不行，禮不行則上下昏，何以長世？」（僖公十一年）「禮，身之幹也。敬，身之基也。」（成公十三年）「禮」之涵攝諸德乃因「敬」之作用——《左傳》云：「敬，德之聚也。」（僖公三十三年）——而成一切道德之一貫之道，如《國語》所載：「且禮，所以觀忠信仁義也。」（周語）〔註8〕「禮」更以貫通天地，爲天地之道，如《左傳》云：「君令、臣共、父慈、子孝、兄愛、弟敬、夫和、妻柔、姑慈、婦聽，禮也。……先王所稟於天地，以爲其民也，是以先王上之。」（昭公二十六年）這是由周初以德承天命而至於禮貫通天人，顯出天命內在、道德內發的路徑，但是，春秋之初所言之「禮」仍在於外鑠之合理性之推論，落於外在之儀節形式，尚未能全然由德性主體之自覺工夫實證的內發，「天」或「天命」仍處於只是外在的超越之臨在。孔子所處時代，〔註9〕當春秋之末，正是一個文化轉型的契機！昔爲貴族所維繫之文化的一脈相承之道（二帝三王的聖王政教、周公的制禮作樂），因春秋時之貴族生命的日益墮落，而使得此禮樂文化徒具形式，失卻了內在生命的眞誠！且「禮」之宗教性的式微，以致禮崩樂壞，孔子深以爲憂！而孔子推崇周公，積極復禮，意欲重建周文，即承「禮」啓「仁」，爲此徒存外在儀節的形式規範尋得了一普遍的內在根據。〔註10〕孔子之立「仁教」，「開闢了內在地人格世界，以開啓人類無限融合及向上之機」，〔註11〕而此一內在人格世界的開發，不同於以往者，乃非僅止於統治者或貴族，而是突破了社會上、政治上之階級限制的普遍人間的內在自覺，所以，徐復觀先生說：「……周初是少數統治者的自覺，《詩經》末期及春秋時代，則擴展爲貴族階層中的自覺；孔子則開始代表社會知識分子的自覺。由當時孔子徒眾之多，對孔子信服之篤，正可以證明這一點。」〔註12〕此一普遍人間的內在自覺，亦正是唐君毅先生所言：「……孔子之言『人能弘道，非道弘人』『吾道一以貫之』；明以一仁道，貫通人之對己對人及對天命與鬼神之道也。」〔註13〕由此一貫通，非但重顯「禮」之實質，而且天道下貫而

〔註8〕 《中國人性論史》（先秦篇），頁48～49。

〔註9〕 孔子生於周靈王二十一年、魯襄公二十二年，卒於周敬王四十一年、魯哀公十六年，當西元前551～479年。（《孔孟荀哲學》，頁21）

〔註10〕 以上參閱蔡仁厚著《儒家思想的現代意義》一書，文津出版社印行，中華民國76年5月出版：頁113～114。

〔註11〕 《中國人性論史》（先秦篇），頁69。

〔註12〕 同上，頁63。

〔註13〕 參閱唐君毅著《中國哲學原論》（原道篇卷一）一書，香港新亞研究所出版，

為人之性（天道性命相貫通）之**趨勢**，通過孔子之言「仁」在主體方面的自覺與體現上，成就了宗教人文精神的顯發，終歸結於《中庸》首句之「天命之謂性」。〔註14〕

一、禮與仁

　　春秋時代，孔子以前，諸德歸攝於禮，作為人的行為規範及其評定標準。但是，前亦有言，此刻之「禮」是為一外在的形式，內在實質不顯，所以，這樣的規範及標準，只是平面之客觀世界上之「量」的準則，仍是橫面的關係之比附評量，尚不足是為開闢了一內在的人格世界，因為內在的人格世界是直指生命內自覺地發顯之行為之「質」上而言，非止於橫向平面之外在的限定之評比，而更是縱向上下之內在的通貫！故而，內在的人格世界確是就「質」上而為言之層層向上的立體世界。孔子即以「仁」開闢了此一內在的人格世界，以「仁」充實了「禮」之內涵；徐復觀先生說：「春秋時代代表人文世界的是禮，而孔子則將禮安放於內心的仁；所以他說『人而不仁，如禮何』（八佾）？此即將客觀地人文世界向內在地人格世界轉化的大標誌。」〔註15〕如此之一內轉，突顯道德主體於自身內不斷的塑造其自己，生命就在這樣的塑造中開展出無限向上與擴展之契機，並成就鋪陳於外之一切行為價值之泉源！所以，外在客觀世界之禮的行為儀節，乃主觀內在的自我顯發，外在德行的依禮就是依循內在自我生命的有感而自然合宜，故而，「知禮」非僅就外在的認知上說，更是德性之知由仁的內發於禮，如《論語》上記載：「子入大廟，每事問。或曰：『孰謂鄹人之子知禮乎？入大廟，每事問！』子聞之，曰：『是禮也。』」（八佾）所以，知禮即行禮，不是在量上之多少的衡量（此之謂並非不重知識，而是說知識雖亦有其重要性，但知識的多寡卻非道德生命的評量標準），而是主體生命的自我把握，向客觀世界的成就；如此，「禮」之儀節不再只是建立外在客觀世界之秩序的形成，而是主、客的融和，生命整體涵融於一仁的內在人格世界中。此由仁之生命的展現，道德主體的自我主宰與自由即不再是對外的循不循禮、或是於某種利害的考量

　　臺灣學生書局印行，中華民國 65 年 5 月修訂再版（臺初版），中華民國 73 年 1 月五版（臺四版）：頁 64。

〔註14〕此一「歸結」之說，乃依牟宗三先生之意，參《中國哲學之特質》，頁 25。另參《孔孟荀哲學》，頁 106，蔡仁厚教授亦言及此義。

〔註15〕《中國人性論史》（先秦篇），頁 69。

而於量上的增減，如《論語》上記載宰我之問「三年之喪」，認為三年之久
不為禮樂會使禮壞樂崩，為此原由而不服三年之喪亦不會於心不安！孔子責
宰我之不明禮而感嘆曰：「予之不仁也！子生三年，然後免於父母之懷。夫
三年之喪，天下之通喪也。予也！有三年之愛於其父母乎？」（陽貨）道德
主體的自我主宰與自由確是仁之實踐而自有的主宰性與自由性，由仁之涵融
而自有的要求向客觀世界之開發，如《論語》上記載孔子之言：「禮，與其
奢也，寧儉；喪，與其易也，寧戚。」（八佾）「麻冕，禮也；今也純，儉，
吾從眾。拜下，禮也；今拜乎上，泰也；雖違眾，吾從下。」（子罕）禮在
仁的充實下，已非僅止於外鑠的實踐工夫，而是內、外實踐的融和於現實經
驗中展顯出來，如徐復觀先生所說：「此一世界的開啟，須要高度的反省、
自覺；……是要繼之以切實地內的實踐，外的實踐的工夫，才能在自己的生
命中（不僅是在自己的觀念中）開發出來；並且在現實生活中，是可以經驗
到的。……孔子所說的仁，正指的是此一內在地人格世界。」〔註16〕我們
亦可感受到，人不止於外在循禮的井然有序，更有不容已之無限向上開展之
契欲，故而，誠如徐復觀先生之言：「由孔子開闢了內在地人格世界，以開
啟人類無限融合及向上之機。……此一人格內在地世界，可以用一個『仁』
字作代表。」〔註17〕那麼，孔子之言「仁」之義涵如何？而我們又當如何
藉《論語》之語去契會孔子之言「仁」之義涵？就在《論語》所載孔子與弟
子間之對待及其活動中，以及一己生命的內、外實踐之經驗上去理解、去體
會。

二、孔子之言「仁」之義涵

　　「仁」之一字，早在《尚書》、《詩經》時即已出現，〔註18〕《左傳》
大約出現三十個左右的「仁」，《國語》亦言及：「仁，文之愛也」、「愛人能
仁」、「仁以保民」（周語），「明之慈愛，以導之仁」（楚語）等等之語，而大

〔註16〕同上，頁 **70**。
〔註17〕同上，頁 **69**。
〔註18〕《尚書》中出現五個「仁」：「克寬克仁」（商書・仲虺之誥）、「民罔常懷懷于
　　　　有仁」（尚書・太甲）、「雖有周親不如仁人」（周書・泰誓）、「予小子既獲仁
　　　　人」（周書・武成）、「予仁若考」（周書・金縢）。《詩經》中出現兩個「仁」：
　　　　「叔于田，巷無居人。豈無居人，不如叔也，洵美且仁。」（國風・鄭・叔于
　　　　田）「盧令令，其人美且仁。」（國風・齊・盧令）

體上這些「仁」意指「仁愛、仁厚」，是與他德相對而言之「仁」；直至孔子
而將「仁」之義深化，顯發昔者以愛說仁之根源，而以「仁」統貫諸德，〔註
19〕為全德之名。〔註20〕然綜觀《論語》中所載言「仁」之語，或為孔子答
弟子之問「仁」、或為孔子自言「仁」，其多關聯於諸德而為言；而於此我們
首先要明白的是：諸道德之德目的提出，並非任由人立一外在的規則或教條
的束縛，使人不自由、不自在，而是由人之行為合理合度的表現所凝聚出來
的成果。如此之合理合度的行為，正是那能湧發道德意識的道德主體於其自
覺自律、自定方向、自發命令中所表現於外的道德行為，孔子正是以「仁」
作為這個道德主體。所以，諸德並非是由某人或某些人憑空訂定出來的，「而
是據『實』以制『名』，是依據人類的道德行為，而分別標舉出來的。……
儒者之踐行德目，實際上亦是依於道德意識而表現的一種自覺的實踐」。〔註
21〕「仁」既為此道德主體，其關聯於道德行為而透顯出來，則我們欲瞭解
仁之為「仁」，亦必須透過諸道德的行為中去加以掌握。當然，我們也明白，
這樣的「掌握」不僅是理智的理解，更是自我內在的感受，於行為上之自覺
的生命體悟；經由生命內在之自覺的體悟，而證得此一生命理序的一貫之
道。這當然含括了求仁之方及求仁之工夫的次第高下，這在孔子之於弟子之
問「仁」的回答中，即可見得一般！由《論語》中的記載，我們可見孔子之
答其高足如顏淵、仲弓之問「仁」，顯然較之答子貢及一般及門弟子之問「仁」
之義而更有進者！〔註22〕我們現在就以孔子之答子貢與顏淵問「仁」之語
來一窺究竟。子貢在孔門中是一位賢達敏辯、善為說辭的弟子，在外交上相
當有成就；子貢亦善於貨殖，但子貢之貨殖並非積聚財富，而是善於運用財
富以為人文服務，化銀錢為價值。因此，子貢雖於孔門為一聰慧特達之士，
但心卻容易外馳，《論語》中即有記載孔子曾因此而提醒子貢當時時警覺：「子
貢方人。子曰：『賜也賢乎哉？夫我則不暇。』」（憲問）〔註23〕孔子知子貢
之為人如此，所以《論語》中記載：「子貢曰：『如有博施於民，而能濟眾；

〔註19〕 以上參閱《中國人性論史》（先秦篇），頁90；以及《中國哲學原論》（原道篇
　　　　 卷一），頁71。
〔註20〕 《孔孟荀哲學》，頁75。
〔註21〕 同上，頁83～84。
〔註22〕 《中國哲學原論》（原道篇卷一），頁77。
〔註23〕 以上關乎子貢之志行，參閱蔡仁厚著《孔門弟子志行考述》一書，人人文庫，
　　　　 臺灣商務印書館印行，中華民國58年9月初版，中華民國70年2月五版；
　　　　 第九章〈賢達敏辯的子貢〉，頁75～85。

何如？可謂仁乎？』子曰：『何事於仁？必也聖乎！堯、舜其猶病諸。夫仁者：己欲立，而立人；己欲達，而達人。能近取譬，可謂仁之方也已。』」（雍也）「博施濟眾」之事，只是仁之見於其外在之事功，如以此爲「仁」，則「博施濟眾」乃無盡之事，堯、舜之聖猶未能盡，何來可慕之實！孔子如此提醒子貢，並進一步指點子貢，仁者之所以爲仁者，乃在於「己立立人，己達達人」之心上著眼，當於切近處有所通曉，而知爲仁之方。故而，孔子之答子貢問「仁」，在於教子貢由外轉內，「仁」乃由己以及人，方得成就博施濟眾之事功；德行兼備，乃仁之至，得堪稱爲「聖」。所以，唐君毅先生說：「唯在循仁之方而行，以求自成其仁德，方當下有切實之求仁工夫落腳點。有求仁工夫以成仁德，而後仁乃不只爲所志之道，亦爲足據之德。」〔註24〕而顏淵在孔門中最稱高第，後世尊爲「復聖」。孔子嘗稱道顏淵曰：「賢哉！回也。一簞食，一瓢飲，在陋巷，人不堪其憂；回也，不改其樂。賢哉！回也。」（論語雍也篇）孔子亦自道：「飯蔬食、飲水，曲肱而枕之；樂亦在其中矣。不義而富且貴，於我如浮雲。」（論語述而篇）昔者之論顏子之樂正與孔子同，然其「樂」爲何？卻非由知解而得！昔宋代二程子受學於周濂溪，以尋孔顏樂處爲工夫，然每論及孔顏之樂究爲何事亦不禁有所慨嘆：「昔受學於周茂叔（濂溪），每令尋孔顏樂處，所樂何事？」「顏子之樂，非樂簞瓢陋巷也；不以貧窶累其心，而改其所樂也。」「簞瓢陋巷非可樂，蓋自有其樂爾。」朱注云：「程子之言，引而不發，蓋欲學者深思而自得之。今亦不敢妄爲之說，學者但從事於博文約禮之誨，以至於欲罷不能而竭其才，則庶乎有以得之矣。」〔註25〕唐君毅先生明言：「此孔顏之樂，自必與孔顏之德相連。此固非謂孔顏之德唯在所以得樂，……而唯是以人能否由德行工夫，而至於樂，爲其德行工夫之效驗之說。故修德爲學而未至於樂之境，恒見其工夫之尚有所未濟。故此樂不可說爲德行之報償，德行亦非求樂之手段，樂只是德行完足之效驗，其本身亦爲一德者。人之德行必完足圓滿，而更能自己受用之，或自己感受之者，而後有其長樂。」〔註26〕是故顏子之德「溫潤和粹」，孔子獨稱其爲「好學」，不但能傳夫子之道，亦能行道、弘道，以致「顏淵死，子哭之慟」（論語先進篇）而傷歎：「天喪予！天喪予！」

〔註24〕以上參閱《中國哲學原論》（原道篇卷一），頁 84～85。
〔註25〕以上參閱《孔門弟子志行考述》，頁 1～3。
〔註26〕《中國哲學原論》（原道篇卷一），頁 104。

（論語先進篇）〔註27〕孔門中，唯顏淵最能對孔子之教悅深力盡，孔子當然明白於此，故而直下答顏淵之問「仁」：『克己復禮，爲仁。一日克己復禮，天下歸仁焉。爲仁由己，而由人乎哉？』顏淵曰：『請問其目？』子曰：『非禮勿視，非禮無聽，非禮勿言，非禮勿動。』顏淵曰：『回雖不敏，請事斯語矣！』」（顏淵）復孔子稱道：「回也，其心三月不違仁；其餘，則日、月至焉而已矣。」（雍也）朱子語類：「不違，是仁在內爲主，日月至，是仁在外爲客。」唯顏子能以仁爲安宅，是「居仁」。〔註28〕是以孔子直指「克己復禮，爲仁」及以下數句，顯然以「仁」之貫通內外而爲一貫之道，顏子自能因孔子之語以體仁，復問其「目」‧當然並非顏子眞不敏，乃「知其必有條目，故請問之也。」（包咸語）〔註29〕然「視、聽、言、動」即已含括生活行爲之全部，孔子以此示於顏淵，益明教其由當下生命生活中體仁、求仁，並於行爲上的合「禮」即爲「仁」的當下呈顯！

　　實則，由孔子之答諸弟子之問「仁」之語，皆可透得「仁」之義，如唐君毅先生由政事上而爲言：「在孔子答子張、樊遲、子貢問仁之言中，已及於忠恕與信。此皆要在言人之如何依恕以求仁，而由己以通達於人，以見於忠信之事，亦兼及其效之見於爲政者。然孔子之答顏淵仲弓之問仁，則明又有進乎此者。顏淵問爲邦，仲弓可使南面，即皆志在政事功業者。然又皆在孔門之德行之科，而不同子貢、子張、樊遲之只亟亟於用世，而未必能知修德爲政事功業之本者。故孔子答顏淵、仲弓之問仁，即兼涵攝爲政與修德之二端，而明教之以修德爲本。」〔註30〕孔子之言自是一仁道，非有二、三，只是諸弟子間資秉有所不同，於感受與體會上自有所深淺，故在工夫上自有不同用力處。今我等以理智的理解，頂多僅算是一開端，所能者自是微乎其微！然「夫子循循然善誘人」（論語子罕篇），何止於理智的理解，更是智慧的啓發、誘導全幅生命歸仁顯仁，〔註31〕此之見孔子之答諸弟子之問「仁」，雖於

〔註27〕《孔門弟子志行考述》，頁5～15。
〔註28〕同上，頁6。
〔註29〕引自嚴靈峰編著《經子叢著》（第三冊），國立編譯館中華叢書編審委員會印行，中華民國72年5月印行；前部（論語章句新編），頁170。《中國哲學原論》（原道篇卷一），頁93。
〔註30〕《中國哲學原論》（原道篇卷一），頁93。
〔註31〕孔子常仁智對顯，如：「仁者安仁，知者利仁。」（論語里仁篇）「知者樂山，仁者樂水；知者動，仁者靜；知者樂，仁者壽。」（論語雍也篇）至《孟子》之載：「子貢問於孔子曰：『夫子既聖矣乎？』孔子曰：『聖則吾能，我學不

義理上之有高低與工夫上之有高下次第之不同，然所言者當只此一貫之仁
道，唯如顏淵之賢方體得夫子之道而喟然嘆曰：「仰之彌高，鑽之彌堅；瞻之
在前，忽焉在後。」（同上）由此慨歎復見《論語》中記載孔子自言仁（因其
未註明是否爲回答問仁之語，故可視爲孔子自言論仁之語，於義理上益顯深
邃），愈可體得仁之所以爲仁，如《論語》上記載孔子之言：「巧言令色，鮮
矣仁。」（學而、陽貨）「剛毅木訥，近仁。」（子路）「唯仁者能好人，能惡
人。」（里仁）乃就仁者之由內之仁德而見於外之氣度爲言，亦顯仁之境界內
在於心，而視孔子之稱顏回「其心三月不違仁」（雍也）及其言：「我欲仁斯
仁至矣」（述而）、「君子無終食之間違仁，造次必於是，顛沛必於是」（里仁）
之語，乃直就人之內在心志言仁，求仁得仁，在己一心，更可不違，且「志
士仁人，無求生以害仁，有殺生以成仁」（衛靈公）、「未見蹈仁而死者也」（同
上），「仁」乃無限向上發展之生命（無怪乎孔子之言：「若聖與仁，則吾豈敢？」
——論語述而篇），仁者之生命自不爲此肉體之死生所限，而超越洋溢於其一
身之外，故而，孔子之言「仁者樂山」、「仁者靜」、「仁者壽」、「仁者不憂」、
「仁者必有勇」等諸語，乃由仁者生命的外在呈現而表狀「仁」之生命的內
在感通，顯仁者之生命乃安於其自身。〔註32〕然「仁」之境界及其義理最深
處，仍當自孔顏樂處上方得見！而前已言及，孔顏之樂爲何？甚難言之！即
就工夫之效驗上說，乃德行的圓滿（圓滿之德）而得長樂，此爲學者大不易

厭，教不倦也。』子貢曰：『學不厭，智也。教不倦，仁也。仁且智，夫子既
聖矣。』」（公孫丑上）孔孟之「智」，自非關於「理智」而言，可說之爲「智
慧」，因牟宗三先生言之爲「生命的通體透明。『仁且智』即是說生命既能表
現仁，又能裡外明澈，毫無幽暗。」（《中國哲學的特質》，頁25～26）而孔子
亦曾言：「知及之，仁不能守之，雖得之，必失之。」（論語衛靈公篇）故而
「智」的作用乃在於輔仁，必以仁爲依歸；「仁」以「智」之感知感通而達於
外，而「智」之感知感通必由仁而自覺其所感知感通者乃化除生命中的隱曲
幽暗，否則即爲「不智」而聰明反被聰明誤，反而增其生命之障蔽！此即如
唐君毅先生所言：「……自己之智若不進至於仁，則不足以守其智之所知……
凡此中人之所以必智而後仁，則其要義蓋在言仁德之成，必包涵自覺的內在
感知。知己之欲與不欲或愛惡，即是一內在之感知。此內在的感知，即是己
與己之一內在之感通。……人既能推己及人，以行忠恕之道之後，人對所行
之忠恕之道，以及其所成之德，亦皆無不有一內在之感知、感通，亦即原無
不有智行乎其中。對此忠恕等之道之德所及之他人與事理等，亦即同有所感
知、感通，而有智行乎其中，合以形成吾人由己以通達於外之仁。」（《中國
哲學原論》（原道篇卷一），頁100。

〔註32〕 以上參閱《中國哲學原論》（原道篇卷一），頁102～103。

之事！然此境界又爲一如何之境界？

　　觀孔子之「飯蔬食、飲水，曲肱而枕之；樂亦在其中矣。不義而富且貴，於我如浮雲。」（述而）顏子之「一簞食，一瓢飲，在陋巷，人不堪其憂；回也，不改其樂。」（雍也）貧賤、富貴乃「義之與比」（里仁），去與不去、處與不處視義之所在，〔註 33〕孔子於此以貧賤顯其樂處，更是凸顯仁者之樂乃義所當然，而雖言「樂亦在其中矣」，然其意卻不在富貴有樂處而貧賤亦有其可樂處，似乎有不同之樂處！如是此之謂，則孔子之言顏子之樂時何又言「回也，不改其樂」？！可見仁者無論是處富貴、居貧賤，唯其能安於仁，故處富貴之樂而不淫，居貧賤之樂而不憂，其樂唯一，即仁者之樂也！又《論語》上記載子路、曾晳、冉有、公西華侍坐而各言其志，唯對曾晳所言：「暮春者，春服既成，冠者五、六人，童子六、七人，浴乎沂，風乎舞雩，詠而歸」之語而喟然歎曰：「吾與點也！」（先進）子路、冉有、公西華之語皆志在功業，唯曾晳之言似在崇自然的生活情境，而孔子「吾與點也」一語豈非道家者流？實則，曾晳於孔門弟子中屬「志極高而行不掩」的狂者，其人胸懷灑落，呈現一種藝術欣趣與生活境界；〔註 34〕觀曾晳之述己志，平和安寧，儼然在一治平之世！而處之亂世，孔子見有志且才相稱之士多不得一展抱負於天下，自己亦不得行道於天下，其心豈不甚傷愴！「此時，恰好曾點幾句曠達之言，冷然入耳，孔子驟然聞之，深有契於平日飲水曲肱之樂，復有感於浮海居夷之思，於是不禁感慨係之，喟然而嘆！」〔註 35〕然孔子卻爲「知其不可而爲之者」（論語憲問篇），自謂：「鳥獸不可與同群，吾非斯人之徒與而誰與？」（論語微子篇）孔安國曰：「吾自當與此天下同群，安能去人從鳥獸居乎？」〔註 36〕其一生栖栖皇皇，汲汲求有道於天下，又謂：「其爲人也，發憤忘食，樂以忘憂；不知老之將至云爾。」（論語述而篇）道之不行，發其憤憤然之志以求之，甚而忘於飧食！然道之行與不行，並不在於個人之功業就與不就，

〔註33〕子曰：「富與貴，是人之所欲也；不以其道得之，不處也。貧與賤，是人之所惡也；不以其道得之，不去也。」（論語里仁篇）子曰：「邦有道，貧且賤焉，恥也；邦無道，富且貴焉，恥也。」（論語泰伯篇）凡此等等，我們可知，貧賤、富貴本身並非評量仁與不仁、樂或不樂之標準，處貧賤或富貴皆在於「義」上之當爲不當爲。

〔註34〕關於曾晳其人，參閱《孔門弟子志行考述》，第二十五章〈胸懷灑落的曾點〉，頁 169～174。

〔註35〕同上，頁 172。

〔註36〕轉引自嚴靈峰編著《經子叢著》（第三冊），前部〈論語章句新編〉，頁 278。

故而「發憤忘食」並不影響其飲水、曲肱之忘憂之樂！如此，仁者之求有道
於天下與其所樂，何來老與不老之別？！唐君毅先生說：「人若於無論道之行
與不行，皆有以自得其樂，蓋必俟人於道之行與不行，皆視爲天命之所在，
而更能知之、俟之、敬畏之者，然後能於道『用之則行，舍之則藏』，而皆有
以自得其樂也。」〔註37〕於此，我們不難明白，仁者乃一己生命之「仁」的
通貫，是以「己」爲中心的橫通上達，不因外在的環境而有所阻礙與廢弛，
而「一己之生命之內在的感通，見一內在之深度；己與人之生命之通達，則
見一橫面的感通之廣度；而己之生命之上達於天，則見一縱面的感通之高
度」。〔註38〕仁者之生命就在這樣的通達中顯現出來，「仁」之義涵亦在仁者
如此之生命中而得見；尤其是仁者之知天命、畏天命、俟天命之與天的通貫
上，因爲前已言及孔子之立仁教，開闢了內在的人格世界，以開啓人類無限
融和及向上之契機，而爲仁之方，即「下學而上達」，如徐復觀先生所說：「凡
孔子所答門弟子之問，都是從下學處說，尤其是對於問仁；不如此，便無切
實下手、入門之處，會離開了道德的實踐性，結果將變爲觀念遊戲的空談。
這種下學的本身，便含有上達的可能性在裏面。」〔註39〕孔子自謂：「不怨天、
不尤人；下學而上達，知我者其天乎！」（憲問）徐復觀先生說：「若非感到
自己的生命與天相通，即不能說『知我者其天乎』。」〔註40〕所以，要通澈孔
子之言「仁」之義涵，必澈通於「天」，而「仁」乃一己生命之貫通，且本章
起始即言及之天道、天命層層下貫於人的身上，使自我在主體內肯定其自己；
故而，「天」與「仁」的澈通，即著落於人之本然之性上。

第三節　孔子之言「性與天道」

　　由整部《論語》看來，孔子罕言「性」與「天道」，言「性」者有兩處，
一爲孔子自己說的：「性相近也，習相遠也。」（陽貨）一爲子貢所言：「夫子
之文章，可得而聞也；夫子之言性與天道，不可得而聞也。」（公冶長）而《論
語》所載「天道」一語僅此一處而已！那麼，孔子之言「性」與「天道」之
義爲何？其二者之間又有何關聯呢？是否孔子對此二者之義理無有所言？難

〔註37〕《中國哲學原論》（原道篇卷一），頁108。
〔註38〕同上。
〔註39〕《中國人性論史》（先秦篇），頁74。
〔註40〕同上，頁88。

道孔子對之漠不關心嗎？實則，關於後兩個問題，我們不難明白，孔子並非對「性」與「天道」真無有所言，見子貢所言「夫子之『言』性與天道」一語，明明白白一個「言」字擺在那裏，怎可說「性與天道」乃孔子所「不言」呢！〔註41〕何晏曰：「深微，故不可得而聞也。」皇侃曰：「此處深遠，非凡人所知；故其言不可得聞也。」〔註42〕而子貢「聞一以知二」（公冶長），為一天資聰穎之弟子，聽孔子之言「性與天道」，固有所契悟，然亦深感其中深義難為青年弟子所領悟，故而發出的歡美之辭！〔註43〕如此，話說回來，孔子也許真的甚少言及性與天道，無論是因為性與天道之義深不易為青年弟子所了解而很少談及，〔註44〕或是因為避免與當時所流行的天道（指事情本身的休咎吉凶，與天命無關）觀相混淆而三緘其口，〔註45〕皆無礙於孔子自己對性與天道的體證與契悟。

一、孔子之言「性」乃由「仁」顯其善

根據《尚書》、《詩經》及《左傳》之言，「性」有二義，一為「欲望」義，即由「生」而言「性」，如《詩經》所云：「伴奐爾遊矣，優遊爾休矣。豈弟君子，俾爾彌爾性，似先公酋矣。」（大雅・生民之什・卷阿）《左傳》上記載師曠答晉侯之語云：「天生民而立之君，使司牧之，勿使失性。有君而為之貳，使司保之，勿使過度。」（襄公十四年）「子產曰：『晉楚將平，諸侯將和，楚王是故昧於一來，不如使逞而歸，乃易成也。夫小人之性釁於勇，嗇於禍，以足其性而求名焉，非國家之利也，若何從之。』」（襄公二十六年）另一為作「本質」解之「大性、本性」義，即前已有言之「天命下貫而為性」的趨勢，如《尚書》記載紂之臣祖伊曰：「天子！天既訖我殷命；格人元龜，罔敢告知。非先王不相我後人，惟王淫戲用自絕。故天棄我：不有康食，不虞天性，不迪率典。」（商書・西伯戡黎）《左傳》記載師曠答晉侯之語有云：「天

〔註41〕《孔孟荀哲學》，頁107。
〔註42〕以上兩段引言，轉引自《經子叢著》（第三冊），前部〈論語章句新編〉，頁396。
〔註43〕《孔孟荀哲學》，頁108。牟宗三先生亦言及：「我們可以推想，子貢說『不可得而聞』那話時，年齡一定不小了，最低限度他可略懂性與天道的道理。如此，他所說的『不可得而聞』其實是對孔子的讚嘆，這讚嘆又表示子貢對性與天道有若干程度的解悟。」（見《中國哲學的特質》，頁26～27）
〔註44〕《中國哲學的特質》，頁26。
〔註45〕參閱項退結著《中國哲學之路》一書，東大圖書公司印行，中華民國80年4月初版，頁92～93。

之愛民甚矣，豈其使一人肆於民上，以從其淫而棄天地之性，必不然矣。」（襄公十四年）子大叔引子產之語以答趙子之問禮曰：「夫禮，天之經也，地之義也，民之行也。天地之經，而民實則之。則天之明，因地之性，生其六氣，用其五行，其爲五味，發爲五色，章爲五聲，淫則昏亂，民失其性，是故爲禮以奉之。……爲溫慈惠和以效天之生殖長育，民有好惡喜怒哀樂生于六氣，……好物樂也，惡物哀也，哀樂不失，乃能協于天地之性，是以長久。」（昭公二十五年）此語表明了天地之性與人性之關聯，在於人性乃依於天地之性爲其法則，復見前引「天之愛民甚矣」一句，即可明白，天地之本性既爲愛民，則人之本性即不得不爲愛民，此中已現「性善」之義，然此仍外鑠於天地之法則中求道德之根源，「善」乃由上而下的天之所命，仍未成就內在之善性的自覺。〔註46〕而孔子「性相近也」一語，如果其所言「性」乃在於如宋儒所言之「形氣」或「氣質之性」，則一方面仍立於外鑠的道德的規範，另一方面「相近」之義以及性與天道之關聯皆說不通，由子貢之感歎，我們不難明白孔子之言性與天道之間必有密切的關聯，而如果「性」只在於形氣上的氣質之性，則與天道關聯不上。關於性與天道之關聯，容後再論，於此先看看「相近」之義。《論語》上記載孔子之語：「中庸之爲德，甚至矣乎！民鮮久矣。」（雍也）「中庸」乃德之極致，然人因形氣所限，無法一蹴可及中庸，必有所偏；孔子論形氣之偏而相當於宋儒所言氣質之性者，如其言：「狂而不直，侗而不愿，悾悾而不信，吾不知之矣。」（子罕）「柴也愚，參也魯，師也辟，由也喭。」（先進）「不得中行而與之，必也狂狷乎？狂者進取，狷者有所不爲也。」（子路）「生而知之者上也；學而知之者次也；困而學之，又其次也。」（季氏）「古者民有三疾，今也或是之亡也。古之狂也肆，今之狂也蕩；古之矜也廉，今之矜也忿戾；古之愚也直，今之愚也詐而已矣。」（陽貨）凡此種種氣質之偏，如何能歸結於「相近」？所以，孔子之言「性」非就形氣所呈現於外者而爲言，必就性之本然處上說，即就「性之本」或「本性、本質」上說。〔註47〕現在，我們的問題就是：孔子所言之「性」爲「性

〔註46〕 以上參閱《中國人性論史》（先秦篇），頁 57～59；以及《孔孟荀哲學》，頁108。

〔註47〕 《中國人性論史》（先秦篇），頁 77～79。而關於「相近」之義爲「相似」抑或「相同」之問題，以整個義理來看，人性之本然應是「相同」而非「相似」，蔡仁厚教授說：「……若是指『性之本』（義理之性），則人人皆『相同』自有差別，但古人用辭語未必這樣嚴格。孟子告子篇牛山之木章有云：『其日夜之

之本」或「本性、本質」，其義又是什麼呢？

　　前已有言，《尚書》、《詩經》及《左傳》所出現之「仁」，大約皆作「仁愛、仁厚」講，而孔子以前及其他人，皆以「愛人」爲仁，孔子亦曾以「愛人」來回答樊遲問仁（論語顏淵篇）。〔註48〕而另一方面，前所引《左傳》中所載師曠答晉侯之言中有「天之愛民甚矣」一語，以「愛民」爲天之本性；如此，基本上，「仁」即爲「天之本性」。然至孔子，「仁」之義的擴充已非僅止於愛人之德，而爲人之德性生命內在自覺地的顯發，由內而外，非由外鑠，成就一體之仁的眞實生命。此由前所言及之孔子言「仁」之義涵已有所論述，而問題就在於：這是否即可說孔子之仁即爲「性」？或孔子之言「性」之義即爲「善」的？關於這個問題，我們仍可由孔子回答弟子之問仁的指點來看。據《論語》所載：「仲弓問：『仁？』子曰：『出門如見大賓，使民如承大祭；已所不欲，勿施於人；在邦無怨，在家無怨。』」（顏淵）「子貢曰：『如有博施於民，而能濟眾；何如？可謂仁乎？』子曰：『何事於仁？必也聖乎！堯、舜其猶病諸。夫仁者：己欲立，而立人；己欲達，而達人。能近取譬，可謂仁之方也已。』」（雍也）「已所不欲，勿施欲人」乃孔子所言之「恕道」（子貢問曰：「有一言而可以終身行之者乎？」子曰：「其恕乎！己所不欲，勿施於人。」——論語衛靈公篇），朱元晦釋「推己之謂恕」，除了消極一面的「己所不欲，勿施於人」，更有積極一面的「己立立人，己達達人」。〔註49〕由孔子回答弟子問仁的這兩段話中，我們可以看到，孔子以「恕」釋仁，卻非直指仁而說，乃就如何實現仁上加以指點，即就「仁之方」上而爲言，此如徐復觀先生所說：「仁的自覺地精神狀態……是一個人努力於學的動機，努力於學的方向，努力於學的目的。同時，此種精神落實於具體生活行爲之上的時候，即是仁的一部分的實現；而對於整體的仁而言，則又是一種工夫、方法。即所謂『仁之方』（雍也）。仁之方，也即是某一層級的仁。而孔子教學生，主要便是告訴他們以『仁之方』。學生的程度、氣質，各有不同；孔子常針對

　　　　所息，平旦之氣，其好惡與人相近也者幾希。』朱注解此句云：『好惡與人相近，言得人心之同然也。』意思是說，發於良心的好惡（好善惡惡）與人相同。朱子正是以『相同』解釋『相近』。然則，孔子所謂『性相近』的相近，和孟子所說的相近，意思應該是一樣的。」（《孔孟荀哲學》，頁105）故而，「相近」之義即爲「相同」。

〔註48〕《中國人性論史》（先秦篇），頁90～91。

〔註49〕以上參閱《中國人性論史》（先秦篇），頁92；以及《孔孟荀哲學》，頁62。

每一學生自身的問題，只就此精神的一個方面，乃至一個方面中的某一點，加以指點，使其作爲實現仁的起步工夫、方法；……」〔註50〕由此，我們可知，「仁之方」乃就「實現仁」而非「行仁」爲言，而後孟子即承孔子而言：「由仁義行，非行仁義也。」（孟子離婁篇下）且「恕道」乃推己而及於人（「己所不欲，勿施於人」、「己立立人，己達達人」），確是仁的自覺地精神，發自內在的眞誠動機而落實於實現仁之工夫、方法上，當下生活的實踐而顯現於外。所以，《論語》上記載：「子曰：『參乎！吾道一以貫之。』曾子曰：『唯。』子出，門人問曰：『何謂也？』曾子曰：『夫子之道：忠、恕而已矣』」（里仁）「盡己」之謂「忠」，僅止於盡己（忠）不即是仁，必要推己而及於人才是仁；而「盡己」方得以「推己」，由「及人」之處而見得仁之功效。乃非由「功效」處說仁（非行仁），而是外在功效在於仁之實現，由此實現反求諸己而見仁之內在自覺地精神。如此，推己是「能」，「所」及之人在外，盡己正是「所以能」推己及人；故而，「忠恕」非爲二者、非有先後，而確是仁的一體呈現，正是夫子「一貫之道」。〔註51〕孔子答仲弓、子貢問仁，乃就落實於現實工夫、方法上而爲言，而在回答顏淵問仁，更是直指「仁」，就根源處之工夫、方法上爲言：「顏淵問：『仁？』子曰：『克己復禮，爲仁。一日克己復禮，天下歸仁焉。爲仁由己，而由人乎哉？』顏淵曰：『請問其目？』子曰：『非禮勿視，非禮勿聽，非禮勿言，非禮勿動。』」（論語顏淵篇）前已言及，「克己復禮」乃是一事，「克己」自所以「復禮」，而之所以「能克」、「能復」，正是在乎此「己」之本然著落處，否則「克己復禮，爲仁」，不但成了外鑠，而且「克己復禮」無處所由出，如何「覺」？更無由說如何「克」？如何「復」？所以，孔子此言之「己」自非那本然之自我，而是外在「形氣之私」或「私欲」，「克己」正是去除此形氣之私，「克己」之所由即是「禮」，而「復禮」正是在於「克己」，「仁」乃充實了「禮」之內在，故而，「克己復禮」是爲一體呈顯，即爲「仁」之實現與顯發，否則怎可說「克己復禮，爲仁」、「一日克己復禮，天下歸仁焉」！是故，形氣接於外，在「視、聽、言、動」之具體行爲上，仁之自覺地當下體認私欲的偏蔽，正所以能不徇私欲之偏而歸於禮，「仁」乃

〔註50〕《中國人性論史》（先秦篇），頁91。
〔註51〕夫子之道乃是依於「仁」而顯立，如《論語》上記載：「子曰：『富與貴，是人之所欲也；不以其道得之，不處也。貧與賤，是人之所惡也；不以其道得之，不去也。君子去仁，惡乎成名？君子無終食之間違仁：造次必於是，顚沛必於是。』」（里仁）（《孔孟荀哲學》，頁61）

自覺地於實踐中呈現出來！如同徐復觀先生所說：「……在人的生命之中，本來就具備此一內在世界（仁），其開關只在一念之克己，更無須外在的條件，所以接著便說『為仁由己，而由人乎哉』。」〔註52〕由以上之言，我們不難明白，孔子所言之「仁」乃是內在於每一個人的生命之中者，非由外在賦予，而是先天稟賦如此，形氣之私不足以蔽其於生命內在的隨時顯現，只在於一己是否將之顯發於外，而為仁之實現，因而孔子乃云：「仁，遠乎哉？我欲仁，斯仁至矣！」（論語述而篇）非出於本性者，何能隨要隨有？！因此，孔子雖未明言「仁」即是「人之本性」或「性善」，但是，由前所述，我們不難體會得到，孔子之言「仁」即為「人之本性」，「性」即是善的，如徐復觀先生所說：「在孔子，善的究極便是仁，則亦必實際上認定仁是對於人之所以為人的最根本的規定，亦即認為仁是作為生命根源的人性。」〔註53〕

二、「仁」澈通「性」與「天道」

　　前言及孔子言「仁」之義涵時已有說明，「仁」乃無限向上發展之生命，孔子亦有：「若聖與仁，則吾豈敢？」（論語述而篇）之語，如果自恃為聖、為仁，則已自限其生命的展現，如何得稱為聖、為仁？！所以，孔子稱讚顏淵：「回也，其心三月不違仁；其餘，則日、月至焉而已矣。」（論語雍也篇）何晏曰：「唯回移時而不變也。」皇侃曰：「仁是行盛，非體仁則不能；不能者心必違之。能不違者，唯顏回耳。既不違，則應終身；而止舉三月者，三月一時，為天氣一變；一變尚能行之，則他時能可知也。」朱熹曰：「三月，言其久。」〔註54〕仁之生命的展現，乃是終其一生之事，何有完成之時呢！故而，《論語》上記載：「司馬牛問：『仁？』子曰：『仁者，其言也訒。』曰：『其言也訒，斯可謂之仁已矣乎？』子曰：『為之難，言之得無訒乎？』」（顏淵）實現仁並不難，只是在於具體生命的當下呈現，難就難在仁之無所隔斷的無限企向！常人往往「日、月至焉而已矣」！徐復觀先生說：「孔子的不許人以仁，不以仁自居，正是他對於仁的無限性的深切把握。」〔註55〕如此，「仁」既為先天稟賦之人性的本然，且有超越形氣之限的無限開展之企向，實同於

〔註52〕《中國人性論史》（先秦篇），頁95。
〔註53〕同上，頁98。
〔註54〕以上三段引言，轉引自《經子叢書》（第三冊），前部〈論語章句新編〉，頁189。
〔註55〕《中國人性論史》（先秦篇），頁98。

傳統以來之天、天道、天命之觀念；乃就「仁」之內在而爲「性」，就「仁」之超越而爲天、天道。故「仁」之一貫而澈通性與天道，即內存即超越，此即「子貢曾聽到孔子『言性與天道』，是孔子在自己生命根源之地——性，證驗到性即是仁；而仁之先天性、無限地超越性，即是天道；因而使他感到性與天道，是上下貫通的。性與天道上下貫通，這是天進入於他的生命之中，從他生命之中，給他的生命以道德的要求、規定，這便使他對於天，發生一種使命感、責任感、敬畏感。」〔註 56〕在實現仁的實踐中，表現出人性之善合於天性，人性稟承於天性而爲人之所以爲人。仁的實現確是出於人之性，乃仁之自我積極主動的顯現，非出於天之外鑠之能力；然主體於此仁之實現上，體會到此內存之無限超越性，絕非一己有限之形軀所能自有，必承於一自存的超越存有，使我有此可能。所以，於實踐中實現仁，仁澈通性與天道，性與天道即在踐仁的實踐中一體展顯，亦即「性與天道的貫通合一，實際是仁在自我實現中所達到的一種境界；……」。〔註 57〕於此，我們已不難窺得，孔子之言「天」，不僅是主體一面的內存之實在，更是客體一面的超越之實在，而由仁之通貫，使主、客合一；一方面乃普遍內存於每一個人的生命之中，一方面又因各人資質不同而有不同的體會與契悟，而確皆在於一體之仁的展現，生命就在仁的實現上開展。關於這個道理，必要作更詳盡的論述。

第四節　孔子之「知天命」與「畏天命」

前已言及，孔子教弟子（答弟子之問）乃於當下具體落實處指點，否則即離開了道德的實踐性，易流於觀念之空談；不僅如此，孔子更就弟子已有所成就處向上提升，使能超脫形氣之限，以成就道德地無限向上之超越性，例如：《論語》上記載：「子貢曰：『貧而無諂，富而無驕；何如？』子曰：『可也。未若貧而樂，富而好禮者也。』」（學而）「子曰：『衣敝縕袍，與衣狐貉者立，而不恥者；其由也與！不忮不求，何用不臧？』子路終身誦之。子曰：『是道也，何足以藏！』」（子罕）「冉求曰：『非不說子之道也，力不足也。』子曰：『力不足者，中道而廢；今女畫。』」（雍也）此即孔子於實踐方法上之下學而上達的工夫歷程，關於此一歷程，孔子自亦詳言及：「吾十有五，而志

〔註 56〕同上，頁 99。
〔註 57〕同上。

於學；三十而立，四十而不惑，五十而知天命，六十而耳順，七十而從心所欲，不踰矩。」（為政）〔註58〕徐復觀先生說：「孔子『五十而知天命』的『知』，是『證知』的知，是他從十五志學以後，不斷地『下學而上達』，從經驗的累積中，從實踐的上達中，證知了道德的超經驗性。這種道德的超經驗性，在孔子便由傳統的觀念而稱之為天、天道、天命。」〔註59〕問題即在於：孔子五十所證知之「天命」是什麼？是否有其真實內容？再者，其於有限性之生命而契求超經驗且臻於無限性之超昇上如何可能？而孔子亦言：「君子有三畏：畏天命、畏大人、畏聖人之言；小人不知天命而不畏也，狎大人，侮聖人之言。」（論語季氏篇）此表示對天命的「敬畏」，乃在於對天命的證知，不能證知天命，則亦不知其所以當專注而戒慎恐懼者。如此，孔子對天命的敬畏，又有著如何的涵義？對天命的「證知」與「敬畏」又有著如何的關聯？為瞭解這些問題，我們首先當明瞭孔子之言「命」或「天命」的意義是什麼！

一、「命」之二義，與義與仁

據《論語》上所載，孔子之言「命」有兩個意思，其一為人所無法、或無此能力去控制的客觀限定或限制，即一般所說的「命定、命運、命限」之命，如：「伯牛有疾，子問之，自牖執其手，曰：『亡之，命矣夫！斯人也，而有斯疾也！斯人也，而有斯疾也！』」（雍也）「公伯寮愬子路於季孫。子服景伯曰：『夫子固有惑志於公伯寮，吾力猶能肆諸市朝！』子曰：『道之將行也與，命也；道之將廢也與，命也。公伯寮其如命何？』」（憲問）「子曰：『不知命，無以為君子也。』」（堯曰）人生而有如此之命運，深刻感受到生命的有限性，面對如此之命限，人有一種無力感及深深的無奈！不可求！又無可逃避於天地之間！但是，亦就是在這深刻的無奈與無力之中，卻又感應到一種所當為與向上超升之契向，而使得我們不容已地希望突破自己的有限性，以成就無限的意義與永恆的價值！由此，我們亦可明白人之「命」並不絕對地被限定，卻有此超越命運之有限性之可能，此乃孔子所言「命」之另一層意義，即「天命」或「性命」；如孔子之言「五十而知天命」、「畏天命」，以及「子曰：『回也，其庶乎！屢空。賜不受命，而貨殖焉，億則屢中。』」（先進）「子罕言利，與命與仁。」（子罕）孔子及其弟子對於命運的客觀限

―――――――――――――――――――――

〔註58〕同上，頁74。
〔註59〕同上，頁86。

制，採取一種知（知道、明白）之、受之、安之的態度，如《論語》上記載：「子曰：『莫我知也夫！』子貢曰：『何爲其莫知子也？』子曰：『不怨天，不尤人；下學而上達。知我者其天乎！』」（憲問）「司馬牛憂曰：『人皆有兄弟，我獨亡。』子夏曰：『商聞之矣；死生有命，富貴在天。君子敬而勿失，與人恭而有禮；四海之內，皆兄弟也。君子何患乎無兄弟也。』」（顏淵）而於命限的知之、受之、安之中，卻又透顯出對天命的敬畏、承當、踐行，所以有「下學而上達，知我者其天乎」、「君子敬而勿失，與人恭而有禮；四海之內，皆兄弟也。君子何患乎無兄弟也」之語！〔註60〕「命限」爲我之所感受，不容已地企欲突破此命限，亦爲我之所感受；對於命運的客觀限制，我無可奈何，但是突破此一命運的無可奈何，卻是我之所願與否！就在這「意願」之如此、不如此上，我們見到了人所「當爲、不當爲」之無可旁貸的責任，即孔子所言之「義」。如孔子所言：「見義不爲，無勇也。」（爲政）「君子之於天下也，無適也，無莫也，義之與比。」（里仁）「君子義以爲上。君子有勇而無義，爲亂；小人有勇而無義，爲盜。」（陽貨）如此，「命」雖有所限，我們的行爲卻非爲此限制所左右，生命就在此「行由義」中開展出來，如孔子之言：「富而可求也，雖執鞭之士，吾亦爲之；如不可求，從吾所好。」（述而）「飯蔬食、飲水，曲肱而枕之；樂亦在其中矣。不義而富且貴，於我如浮雲。」（述而）「君子之仕也，行其義也；道之不行，已知之矣。」（微子）孔子一生栖栖皇皇，周遊列國，求有道於天下，卻常受到一些隱者之流的譏諷，如《論語》上記載：「微生畝謂孔子，曰：『丘何爲是栖栖者與？無乃爲佞乎？』孔子曰：『非敢爲佞也，疾固也。』」（憲問）另有〈憲問篇〉所記之荷蕢，〈微子篇〉所記之楚狂接輿、長沮、桀溺、荷蓧丈人等，皆爲所言隱士之流而譏孔子汲汲於世道！殊不知孔子之行由義，不在乎命運之如何！也就是明白、知曉命運、命限的無奈，而能受之、安之，不怨、不尤，不去計較，卻感發義之內在的不容已，亦不爲命之所限而驅之、避之，由義的顯發，汲汲求有道於天下，縱使知曉世道之不行，孔子仍以「鳥獸不可與同群，吾非斯人之徒而誰與？天下有道，丘不與易也」（微子）之情懷，欲以正道移易天下，正是石門晨門一語「知其不可而爲之」（憲問）所指！〔註61〕由此，我們不難明白，「義」打破了命運之所限，成就了人生的意義與價

〔註60〕《孔孟荀哲學》，頁123～128。
〔註61〕同上，頁128～129。

值；而「義」乃出自人內在的不容已，是當我們面對無可掌握之命運時，切身感受到的逾越，催促著我們去如此、如此行事，雖然不見得一定會發生外在的行爲，但內在所感到的這種驅策，卻無可避免、無由閃躲！孔子說：「君子義以爲質，禮以行之，孫以出之，信以成之，君子哉！」（論語衛靈公篇）故而，「義」乃性分上事；既是性分上事，則「義」之根本、其基礎、其標準，非由外鑠之規章、典範、或心理上事，確就在作爲生命根源的人性之「仁」！此即後來孟子所謂：「居仁由義」（孟子盡心篇上）、「仁、人之安宅也；義、人之正路也」（孟子離婁篇上）、「由仁義行，非行仁義也」（孟子離婁篇下）。復，前已有言，「仁」澈通「性」與「天道」，由之，「義」之所當爲上即見天之所命。如此，人生而有「命」，分而言之有天命、運命，然「命」只有一，確是即義見命，具體上即是由命限處見義之所在，而義之所在即仁之所顯發。君子不戚戚於不可求之運命，唯「義之與比」，「仁」貫乎生命之中，而「無終食之間違仁，造次必於是，顛沛必於是」（里仁）。關於這個道理，我們可由《論語》中所載孔子之答樊遲問仁：「居處恭，執事敬，與人忠；雖之夷狄，不可棄也。」（子路）以及孔子之稱顏回：「回也，其心三月不違仁。」（雍也）又言：「志士仁人，無求生以害人，有殺身以成仁。」（衛靈公）諸語，更能見得清楚。由此一思路，我們可以明瞭，現於外之義行，正是由內向外的踐仁由義，在於人之性分上的不容已，亦正是天所賦予人之使命的具體呈顯，即如唐君毅先生所：「蓋志士仁人之求行道，⋯⋯此時一切外在之艱難困厄之境，死生呼吸之事，亦皆所以激勵奮發其精神，以使之歷萬難而無悔者；而其全幅精神，唯見義之所在，未嘗怨天尤人之德行，亦即無異上天之所玉成。⋯⋯其精神之依『義』而奮發者不可已，亦即天所命之『義』，日益昭露流行於其心者之不可已。此處義之所在如是如是，亦天命之如是如是。義無可逃，即命無可逃，而義命皆無絲毫之不善，亦更不當有義命之別可言。人於此更自覺其精神之依『義』而奮發之不可已，或天命之流行昭露不可已，其原若無盡而無窮，則敬畏之感生。此敬畏是敬畏天命，即敬畏其志其仁。」〔註62〕以下我們即由此一路徑，可更進一步契會孔子之言「天」之所指。

〔註62〕參閱唐君毅著《中國哲學原論》（導論篇），香港新亞研究所出版，臺灣學生書局印行，中華民國55年3月初版，中華民國73年1月六版（台五版）：頁517。

二、「天」之爲超越而內存之臨在

由以上所言之「義」、「命」相繫，我們即可知，孔子自述之下學而上達的歷程，每一階段層層向上，之所以得層層向上，就是在命限中見義之所在而契悟天命如此，故得此不斷超升而上達於天。孔子一語「五十而知天命」，正是如此上達的證知，當然並非直至五十才知曉天命之如此！我們看《論語》所載：「子畏於匡。曰：『文王既沒，文不在茲乎！天之將喪斯文也，後死者，不得與於斯文也。天之未喪斯文也，匡人其如予何！』」（子罕）「子曰：『天生德於予，桓魋其如予何！』」（述而）孔子被匡人誤認爲陽虎而被圍，及桓魋欲加害孔子，此皆孔子之運命如此！然於此遇合之中，孔子並未怨天尤人，卻是於義所當爲（接受此一遇合之境，於此運命之處安然處之）上，契會「天」之所賦予之使命（天之將喪斯文或天之未喪斯文，天生德於予）！此正是唐君毅先生所說的：「人只須體驗及一非己與人之所始料所及之存在，即同時體驗及一天之存在矣。」〔註63〕此亦正是孔子一體之仁的貫通內外與上下！於橫面上，體得匡人之誤認、桓魋之意欲加害，皆是其陷溺於命之如此，矇於形氣之欲，而不識孔子之汲汲求有道於天下（儀封人稱孔子：「天將以夫子爲木鐸。」——論語八佾篇）；於縱面上，體得天之仁而賦予使命於孔子，欲敲醒眾人之心靈，以正道移易天下，孔子無論立於何處境，皆服從之、踐行之，亦正是天之仁而仁於天下，而眾人不識孔子，難道天之賦予孔子使命卻不知孔子嗎？所以《論語》有載：「子曰：『莫我知也夫！』子貢曰：『何爲其莫知子也？』子曰：『不怨天，不尤人；下學而上達。知我者其天乎？』」（憲問）孔子知命、盡義，爲著上天之使命而畢生努力不懈，但是，人畢竟是有限的，盡力而爲卻不能保證必能達於目的（天下之有道），其決定仍在於天！對於此超越的實在，人無法定奪，但亦不歸之於命運，卻是因著對「天」的超越感而有的一種敬畏的虔敬態度，孔子之言「畏天命」正是這種對「天」之超越實在的虔敬態度。所以孔子說出「匡人其如予何」、「桓魋其如予何」之語，表達己之對「天」的知命、盡義、敬畏之情！孔子之生命一體之仁的通貫，通於人我、與天相知相通，當下即證知天命，呈顯一體之仁，而見義之所在，正因爲如此，孔子行道於天下乃因時制宜，不強求（因運命之所限），所以孔子之言「用之則行，舍之則藏」（論語述而篇）；但亦不如一般隱士之流的遁

〔註63〕《中國哲學原論》（原道篇卷一），頁 117。

世而不現，故而《論語》上有載：「子曰：『予欲無言！』子貢曰：『子如不言，則小子何述焉？』子曰：『天何言哉！四時行焉，百物生焉；天何言哉！』」（陽貨）孔子感歎道之不行而欲無言，而孔子之「無言」並非欲有所隱而不欲言（如孔子告訴諸弟子：「二三子以我爲隱乎？吾無隱乎爾。吾無行而不與二三子者，是丘也。」——論語述而篇），乃有感於天道運行於四時、於百物而「四時行，百物生」，亦不見天有所「言」！即見多言無益，應就當下體現處見天之仁（行四時、生百物，並未因「無言」而有一刻中斷）；孔子之感「天生德於予」，並不在於知識言談上的推就，乃在於仁之境界的當體呈現，正如蔡仁厚教授所說：「孔子的心思，不是向『存有』以表現智測，而是向『踐仁』以表現德行。……在德行生命的朗照（智）與朗潤（仁）之中，他徹通了物我內外與生死晝夜，徹盡了超越的存有（天道）與內在的存有（性），使它們一起彰顯而挺立、朗現而貞定。這一切都不是智測與穿鑿，所以不必多在言詞中講說性與天道，而性與天道盡在其中（在生命的契會與證知中）。」〔註64〕孔子如此深刻的信念，來自於內在之本性，亦來自於天。來自於內在之本性，即因性分上令其不得不如此（不容已）；來自於天，由性分上之不容已感受到一超越的無限根源，令其得無限向上提升，而呈現通體之生命，不僅拘囿於形氣欲望之生命。於此，我們亦不難看出，孔子於本性上之不容已的道德要求與對天命的證知和敬畏的宗教情操，使得孔子之道德意識與宗教意識、以及道德情感與宗教情感會歸於「性」與「天」之相互動態的命令回應之中。言及於此，我們即可明白，孔子所言之「天」之爲即內存即超越、即超越即內存，超越而內存之臨在！

第五節　形上天與宗教天

　　我們從一開始即肯定了孔子並未拋棄且承繼了傳統以來對至高無上主宰之天的信仰，肯定其爲一有知、情、意之天，而是由向外的祈福避禍之企求對象，轉而爲主體內在的要求無限向上之企向，以一種極嚴肅的態度承受、奉行天之使命，對天充滿虔誠的敬畏之忱。問題即在於：孔子所言之「天」是在於人之內在本性上所轉出之超越之形上實體，而以宗教情感表達爲一有知有情有意之天呢？抑或是無論於人之知、情、意上，其就是一有知有情有意之天？基本上，

由以上所言，在孔子的生命中，所言之「天」親密地與人整個生命相結合，而非僅爲生命中某樣的義涵！孔子並未對「天」作任何獨立的描述或言傳，而是通過「仁」去契會天，且通過仁在生命中體現出來（知天命，由仁義行）；而此「知」、此「行」並非有先後、並非是二合一，而就是一體之仁的朗現，應於外而有各種德行。所以，在整個生命歷程中，一切皆在於天，隱然地或顯然地肯定了天之實然存在，隱然地或顯然地就在生命的契會中瞭解到天的存在！而徐復觀先生曾說：「若按照傳統的宗教意識，天可以從上面，從外面，給人的生活行爲以規定；此時作爲生命主體之人性，是處於被動地消極地狀態。但在孔子，則天是從自己的性中轉出來；天的要求，成爲主體之性的要求；所以孔子才能說『我欲仁，斯仁至矣』這類的話。對仁作決定的是我而不是『天』。」〔註65〕由這段話，我們所面對的問題是：「天」是否能作爲一客觀對象？因爲依前所言，人之有限（「命運、命定」、形氣之限），卻有無限向上超越（下學而上達）之可能，這是於本性上之不容已的要求（天命如此）；既是「無限」，則必不可能來自於有限之人之本身，且人之性承之於天，所以「天」即爲無限超越之實在（客觀實在）。但是，如果依徐復觀先生所說「對仁作決定的是我而不是『天』」之語，「天」即成了與人（或「我」、或「主體」）相對的客觀對象！既是相對於人的客觀對象，「天」已非「無限」，，而是受相對之限的「有限」了！如同杜普瑞教授（Prof. Louis Dupré）所說：「假使無限者被當做有限者的對立物，那麼它就是受限制之物，不再是無限的了。」〔註66〕那麼，我們又當如何瞭解從自己（主體）性中轉出來的「天」呢？我們再來看看孔子所言「天何言哉！四時行焉，百物生焉；天何言哉！」之語，以天爲自然界，〔註67〕於此大自然中，萬物流轉、生生不息，其中隱顯出天（大自然）之無限性！然而，孔子雖以「天何言哉」一語對顯其「予欲無言」，卻更於其人透顯出自己所體得之「四時行，百物生」之大自然秩序，非由外鑠（天從上面、從外面言語及我），而是由內向外的感通，由己體得此實在之秩序，一方面與我內相通，一方面亦非由己而來，

〔註65〕《中國人性論史》（先秦篇），頁99。

〔註66〕參閱杜普瑞（Louis Dupré）著‧傅佩榮譯《人的宗教向度》（The Other Dimension）一書，幼獅文化事業公司印行，中華民國75年12月初版：頁120。於同一頁上，杜普瑞教授亦言及：「……某一客體絕不能是上帝，因爲超越的『存有』的性質正是：不能將它與內存的主體分離。」所以於人之主體的「性」上所轉出之「天」，亦非爲「客體」。

〔註67〕參閱傅佩榮著《儒道天論發微》一書，臺灣學生書局印行，中華民國74年10月初版，中華民國77年8月第二次印刷；頁108～109。

確是與我相對之外在的客觀實在。而此一大自然秩序，萬物於其中流轉、生生不息，顯示其永不止息之無限性，但是，此「無限性」並不在於秩序本身，因為孔子此語表達出天之為「四時行，百物生」之根本原理或原始動力，〔註68〕所以，此「無限性」乃在於「天」。如果我們（或孔子）是這樣瞭解由性中轉出之「天」，則「天」則為一（具哲學意味的）形上實體，如同蔡仁厚教授所說：「從『理』方面說，天道即是形上實體。孔子所謂『天何言哉？四時行焉，百物生焉，天何言哉？』在此，天即是『於穆不已』的生生之道（創生實體）。」〔註69〕但是，我們不難發覺，此一「形上天」並不足以表達那無限超越之根源，因為我們之由有限者上升至無限者，顯然先設定了有限者而成為無限者之存在的條件，〔註70〕而且「天」成了我們智思理解上的一個客觀對象，我們似乎只是由一有限者至另一有限者！誠想：一有限者（或能力更高的有限者）怎可能是我們內在之不容已無限向上之企向的根基呢？！孔子言「天」之義自非僅止於此。我們由孔子對子貢說出此言之心境（前已言及）可知，言語主要在於智思上的傳達，並不足以完全表達親身體悟，諸弟子如果不能親身體證，言語亦只是徒然！孔子當然並非真欲無言，此言正是教諸弟子之所以體天道以行人道，人道即在於天道。所以，孔子此言表面上看來似乎只是對天道運行或大自然秩序的一個描述，而實際上卻是相關於人的體會；人體得天之「行四時，生百物」的生生之道，人亦在此流轉、生生之中！實則，由整部《論語》的記載，我們得見孔子乃相關於人而言天，如「獲罪於天，無所禱也」（八佾），「天厭之！天厭之！」（雍也），「天生德於予」（述而），「唯天為大，唯堯則之」（泰伯），「天之將喪斯文也」、「天之未喪斯文也」、「吾誰欺？欺天乎？」（子罕），「大喪予！天喪予！」（先進），「知我者其天乎？」（憲問），關於此，傅佩榮教授曾說：「孔子總是以『相關性』的語氣談到天；亦即，他對與人隔絕的天並無興趣，更不曾對天作過純屬宇宙論的描述。縱使以天為自然界，孔子仍然肯定天與人之間的特殊關係。」〔註71〕我們可以進一步說，孔子不但對與人隔絕的天無興趣，且是根本不能離開人而言天！此即不將「天」作為相對於人之客觀對象，「天」並不與人對立，所以在言及「天」時，必相關於人，所以，觀上所引孔子之言

〔註68〕同上。
〔註69〕《孔孟荀哲學》，頁113。
〔註70〕《人的宗教向度》，頁120。
〔註71〕《儒道天論發微》，頁108。

「天」，在言語上似乎是有一外於我之客觀相對於我之至高無尚者對我如何！實則，觀孔子出此語之背景，我們即可知乃孔子在面對命限時，對天的呼應及效法，隱顯生命內在與天的感通；這樣的感通，是內在之不容已的無限向上超升之企向，此即，前已言及，仁的感通，澈通了性與天道，不為命限、不為形氣阻隔，感應到天命如此！所以，孔子在五十證如天命後，「六十而耳順，七十而從心所欲不踰矩」，一體之仁的朗現，雖為命運所限（「天下無道之也久矣」——論語八佾篇），卻「知其不可而為之」，乃天命如此，又有何怨尤世人無知我者！「知我者其天乎」！這種天之於人（由上而下）的關係，孔子表達出一種敬畏的宗教情感（畏天命），此言「天」乃無可測知的「宗教天」。

以上我們由兩個方向而言「形上天」（由下而上）與「宗教天」（由上而下），然而，這是否意味著孔子在對天的契會上出現了兩重意義呢？牟宗三先生即認為，孔子在踐仁的過程中，對天的遙契有兩重意義：一方面天之為超越者，孔子的生命與超越者的遙契是將天推遠一點，保持了天之超越性，高高在上為人所敬畏，這樣的遙契近乎宗教意識，而宗教意識屬超越意識，是為「超越的」（Transcendent）遙契。另一方面，與超越的遙契相反的，即為「內在的」（Immanent）遙契，是將天拉下來，收進自己的內心，使天道內在化為己之德性，轉化為具哲學意味的形上實體。而超越的遙契重客體性，內在的遙契則重主體性；但是，這兩種近乎相反的遙契方式並不相互衝突矛盾，而是由為人敬畏之對象的超越性之天拉進而內在化於人之形上實體之歷程，卻是一極其自然之進程，這是由原先深不可測之天，因為人對之瞭解漸深，逐漸由主體方面的欣賞與感恩，沖淡了人對天的敬畏觀念，而內在化於人而為人之性，不再為人所敬畏的對象，此即由客體性的著重過渡到主體性的著重，且在主體內成就一真實的統一。所以，天道、天命觀的發展，歸宿於主體意義上孔子所言之「仁」與《中庸》之「誠」。〔註72〕依牟先生之意，不外乎就是由客體作主到由主體作主，為孔子來說，「天」之義涵歸於主體性意義之「仁」；但是，另一方面，還是得保持一至上超越者之意義，否則孔子所言及天之數語（除了「天何言哉」一段例外）將無法解釋。故而，將此一層義涵歸之於一種「宗教情懷」，於「理」上存而不論。如此的分判，顯然將生命區隔了幾個（至少兩個）部份，且主體與客體相對，而所謂的「統一」，亦只不過是在主體一面所賦予之義涵或意義，因為「仁」在於主體性。如此，所謂「重主體性」與「重客體性」即成了生命

〔註72〕《中國哲學的特質》，頁 34～35、38～39。

（至少在智思上）兩種不同的歸宿！既是「兩種」，即主、客的統一亦有重主體與重客體兩面，怎可說重主體性之統一一方為「真實的」呢？實則，承本節所論，人由智思上覺察一非從己所能出之理序（大自然之秩序），此理序既不能由人而有，且並不因人而有，故而其必有所出、所因之根源！而且，此理序亦在人內，人因而可能且得以覺察；然萬物於此理序中變化流轉、生生不息，人亦在此化生之中，展現一無限之生機，故而，於生命的體會上，人之道即在於對此運行不已的天道之契悟中呈顯出來！由人道應天道，而由天道確立人道，這樣的確立不是外在規則的一種被動接受，卻是本於內在性分上一種不得不的承受，必然且自然如此！因為這樣的承受已非智思上事，而是全幅生命的體證；說「不得不」，乃因本性如此，並非為外在強迫使然，況且，人畢竟是有限的，雖人之有自由意志能主動積極地順應天道，但於本性上的承受卻非人自身所能要或不要、要這樣或那樣，卻就在生命上之契會即是如此、如此！所以，在智思上無法企及那無限向上之根源，卻在生命的體悟上證驗得天所賦予之使命。是故，現實世俗之如何雖非我所能左右、非必然能如我所願，卻因證如大命，於內在的不容已，使我不因現實經驗之如何而有任何的動搖與改變；所以，子路所言：「君子之仕也，行其義也。道之不行，已知之矣。」（論語微子篇）正是孔子在五十證如天命後之心境的最佳寫照。〔註73〕這種由宗教意識而來的生命體證，引發對天命的虔誠敬畏之情，正所以超越了我們智思之所能而得上提於天。此一上提之所以可能，亦正是仁之澈通性與天道，天道與性命上下相貫通，於我們生命內在本性之仁的不容已，主動積極地意向於天，而契合於天。孔子的生命，就是於踐仁的歷程（下學而上達）中，逐漸上提，至五十歲證知大命而仁體全幅呈露，與天相契合，所以儀封人而言：「天將以夫子為木鐸。」（論語八佾篇）於實然上，「天」的確為一非我之存在，怎可化約成只是主體內在之投射，於「意義」上保持其超越性罷了！況且，孔子之言：「君子有三畏：畏天命、畏大人，畏聖人之言。小人不知天命而不畏也，狎大人，侮聖人之言。」（論語季氏篇）明明一語「畏天命」擺在那裏，且與「畏大人，畏聖人之言」並舉，又怎可說沖淡了對天的敬畏！關於此，唐君毅先生肯定孔子之言「天」乃「為人所敬畏之一真實之精神的生命的無限的存在」，卻是來得較為中肯！〔註74〕當

〔註73〕《中國哲學之路》，頁90。
〔註74〕《中國哲學原論》（原道篇卷一），頁131。唐君毅先生並不認為孔子之言「天」
　　　　即為「人格神」，因為唐先生將人格神理解成一絕對完全獨立自足之絕對地存

然，孔子之與天的相知，乃整體生命的證知，超越了智思的認知（智思的認知
僅在於先天上之肯定），卻有感於天之超越而內存之臨在，於「情」上的互動，
自然意向此無限向上之根源，同時感動天之有情，命其如此，宣揚大道，警醒
世人，一生栖栖皇皇，「不舍晝夜」，「發憤忘食，樂以忘憂；不知老之將至云爾」！
所以儀封人「天將以夫子為木鐸」一語所表露的，不僅是對一有道生命的信念，
更是一種前所未有的感動；〔註75〕是對一有道生命「任重而道遠」「仁以為己任」
「死而後已」的感動，更是對有情之天的感動，因此發而為情感之語：「二三子
何患於喪乎？」（八佾）孔子及於天之言語，亦是充滿著情感的表達，如《論語》
上記載：「顏淵死，子哭之慟。」（先進）「子曰：『噫！天喪予！天喪予！』」（子
罕）似為孔子對顏淵之死，因悲慟而發的情緒之語，但是，我們看孔子對顏淵
的稱讚，如：「賢哉！回也。一簞食，一瓢飲，在陋巷，人不堪其憂；回也，不
改其樂。賢哉！回也。」（雍也）〔註76〕以及顏淵死後，孔子的哀歎：「惜乎！
吾見其進也，未見其止也。」（子罕）〔註77〕足見孔子對顏淵的器重，將傳道、
行道的希望皆寄託在顏淵身上，如今英年早逝（顏淵死時年四十一，其時孔子
年已七十一高齡），後繼無人如顏子之賢（孔子獨稱顏淵好學），情之所至，悲
慟不已，「從者曰：『子慟矣！』曰：『有慟乎？非夫人之為慟而誰為！』」（先進）

在個體，僅具超越性與神祕性，而成為一自我封閉性之超越的存在。當然，
唐君毅先生對西方基督宗教之「人格神」的理解是否正確，於此不多論，但
於正文中已言及「無限者」不能作為有限者相對之對象，否則也只是另一有
限者之義，而唐先生亦將「人格神」視為無限者，如此，唐先生否定了孔子
所言之「天」（為一真實之精神的生命的無限的存在）為「人格神」，即有了
問題！（關於唐君毅先生論及「人格神」之義，可參閱其《中國哲學原論》
闡曉原道篇卷一，第二章第四節〈孔子之天與人格神〉，頁130～134）

〔註75〕《孔孟荀哲學》，頁25。
〔註76〕依《論語》上的記載，另有：「吾與回言，終日，不違；如愚。退而省其私，
亦足以發；回也，不愚。」（為政）「回也，其心三月不違仁；其餘，則日、
月至焉而已矣。」（雍也）「子謂顏淵曰：『用之則行，舍之則藏，惟我與爾有
是夫！』」（述而）「語之而不惰者，其回也與？」（子罕）「回也，非助我者也；
於吾言無所不說。」（先進）子貢亦自知其不及顏淵而言：「賜也，何敢望回？
回也，聞一以知十；賜也，聞一以知二。」（公冶長）曾子亦曾稱道顏淵：「以
能問於不能，以多問於寡，有若無，實若虛，犯而不校；昔者，吾友嘗從事
於斯矣。」（泰伯）其所稱之「吾友」即顏淵（參《孔門弟子志行考述》，頁6；
及《經子叢書》（第三冊），前部〈論語章句新編〉，頁423）。
〔註77〕《論語》上亦有記載：「哀公問：『弟子孰為好學？』孔子對曰：『有顏回者，
好學；不遷怒，不貳過。不幸！短命死矣。今也則亡，未聞好學者也。』」（雍
也）

〔註78〕孔子之慟，故是因其親如己出之弟子（「回也，視予猶父也，予不得視猶子也！」）的亡故，而孔子證知天命，身負求有道於天下之天賦使命，所以，顏淵之死更是孔子對道之不行的傷歎！所以，孔子之歎「天喪予！天喪予！」並非一般呼天喊地的情緒發洩，確是面對天而發之於情的感傷，是與天的情感交流。故而、孔子之與天的相知，契於天人之間「情」上的交感，此一交感，隱顯於人間的眞情流露！〔註79〕

人之有「知」，反映了世界之一切有形、無形的；人之有「情」，使我們不是冷眼旁觀世界，而是對世界的一切發生興趣，爲他者所吸引、以及吸引他者；人之有「意」，引領全幅生命無限向善，成就無限價值！〔註80〕而人之生命雖言其有知、情、意，卻是一整體之有機生命，不但不應有任何分裂，而且存在無限向上之企向，前已有言，這是人之本然之性稟承於天之內在的不容已！由上所言，我們得知，此一生命之通達，在孔子，即是「仁」的通貫與暢達（仁、智對顯，仁之於忠恕之道——己所不欲勿施於人、己立立人、己達達人，仁之於禮——視、聽、言、動及於禮，仁之於義——義之與比）。故而，通過孔子之言「仁」，我們眞切瞭解孔子所言之「天」。那麼，如果我們再問：孔子之言「天」究竟所指爲何？孔子自己似乎並沒有說？！實則，前已言及，「天」不能視爲一客觀對象，所以，人之於天之單獨稱謂，根本無以名之！但是，如果硬要稱之，則即能稱之爲一「有知有情有意之天」！因爲，人之有知、情、意，而我們無法想像人之所在、所通貫之「天」，卻是一

〔註78〕《孔門弟子志行考述》，頁13～14。

〔註79〕蔡仁厚教授於其所著《孔門弟子志行考述》一書中，曾就《論語》所載：「顏淵死，子哭之慟。從者曰：『子慟矣！』曰：『有慟乎？非夫人之爲慟而誰爲！』」（先進）一語而說：「慟、哀傷之過而不自知也。孔子已哭之慟了，而他卻不自知其已慟，這是何等深情！孔子對顏子愛之深、期之切，過於其他弟子，今則短命死矣！天之喪予，而尚能不哀慟乎？——我以爲論語文字，以此章最爲感人，至情至文，如非聖門之賢，誰能及此？後世痛悼文章，宛轉哀絕，雖亦是情文之眞，然孰與此寥寥數語者！」（頁14）

〔註80〕參閱袁廷棟著《哲學心理學》一書，輔仁大學出版社印行，中華民國74年6月初版：頁211、379～381。這裏所言「情」，實已包含「慾」，因爲「實際上情中有慾，慾中有情，實在難以分辨，也許祇是角度的不同而已；情所強調的是主體的態度或心境，而慾所強調的是主體的對對象的傾向或希求」（頁211）。而「情」與「意」之於知與行的關聯則在於：「……情與慾是知與行之間的橋樑，由知識而產生情與慾，由情與慾而導致實際行動。」（頁211）「常識告訴我們，在認知與執行活動之間有一個叫做意志的中間功能。」（頁366）

無知、無情、無意的所謂「自然」而已！〔註81〕當然，如此對「天」的一種稱呼、描述，有將天推向外而成為一客觀對象的危險！實際上，任何一種對天的直接描述皆無法免除此危險性，甚而有將天與人相隔的可能。如同傅佩榮教授於其所著《儒道天論發微》一書中，即將孔子之言「天」分別出了其為「造生者」、「載行者」與「主宰者」等不同之義涵，〔註82〕雖然其皆牽扯上與人之關係，但是，這樣的描述所表達出來的，只是人對某一對象所感覺到的某些功能、意義、或是部份價值，卻非一絕對的超越企向且內存於人之生命內在而產生與人無可分割的「合一」！由整部《論語》看來，孔子自己並未對「天」作如此直接的描述，而是對天或關於天的表達，由此等表達中，同時凸顯了主體本於生命內在本然之性的無限向上之企向與透顯出對即超越即內存之無尚之天的契悟，由這樣的一種表達，「天」不再是一「對象」，而是於整體生命內的主、客統一，超越與內存的通貫！其路徑即為孔子所言之「仁」的澈通；其現實即為一體之仁的呈顯。

〔註81〕 徐復觀先生即以孔子之言「天何言哉？四時行焉，百物生焉，天何言哉？」一語，而否定了「天」之為人格神的存在，認為只是孔子對於大自然的現象而感覺到有一個宇宙生命、宇宙法則的存在。（《中國人性論史》闡疏先秦篇，頁88～89）項退結教授於其所著《人之哲學》一書（中央文物供應社發行，中華民國71年5月出版）中，對此亦有所批判：項教授認為徐復觀先生「所引『天何言哉？四時行焉，百物生焉，天何言哉？』（陽貨第十七 17）這句絕無否定天之位格性的意味，祇表示孔子相信天藉實際行動表示心意，與孟子所云『天不言，以行與事示之而已矣』的意思非常類似（萬章上5）。」（頁140）

〔註82〕 參閱《儒道天論發微》第二部〈原始儒家的天論〉第五章〈孔子〉第四節〈天〉。

結　論

　　孔子之立仁教，於仁者的生命中，成就了天與人之關係的緊密結合。因著此一結合，「天」不再只是外於人的絕對超越之存在，且爲人生命內在之自存潛存；不再是原始宗教信仰中與人隔絕的絕對超越之主宰者，而是人文宗教信仰中與人有絕對關係的終極之絕對。如此之一宗教人文精神的展現，並未與傳統隔斷，乃孔子之於上古以降對「天」之信仰的傳承。自上古以迄孔子，在中國人的心靈中，無可懷疑地肯定了「天」的實然存在，而天命逐漸下貫而爲人之性的趨勢（由超越而內存），於生命上的展現，即是內在精神自覺的逐漸顯發，天與人之間，亦隨著人之生命內在精神自覺的逐漸顯發，而親密地結合在一起。至於孔子，人之生命內在精神自覺的全然透顯，天與人的融合，並非「天」失卻其超越性與絕對性，亦非「天」僅爲人之精神上的展現，而是人不離天（傳統以降之信念）、天不離人（即超越即內存、即內存即超越）！當然，此義並非是說孔子所言之「天」具有雙重或多重義涵，卻就是一「天」，即超越即內存、即內存即超越，展現出「天」之無限性，不爲主、客相對之對象，亦不爲絕對超越之獨立個體，卻是主客的合一、道德與宗教的融合，由原始宗教轉化之宗教人文之精神，顯發於人之生命內在之道德精神的自覺！天與人之間，如此之一由外而內、由超越而內存、由絕對權威而人之精神自發而無限向上之所以可能之歷程，至於孔子，於「仁」之感通中全然透顯出來。本文借助於超驗方法的研究，探討孔子所言「天」之所指，發現「天」在孔子的生命中，確爲一先天概念、超驗的實存，爲生命之終極企向！由《論語》上的記載可知，孔子及其弟子皆未有直接關於「天」的問答，且孔子亦不常言及「天」，卻是在生命關結處言及「天」！這是因爲

孔子並未將「天」作為知識上所探討、描述之對象，但亦非對「天」一無所知，如同康德所說的「設定」（postulate）一般，只是作為一終極理想，否則怎能與生命如此貼切、於生命關結處感受此一終極實在而發出關乎「天」之語呢！就是因為「天」不再是所謂的外於人之絕對之獨立個體，而是融通於生命內在本然之性，人感受到生命內在之「不容已」，乃性分上事，無可否定、無法逃避，必然且自然地發顯於生命內在，而為性之本然，無論外在條件如何，皆不足以影響此本性上之不容已。孔子不常言「性」，卻以內存之「仁」（如「仁，遠乎哉？我欲仁，斯仁至矣！」）顯本性之善。而孔子所言「仁」非僅指一道德德目，乃為全德之名，諸德行皆由仁之顯發，仁即關聯於諸德行而透顯出來。「仁」之為生命一貫之道，人之生命就此一體之仁而通向外、通於人。仁者之生命於此仁之感通內外、人我之際，雖感受到外在形氣、命運之限，但生命內在之不容已並不因此而有任何消減或消弱，反而因著這樣的命限，人更於感受生命內在之不容已處，發現那終極之絕對！如此精神之自覺，企欲突破形軀的限制而有無限向上之企向。所以，「仁」不僅於橫面地通於內外、人我，更於縱面地通於上下、天人。「仁」的生命，實乃無限向上發展之生命，其所以可能，正是天命、天道下貫而為人之性，內在地予人之生命以道德的要求、規定，使人之於天發生一種使命感、責任感與敬畏感，而主動積極地於具體生活中展現出現。如此由內現於外的具體呈現，正是仁的自我實現於具體生活上的當下呈顯，且不為所限地突破命運的限制而企向於所源由之天。性與天道的貫通，確是在仁者的生命中展現出來；孔子自述下學而上達的歷程，至於五十而證知天命後，所展現出「六十而耳順；七十而從心所欲，不踰矩」之生命，正是孔子「飯蔬食、飲水，曲肱而枕之」所顯仁者之樂之所由！而孔子所處正當春秋亂世，禮崩樂壞、禮樂不興，孔子正是憂心於此，乃積極重建周文，且其一生栖栖皇皇，求天下之有道，亦正是對當時道之不行的憂心，又怎說其樂呢？確是孔子證知天命如此，發於內在之不容已而行於外，然運命所限，道之行不行卻非由得我人之所能！孔子亦明於此命限的無奈，但於其生命中，本性之不容已，卻未因此而有任何影響；由孔子對天的敬畏之情，即可明白孔子對天或天命之無可懷疑之堅定，絕非外鑠所可能，確是生命之內發而與無限超越之天的相契合。故而，仁者之樂不在於外在所處富貴或貧賤之如何，確就是於一體之仁的顯發與感通中呈現出來。如此，我們不難明白，於孔子的生命中，「天」是為超越而內存之

臨在，無論是所承之天命或所受之命運，一切皆在於天！「天」就在「仁」
的感通中，已然成為人之所以為人之本性及生命之終極關懷！孔子必不離於
人而說天，就是因為天之為即超越即內存之實在，且此一「即超越即內存之
實在」乃普及於每一個人，非僅止於一人或特定的某些人；再者，天之無限
超越性自不能作為外於人之客觀知識的對象，且天之內存性為人之存在之本
然，必然且自然地發而為內在不容已之感受。如此，孔子所言之「天」自非
某種心理上的投射或作用，卻是人生命之終極的絕對，無可懷疑地無尚之實
然存在。由之，孔子不但承續了傳統以來對天之實然存在的肯定，而且承繼
了傳統以降天命下貫而為人之性的趨勢，使天之實在不再是外於人而與人相
對之絕對超越的主宰，而為人生命本然之內存，且終極地為人生命無限向上
之企向之所以可能的超越之實在。因此，人內在精神自覺所顯發的人之道，
即為天道的映現。

　　言及於此，可以肯定的是，通過孔子之仁的生命所瞭解之「天」，即為一
「有知有情有意之天」，因為仁之貫通天人，由仁之通貫，人生命內在自覺地
感受到那終極之實在之天，而為生命無限向上之可能，人生命整體之有知、
情、意，而由人生命內在之真實所感受到的「天」如無知、情、意，人又怎
麼有此感應呢？這樣的感應絕非一種心理上的投射，確是發自生命內在之真
誠，即使孔子於面對外在自然現象而言「天何言哉！四時行焉，百物生焉；
天何言焉！」之語，亦是發自生命內在之與天的相通，而非單純地視天為自
然界或只是生命的感嘆！孔子更於生命關結處，發而為與天呼應之語，這樣
的呼應，乃仁之感通而上達於天，是與天的相知、是向天的效法，真誠地由
生命內在自然且必然地發出。所以，孔子的生命，就是對那超越地終極之絕
對的誠信，亦就是對自我生命內在性分上之不容已的負責。如此生命之真誠
的顯發，非由外鑠，確實是自我生命的實現；但如此的力量，卻非自我之有
所限之生命之自給自能，必承受於一無限超越之實在之天。故而，欲瞭解孔
子所言之「天」之所指，亦不能僅止於其所言關乎「天」之數語所能明，必
要通過孔子之全幅生命（仁之生命）來契會，方能為之！當然，即使連顏淵
之賢尚且發出「仰之彌高，鑽之彌堅，瞻之在前，忽焉在後！……欲罷不能，
既竭吾才，如有所立卓爾，雖欲從之，末由也已！」之歎！深感自不能以理
智之探討為已足，卻是整個生命生活、終其一生的體證。

參考書目

一、中文部份

1. 《中國哲學的特質》，牟宗三，臺北：學生，69年。

2. 《中國古代宗教初探》，朱天順，臺北：谷風，1986年。

3. 《物理之後——形上學的發展》，沈清松，臺北：牛頓，80年。

4. 《人與上帝——中西無神主義（卷一）》，李震，臺北：輔仁，75年。

5. 《哲學的宇宙觀》，李震，臺北：學生，79年。

6. 《基本哲學探討》，李震，臺北：輔仁，80年。

7. 《中西哲學思想中的天道與上帝》，李杜，臺北：聯經，76年。

8. 《康德〔純粹理性批判〕導讀》，李明輝譯，臺北：聯經，78年。包姆嘉特納（Hans Michael Baumgartner）著。

9. 《聖多瑪斯形上學》，李貴民譯，臺北：三民，67年。賽迪琅琪（A. D. Sertillanges）著。

10. 《康德與現代哲學》，余又孫譯，臺北：商務，80年。日‧桑木嚴翼著。

11. 《中國宗教與西方神學》，吳華主譯，臺北：聯經，78年。秦家懿（Juila Ching）、孔漢思（Hans Küng）合撰。

12. 《認識論》，柴熙，臺北：商務，69年。

13. 《中國哲學原論》，〈原道篇卷一〉，唐君毅，臺北：學生，73年。

14. 《中國哲學原論》，〈導論篇〉，唐君毅，臺北：學生，73年。

15. 《生命存在與心靈境界》，〈下冊〉，唐君毅，臺北：學生，75年。

16. 《哲學心理學》，袁廷棟，臺北：輔仁，74年。

17. 《中國人性論史》，〈先秦篇〉徐復觀，臺北：商務，79年。

18. 《中國人之思維方法》，徐復觀譯，臺北：學生，80 年。日・中村元著。

19. 《康德的批判哲學》，孫振青，臺北：黎明，76 年。

20. 《知識論》，孫振青，臺北：五南，79 年。

21. 《哲學概論》，孫振青，臺北：唐山，81 年。

22. 《亞里斯多德形上學註》，孫振青譯，臺北：國立編譯館，80 年。聖多瑪斯・亞奎納（St. Thomas Aquinas）著。

23. 《中國哲學之精神及其發展》，〈上冊〉，孫智燊譯，臺北：成均，73 年。方東美著。

24. 《知識統一與形上學起點》，高凌霞，輔仁大學哲學博士論文，82 年 6 月。

25. 《士林哲學的基本概念（一）》，張振東，臺北：學生，73 年。

26. 《士林哲學的基本概念（二）》，張振東，臺北：輔仁，70 年。

27. 《士林哲學的基本概念（三）》，張振東，臺北：學生，78 年。

28. 《人之哲學》，項退結，臺北：中央文物供應社，71 年。

29. 《中國哲學之路》，項退結，臺北：東大，80 年。

30. 《儒道天論發微》，傅佩榮，臺北：學生，77 年。

31. 《西方哲學》，傅佩榮譯，臺北：業強，1992 年。戴高孚（Bernard Delfgaauw）著。

32. 《人的宗教向度》，傅佩榮譯，臺北：幼獅，75 年。杜普瑞（Louis Dupré）著。

33. 《中國哲學史》，〈第一卷〉，勞思光，臺北：三民，70 年。

34. 《抽象作用——聖多瑪斯學說的中心概念》，黃美貞，哲學論集，第十一期，67 年 6 月。

35. 《孔子以前之宗教形而上觀》，黃清榮，哲學與文化月刊，第十七卷第三期，79 年 3 月。

36. 《西洋哲學史》，鄔昆如，臺北：正中，60 年。

37. 《從多瑪斯五路證明看類比概念的演變及其現代意義》，鄔昆如，哲學與文化月刊，第二卷第三期，64 年 3 月。

38. 《孔孟提昇人性的概念——君子與聖人》，鄔昆如，臺大哲學論評，第四期，70 年 1 月。

39. 《士林哲學史的鳥瞰》，鄔昆如，哲學與文化月刊，第十二卷第一期，74 年 1 月。

40. 《孔孟道德形上學的傳統與當代》，鄔昆如，哲學與文化月刊，第十五卷第十一期，77 年 11 月。

41. 《孔門弟子志行考述》，蔡仁厚，臺北：商務，70 年。

42. 《孔孟荀哲學》，蔡仁厚，臺北：學生，73 年。

43. 《儒家思想的現代意義》，蔡仁厚，臺北：文津，76 年。

44. 《書經集傳・詩經集傳》，楊家駱主編，臺北：世界，70 年。

45. 《儒家形上學》，羅光，臺北：輔仁，69 年。

46. 《中西宗教哲學比較研究》，羅光，臺北：中央文物供應社，71 年。

47. 《中國哲學思想史》，〈先秦篇〉，羅光，臺北：學生，74 年。

48. 《士林哲學——理論篇》，羅光，臺北：學生，77 年。

49. 《孔子之仁與基督之仁愛的比較研究》，羅光，中國哲學論文集，臺北：1989 年 7 月。

50. 《中國哲學的精神》，羅光，臺北：學生，79 年。

51. 《經子叢著》，〈第三冊〉，嚴靈峰編著，論語章句新編，臺北：國立編譯館，72 年。

二、英文部份

1. 《A History of Philosophy》，〈Volume II〉，Copleston，Frederich，The Newman Press，New York，1962。A History of Philosophy，Volume VI；The Newman Press，New York，1964。

2. 《Kant and the Transcendental Object：A Hermeneutic Study》，Findlay，J. Niemeyer，Clarendon Press，Oxford，1981。

3. 《The Spirit of Medieval Philosophy》，Gilson，Étienne，transl. by A. H. C. Downes，Charles Scribner's Sons，New York，1940。

4. 《History of Christian Philosophy in the Middle Ages》，Gilson，Étienne，Random House，New York，1955。

5. 《The Christian Philosophy of St. Thomas Aquinas》，Gilson，Étienne，transl. by L. K. Shoot，C. S. B.，Random House，New York，1956。

6. 《The Critique of Pure Reason》，Kant，Immanuel，transl. by Norman Kemp Smith，Edinburgh，1933。

7. 《The Critique of Practical Reason》，Kant，Immanuel，transl. by Lewis White Beck，& Fundamental Principles of The Metaphysic of Morals；transl. by Thomas K. Abbott，with an introduction by Marvin Fox，Liberal Arts Press ed.，Oskar Piest，Founder，1949。

8. 《The Critique of Judgement》，Kant，Immanuel，translated with analytical indexes by James Creed Meredith，Oxford at the Clarendon Press，1964。

9. 《Prolegomena to Any Future Metaphysics》，Kant，Immanuel，transl. by Paul Carus，Henry Regnery Company，Chicago，Illinois，1951。

10. 《A Commentary on Kant's "Critique of Practical Reason"》，Beck，Lewis W.，The University of Chicago Press，Chicago & London，1960。

11. 《A Marechal Reader》，Maréchal，Joseph，ed. & transl. by Joseph Donceel，S.J.，Herder and Herder，New York，1970。

12. 《The Range of Reason》，Maritain，Jacques，Charles Scribner's Sons，New York，1952。

13. 《The Degrees of Knowledge》，Maritain，Jacques，Newly translated from French edition under the supervision of Gerald B. Phelan，Charles Scribner's Sons，New York，1959。

14. 《Challenges and Renewals》，Maritain，Jacques，Selected readings edited by Joseph W. Evans and Leo R. Ward，University of Notre Dame Press，Notre Dame & London，1968。

15. 《The Transcendental Method》，Muck，Otto，transl. by William D. Seidensticker，Herder and Herder，New York，1968。

16. 《Spirit in the World》，Rahner，Karl，transl. by William Dych，S.J.，Herder and Herder，New York，1968。

17. 《A Commentary to Kant's 'Critique of Pure Reason'》，Smith，Norman K.，Edinburgh，1923。

18. 《Kant》，Walker，Ralph C. S.，Magdalen College，Oxford，1978。

先秦儒家水意象析論

徐國峰　著

作者簡介

徐國峰，2006 年 6 月畢業於國立清華大學化學工程學系，輔系——外國語文學系。大學期間加入游泳隊，同時輔修中外文學，從此深深著迷於耐力運動、中外文學與思想的世界。

2008 年 7 月 3 日～ 19 日以跑步環台的行動，為世界展望會——飢餓三十募款。

2009 年 6 月畢業於國立東華大學中文研究所，隨後入伍。當兵期間完成《鐵人三項》一書。退伍後，定居於花蓮，從事寫作與鐵人三項訓練，盼許自己以身為「體」以文為「用」，成為一位對人類有所貢獻的運動家與作家。

提　　要

本論文以先秦儒家為文本，以水意象為論題。由於「水」是一個相較於先秦典籍中的其他具體物象（如結論中用來比較的「權」與「木」）具有外延更廣的概念，自然留下更寬廣的想像空間。先秦哲人在此空間中任意發揮，而我們則試著在他們所遺留下的文字中尋找水意象之體源與支流間的關係，同時試著以水為例來證成「具象回歸的理解進路」在先秦文本中的詮釋效用。

論述的步驟上，先對關鍵性概念——「水意象」作形式上的分析與界義。分析後對「意象」一詞所作的基本假定有三：其一，「象」可被分為實體之象與符號之象兩者。其二，水意象具有客觀上所指向的「意義」與主觀上所附與的「涵意」兩種成份。其三，水意象中具有體與用的兩種面相。經由分析「水意象」此一概念而能完全掌握它的意義之後，再以此意義來全面性地處理先秦時期三部儒家經典——《論語》、《孟子》、《荀子》中與「水之象」相關的文句，試圖從其中關於水的各種物象與現象來理解／詮釋先秦儒家《論》《孟》《荀》三部經典中的章句。另外，本論文與前行研究論文最大的不同在於：藉由已經揭明涵意的各種水象（本論文分為實體之象與符號之象）來達到詮解文本的效用。

目次

序　言

　　完成這本論文，可以說是自己這幾年來，對「水」曾給予的一切所做的交代，像是一種責任；從大學時代開始，在水裡的那些年少時光有著那個年紀莫可奈何的掙扎與痛苦，全都被它完全地包容與吸收。也是因爲清華裡的那一池水，我才認識了中文領域的嘉文，才決然地投入中文碩士班的考試，也才因緣際會地來到東華大學，有這麼一段自由的時間來完成這本論文。

　　剛開始接觸中文領域時，是被那時在清華兼課的楊自平老師所講授的先秦儒道思想所觸動，「原來古代哲人已經深深地思考過我所困惑的人生問題了」，在那段一邊在水裡不斷游著一邊困惑著未來人生的同時，先秦典籍裡那些生命的學問，帶給我深刻的啓示。因此，來到東華開始思考著碩士論文研究計畫的同時，「水」與「先秦諸子」很自然地被我連結在一起，不斷地去追問「先秦諸子是否也從水這個物質中得到生命的啓示呢？」

> 在我個人經驗底的水是：游泳池的水、是荖溪的水、是鯉魚潭與東湖的水，我在它們裏頭淌游，它們把我全部給整體環抱起來，完全的包容，不管我今天做錯了什麼、說錯了什麼，多麼不原諒自己，對不起了哪些人，幫助了哪些人，讀了哪些書，有些什麼愧疚，一跳到水裡，它就把我完全包覆起來，不管我是多麼奇怪的人，都可以把我完整地包起來，像最初在母親的肚子裏一樣。

這是我身爲一位現代運動選手在水中練泳時所獲得的經驗與感悟，這些經驗與感悟當然不同於先秦諸子，但不管我們所獲致的經驗如何不同，水所展現在先秦諸子間的各種形式（海、湖、河流或源泉）與生存在二十一世紀的我所知覺到的形式是一樣的。因此我也在這部論文的撰寫過程中，藉由親身感

知水的各種現實存在形式，以及先秦典籍中的文字來體悟他們面對水時所產生的哲思與情懷。來到東華，正式成爲中文研究所的一員，同時被要求「書寫碩士論文」這樣的任務，讓我有了完全正當的理由投入對於水的思考，深入地去理解先秦思想家們關於水的意象性語言。這段日子是我所認爲的幸福時光。我之所以能有這段時光，要感謝遠在中壢支持我的父母，在我獨立自主的這幾年來，無怨無悔地在經濟與精神上支持著我做自己想做的事，僅管那些是臺灣主流社會所不認同的價值，他們還是像水一樣地包容著我。

除了父母在背後的支持之外，還要感謝吳冠宏教授這一年多來不厭不倦地指導我、幫忙檢視論文、提供意見，同時不斷包容我在研究以外從事鐵人三項全能運動的訓練、比賽與活動等外務。因爲冠宏老師的幫忙與包容，才能讓我在東華這段時間裡能自在地依自己的性子讀書、研究與訓練。在這一點上，老師也像水一樣地包容著我，讓我自由的生長。

如果只是包容的話，我想自己是無法在兩年半的時間裡完成這本論文的。其中，最大的助力是謝明陽老師在我剛跨進這個領域時的督促與提醒，明陽老師的提醒並不只是話語上，還有老師所散發出來那專注於學術研究的認眞氣質，在碩一時就成爲我心目中一位活生生的人文典範。這樣的典範，除了明陽老師，還有這兩年多來修課時曾指導我的顏崑陽老師與吳明益老師。當然，從他身上獲取了知識、學會了做研究的方法已受用不盡；從他們身上帶給我最深遠啓發的是：他們面對學術研究、面對知識與面對自己人生的態度，他們是那樣的嚴謹那樣的負責！從他們身上我見著了「不厭不倦」的人生態度。

如果說東華中文的教授是學術研究、人文素養的典範，那東華大學鐵人三項代表隊的 Benjamin 教練就是我在體能訓練、現實中規律自制生活的典範，他不只教導了我鐵人三項運動的各種訓練與比賽的知識，更重要的是，他給予我一種「內裡」所盼求的自律生活方式。他嚴格（而且有時總是不近人情）的要求，爲我養成了一種無價的習慣，讓我了解「節制」與「受苦」的價值：每天早睡早起，每天固定運動，精神與肉體變得很強很有節制，如果不是這樣，我想我無法完成這本論文，也無法成爲現在的我。在鐵人三項代表隊，Benjamin 教練是我在現實生活作息與體能訓練的導師，而隊上的經理李妍婷小姐則是我面對現實社會中各種繁瑣事務的益友，她驚人的辦事能力，成爲我在研究所期間面對陌生卻又必須處理的行政事務上的最佳請益對

象……在離家來到花蓮求學的這段日子，東華鐵人隊的這兩位良師與益友幫我的實在太多太多，實是我在東華這兩年多來的貴人。

　　在花蓮這兩年多來，有這些人的包容與幫忙，我才能如此自然地在這片後山縱谷自由地成長，而這本論文正是這段成長歲月中一個階段性的重要里程碑。

第一章　緒　論

一、研究動機

逝者如斯夫，不舍晝夜。（《論語・子罕篇》）

我在閱讀先秦典籍時，便時常被其中水的意象所吸引，而不斷地想像在語言背後他們所見之意象爲何？而他們又是在怎樣的生活經驗下使用這些意象來表述他們的情懷與哲思的呢？我們又是否能以意象來了解他們對於哲學命題的思維？

在思考這些問題時，其中令我最困惑的一點就是，在面對哲學領域的論題時所謂的「意象」，它到底指的是什麼？

當我們在內在的思維裏與外在語言使用這個詞彙時，我自己也是感到模糊的。當然，在眾多的文學批評論述中，「意象」這個詞經常被使用到。我們當然知道「意象」爲文學重要的表現方法之一，如葉嘉瑩在《迦陵談詩》中曾云：「一般來說，西方現代文學批評理論中，對於詩歌方面所最重視的有二點：第一點乃是意象（Image）的使用。」〔註1〕另外，由眾多知名學者所主編的「中國文化新論二：文學篇」中就以《意象的流變》爲書名，可見意象和文學實不可分。然而「意象」到底是什麼？

中國古代最早將「意象」二字聯用爲一詞，見於王充《論衡・亂龍》：「夫畫布爲熊麋之象，名布爲侯，禮貴意象，示義取名也。」此意象用以指稱不同階級的圖象。直到劉勰的《文心雕龍》，「意象」一詞才首先被用在文學理論中，其〈神思篇〉中所云「獨照之匠，窺意象而運斤」〔註2〕的「意象」一

〔註1〕葉嘉瑩：《迦陵談詩二集》（臺北：東大圖書，民國74年2月初版），頁252。
〔註2〕劉勰撰、周振甫注：《文心雕龍》（臺北：里仁書局，1984年），頁515。

詞說明創作者憑著腦中的圖象來進行文學創作，且指出運用意象是「馭文之首術」。在現今的文學批評論述中也大都會提到它，而且有各種不同的解釋與定義。這些不同的解釋與定義大都是從文學的視域出發〔註3〕（西方文學理論大都以詩來討論意象）〔註4〕，而且在同樣的文學視域中還有就作者的角度、讀者的角度或就作品本身來界說的（如劉勰所說的意象即就創作者的角度說），故而本論文在提問「意象是什麼」時，也必須在某種情境底下給定基本假定之後，才能加以界定清楚。因爲意象是「外延」（extention）廣而「內包」（intention）淺的概念，自然包括眾多的子類別而難以定義。故而本論文在提問「水意象到底是什麼」時，雖然加了「水」來縮小「意象」這一概念的「外延」（縮小外延就是加深內包的意思），但這個問題還是太大，所以在本論文中我們所設限提問的是：「先秦儒家中的水意象」是什麼？

　　會特別把這個問題限定在先秦儒家，是由於此時期的思想典籍中蘊涵許多意象的表達方式，而且先秦時期歷時長久（從孔子到荀子歷時二百五十多年）故而有著許多相同語境的材料可以探討，因此，對於水意象就不只是可以做靜態的文本結構分析，也可作歷時性的流變分析。另外則是因爲先秦儒家的論證方式，不像近代的哲學著作有嚴密的邏輯推演，他們是以具體性的思維方式來書寫，其中最常見的就是以自然界中的具體實在物象（或現象）來作爲思想表達的一種工具。如孔子曰：「知者樂水，仁者樂山。」告子曰：「性猶湍水也，決諸東方則東流，決諸西方則西流。」孟子云：「仁之勝不仁也，猶水勝火。」荀子云：「君者槃也，民者水也，槃圓而水圓。」……等。「水意象」時常成爲中國早期思想家表述哲理的材料之一，使得那時所產生的作品讓人有著理性思辯的同時又具有文學之美。不管是情感上美的感受或者理性底義理的思辯，先

〔註 3〕 詩人簡政珍說：「形象經由意識轉化成意象。……意象是詩人透過語言對客體的詮釋，是詩人的思維。」參見簡政珍：〈意象思維〉，收錄《詩的瞬間狂喜》（臺北：時報文化，1991 年），頁 100。

〔註 4〕 意象派詩人龐德（Ezra Pound，1885～1973）認爲：「一個意象是在瞬息間呈現出來的複合體。」克羅齊（Beneetto Croce，1866～1952）認爲：「詩是意象的表現，散文則是判斷和概念的表現。」引自李元洛：《詩美學》，第四章〈論詩的意象美〉（臺北：東大圖書，1990 年），頁 168。美國詩人路易士則說：「意象就是好像要訴諸讀者想像力的方法，由詩人的想像力描繪出來的語言的畫。意象並不只是爲記述或反映詩人所留意捕捉的對象而使用。詩人看到事物，就是據於他的情緒所彩色的對象，據於全體的詩的氣氛被彩色的對象，予以記述起來，這就是意象的任務。」引自陳千武著：《現代詩淺說》（臺中：學人文化事業，1979 年），頁 74。

秦時代的文本大都從實在界的物象與現象出發，故我們作為讀者（或研究者）要真正讀懂中國先秦時期的典籍，必須使用想像力去回歸當時的具體情境，而不只是從表面字義上去說，此就是中國人「即事言理」思維方式。尤其是先秦的思想家大都從具體的情境出發來進行思考活動，而並非只是純粹抽象地在作理性思辯與推論。故我們在「理解」文本時，必也透過文字去想像文本創作當時的具體情境，此即為「情境回歸」的過程。

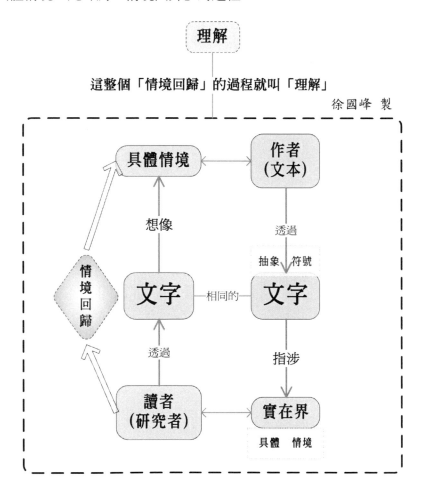

以先秦儒家來說，《論語》一書中多是孔子與弟子間的問答，孔子就問答當時的具體情境來回應弟子的問題或表述意見。如同孔子在說「君子可逝也，不可陷也。可欺也，不可罔也」（《論語·雍也》）時，是就宰我所問「『井有仁焉』，其從之也」所作的回應，故而那個「陷」字有著具體動作的「陷入」與抽象的「陷害」兩義。同樣的，《孟子》一書中，也多是孟子與君主間的問

答記錄，而且孟子多舉事例來闡發他所要表達的仁、義等抽象概念。如孟子引〈大雅‧靈臺〉來說明文王雖以民力築臺鑿池，但人民仍樂於「謂其臺曰靈臺，謂其沼曰靈沼，樂其有麋鹿魚鱉」（《孟子‧梁惠王上》），以此詩來說明周人願與文王同樂，故以文王築臺鑿池一事來曉知梁惠王只要與民諧樂，「賢者亦有此樂」的道理。荀子則善用自然的事物與現象來類比他所要表達的道理，如荀子云「假舟檝者，非能水也，而絕江河」，是在說明「君子生非異也，善假於物也」的道理；以「川淵者龍魚之居也」的自然現象來說明「國家失政則士民去」的道理。這種以自然實體來闡發道理的論述方式在《孟子》中也有許多例證。〔註5〕

「即事言理」的意思很好懂。但我們來看看「即」這個字，它在古語有兩種意思，其一：「即，就也。」〔註6〕也就是我們所謂「依靠」的親近之意。故「即事言理」也就是說「依靠一個個事物、一件件事例來說理」。「事」可以是「事物」或「事例」，前者可以說是一個物類（如本論文要談的水或其它自然景物，或是空間中任何實存的物體），後者可以說是一個歷史事件。另外，這「即」字，也有立即、即刻的意思〔註7〕，使得「即事言理」也有那種隨興採用言說的意味存在。然而，孔子與孟子比較有那種隨興興發的傾向，如孔子當下提點子路云「刑罰不中則民無所措手足」；孟子也能隨舉事例來曉喻君王，如「五十步笑百步」的例子，相較之下，在《荀子》文本中則較少當下言理的傾向。不論「即」是何種意思，古人這種具體性的思維方式，我們可以引章學誠（實齋，1738～1801）在閱讀文史典籍後所下的直觀洞見：「古人未嘗離事而言理」。〔註8〕

在這裡，我們通稱「事」（事物與事例）為一種由經驗得來的「知識」，可以是歷史的、語言的人文知識，或是天文、地理、生物的自然知識。從西方認識論（Erkenntnistheorie）的學問來看，他們對於人類獲取知識的方式有兩種主張，一是從知覺、一是從思維。主張由知覺獲得知識，即是經驗論（Empirismus），如洛克（John Locke, 1632～1704）主張認識來自一切經驗。

〔註5〕如第三章第二節所仔細分析的「源泉混混」一章。
〔註6〕「即」做「就」解是初始義。見《說文解字》「即，即食也」，《說文通訓定聲》「即，就食也。」或《詩‧衛風‧氓》「來即我謀」，箋：「即，就也。」
〔註7〕如《左傳‧隱公四年》：「此二人者，實弒寡君，敢即圖之」中的「即」字則有此意。或如我們所或的「即景」、「即目」、「即時」等辭彙，皆有當下之意。
〔註8〕此句出自章學誠：《文史通義‧易教上》（臺北：華世出版社，1980年），頁1。

在經驗之先，心完全一片空白，惟有透過經驗底的知識才能展開思維。另外主張由思維獲得知識，即是理性論（Rationalismus）。理性論者雖然不否定有些知識可以來自經驗，但認為來自經驗的知識不是真實的，真實的知識應該來自先驗的理性，也就是說，在經驗之前就具有認識真理的能力。而我們說先秦儒家具有「即事言理」的論理方式，即在說明那個時候的思想家偏重以自己所經驗到由古至今的情境與事物來論理的思維傾向。當然，這並非說先秦儒家沒有從事純粹抽象的理性思考，只是從西方「經驗論」的觀點來看，我們發現孔孟荀大都從過往經驗中所知覺到的具體性事物為材料來發言與著作。〔註9〕

　　那先秦儒家的意象性語言就是以知覺底的經驗為出發點，來作為思維的延伸嗎？

　　孔子看到（看，即是知覺）河水日夜不停地流逝，這是他直觀觀察河水所具有的經驗，孟子援用而引伸出河水有本有源即能「盈科而後進」的知識來。而荀子必是具有「槃圓而水圓」這樣的經驗知識才能援用引伸為政治思想。我想，若他們沒有這種屬於水的經驗知識，思維是否就無法進行了？在文學作品中常以一些具體性的東西來表達作者的志向與情感，我們也把那些具體性的東西稱為意象；然而，意象到底是指客觀具體事物的部份呢？還是指向主觀情意（情感／意志）的部份呢？〔註10〕這是我在閱讀中國古典文本過程中所產生的原因動機。另外，我自己本身受水這個物質與其在自然界中的各種形象所深深吸引，故而在閱讀時不自主地會特別對文本中與水相涉語彙的使用情況感到興趣，這是我個人本身的主觀動機。

　　在上述問題與內在動機的牽引下，因而產生對本論文的期待成果——目的動機：想藉由一個特定時期中已固定的文本系統（先秦儒家經典）來「析論」〔註11〕思想典籍中的意象具有客觀意義與主觀涵意兩種成份，與這兩種成份的關係，並且以一固定實體「水」這個意象作為主軸來討論，最後試圖建立以某某具體意象〔註12〕來作為一種思想典籍的解讀進路，而使先秦經典

〔註9〕我們這裡只是引用西方「經驗論」的觀點作為論述的參考，並非以為「經驗論」即是先秦儒家主要獲取知識的方式。

〔註10〕另外，深感困惑卻仍無法回答的問題有：意象在思想類和文學類中的使用，究竟有何不同，而不同又在哪？

〔註11〕這裡我說「析論」，是先分析再論證的過程。

〔註12〕不涉及歷史事件或是抽象物。本文專對具體物在思想類作品中所形成意象之

的詮釋能有更多的想像空間，同時又不背離原典的語境脈絡。

對於先秦時期思想典籍中的「水意象」這個主題，近代已有許多學者在這方面做過努力，也發表了許多研究成果。下面將對歷來研究文獻作仔細檢討的工作，來看看他們已解決哪些問題，而又有哪些問題尚未解決。

二、文獻檢討

對於中國文學或思想中的水意象，已經有非常多研究論述。但專以先秦時期的思想性文本來說，最早在 1952 年 2 月 2 日莊申先生在《中央日報》以〈水〉〔註 13〕為提，概略地談論水在先秦諸子中的重要性。另外，臺灣學者中最早以單篇論文討論水與先秦諸子的關係者，為楊儒賓先生於〈水與先秦諸子思想〉〔註 14〕一文中，歸納出先秦諸子運用水這個形象時，裡頭具有創生、深奧、女性、消融、自由、客觀這些性質，並分門別類地將先秦諸子歸納到這六種性質之中：

創　生	深　奧	女性	消　融	自　由	客觀
孔子、孟子、子思、老子、管子	子思、老子、莊子、鄒衍	老子	鄒衍、老子	孔子、孟子、莊子	荀子

他所歸納出的性質中除了女性之外，都是抽象的概念。其中關於孔孟荀三家者：孔子——創生、自由；孟子——自由；荀子——客觀，是就他們「觀水」的不同面相言。

大陸學者應霽民先生也在同一時間（與楊儒賓同在 1996 年發表），發表了〈水與先秦諸子〉〔註 15〕一文，他並不像楊儒賓直接從水的形象切入，而是指出先秦時期本就存在「哲學觀念的物化」、「人格精神的觀照」、「理想政治的情結」及「自然本體的實際應用」的思維形式，而水這個自然物質只是其中之一而已。另外，尚有大陸學者程潮、錢耕森兩位先生在〈先秦各家的水哲學及法水哲學〉一文中，認為先秦諸子的思想存在著一種法水的哲學。〔註 16〕

解讀為主。

〔註 13〕莊申：〈水〉，《中央日報》，1952 年 2 月 2 日第二版。

〔註 14〕楊儒賓：〈水與先秦諸子思想〉，《語文、情性、義理——中國文學的多層面探討國際學術會議論文集》，1996 年 4 月，頁 567。

〔註 15〕應霽民：〈水與先秦諸子〉，《文史雜誌》第六十一期，1996 年，頁 44～46。

〔註 16〕程潮、錢耕森：〈先秦各家的水哲學及法水哲學〉，《學術月刊》第十二期，1997

　　以上，是比較早期（2000 年以前）關於水意象與先秦諸子關係的學術論述。但近年來不管是臺灣或大陸，從水來切入思想性文本的研究論文有逐漸增加的趨勢，應該是受到 1993 年 10 月於湖北郭店村一號楚墓出土了一批現名為「太一生水」的竹簡所影響，其中「水」為此篇出土文獻中最核心的概念，全篇在宇宙生成論的哲學命題中與其他傳世經典文獻的最大分別在於三個獨特的觀點：「太一生水」、「水反輔太一」、「太一藏于水」，以表述「太一」是作為宇宙的本源、是絕對的本體，此本源在經驗世界則通過具體之「水」體現出來。經由此出土文獻的發掘，使得「水」與古代思想形成聯結，因此就有許多研究者以水為概念或以水意象為視角來詮釋傳世經典，尤其有幾位對水情有獨鍾的學者，發表了一系列的相關論文。在臺灣為陳忠信先生，他從 2001 年發表了兩篇關於「太一生水」與宇宙創生的文章〔註 17〕之後，開始撰寫一系列涉及水與先秦思想、宗教、神話的學術論文，其中已發表者：討論老莊的有四篇論文〔註 18〕、討論孔孟荀的有兩篇〔註 19〕、另又有兩篇討論《山海經》與《周易》中的水思維〔註 20〕。在 2006 年更綜合其之前的研究成果，撰寫其博士論文：《先秦兩漢水思維研究──神話、思想與宗教三種視野之綜合分析》〔註 21〕。另外一位則

年，頁 62～66、71。

〔註 17〕陳忠信早年的這兩篇文章分別為：〈太一生水渾沌創世初探〉（《鵝湖月刊》第三一○期，2001 年 4 月）；〈試論太一生水之混沌神話〉（高雄師大《第四屆先秦學術研討會論文集》，2001 年 7 月 15～16 日）。

〔註 18〕陳忠信討論老莊文本的四篇已發表論文，分別是：〈試論《老子》之混沌神話──《老子》與水的神話思維〉（《中國文化月刊》第二六九期，2002 年 8 月）；〈大邦者下流──試論老子之下流之道〉（《宗教哲學季刊》第三十二期，2005年 3 月）；〈宇宙的生成與世界紛亂的消解──試論《老子》之尚水思維〉（《人文及社會學科教學通訊雙月刊》第十六卷第一期，2005 年 6 月）。還有一篇關於莊的論文為：〈試論《莊子》之水思維──神話與思想兩種視野之綜合分析〉，收錄於陳鼓應、李豐楙編：《三清青年學術論文集》第三輯（臺北：自由出版社，2005 年 7 月）。

〔註 19〕陳忠信討論孔孟荀的四篇已發表論文，分別是：〈逝者如斯夫，不舍晝夜──試論孔孟之水思維〉，《第一屆青年儒學國際學術會議議論文集》（中壢：中央大學文學院，2003 年 9 月 26～28 日）；〈君子見大水必觀焉──試論荀子之水思維〉（高雄師大《國文學報》第一期，2004 年 12 月）。

〔註 20〕陳忠信的這兩篇論文分別為：〈試論《山海經》之水思維──神話與宗教兩種視野的分析〉（《成大宗教與文化學報》第三期，2004 年 6 月）；〈試論周易之水思維〉（《第四屆海峽兩岸青年易學會議論文集》，2003 年 11 月 6～12日）。

〔註 21〕陳忠信：《先秦兩漢水思維研究──神話、思想與宗教三種視野之綜合分析》

爲李雲峰先生，他於 2000 年至 2001 年間，撰寫了四篇有關「水的哲學」，其中
〈哲學之水與水之哲學——試論水在中國古代哲學中的地位〉〔註 22〕與〈水的
哲學思想——中國古代自然哲學之精華〉〔註 23〕兩篇文章，則特別把水提出來，
認爲它在中國古代思想中佔有重要地位，甚而提出「水」這個概念應早於「氣」
的概念。

　　大陸的學者金戈先生也對水特別鍾愛，但他不同於陳忠信先生，而主要
研究的是水與文化的關聯。他有計畫地撰寫了〈孟子與水〉、〈墨子與水〉、〈孔
子與水〉、〈荀子與水〉、〈老子與水〉、〈莊子與水〉、〈中國古代哲學與水（上）〉
及〈中國古代哲學與水（下）〉等論文，皆發表於《海河水利》，從文化的視
角來探討先秦諸子思想中與水相關的思想性文字。還有一些學者亦撰寫過水
與中國思想典籍之間的關係，如沈武義先生所撰〈上善若水〉〔註 24〕；姚新
中、焦國城先生所撰〈先秦儒道哲學中的智、水關係之比較〉〔註 25〕討論先
秦儒道哲學中的「智」與「水」的關係。

　　有關專書的討論大都涉及神話與文化史，與本論文要談的思想性文字較
無相關性〔註 26〕。在學位論文方面，臺灣除了前述提到陳忠信先生的博論
《先秦兩漢水思維研究——神話、思想與宗教三種視野之綜合分析》之外，
還有曹琳的碩論《先秦哲學「水」觀念述論》〔註 27〕中則指出水與儒家、道
家、墨家、《管子》及易學的關係。此外，也有專以先秦時代文學性的文本爲

　　（彰化：國立彰化師範大學國文學系，2006 年 7 月）。

〔註 22〕 李雲峰：〈哲學之水與水之哲學——試論水在中國古代哲學中的地位〉，《鵝湖
月刊》，2001 年 7 月。

〔註 23〕 李雲峰：〈水的哲學思想——中國古代自然哲學之精華〉，《中國哲學》第八期，
2001 年。

〔註 24〕 沈武義：〈上善若水〉，《中華南台道教學院學報》第一期，2003 年 3 月。

〔註 25〕 姚新中、焦國城：〈先秦儒道哲學中的智、水關係之比較〉，《河北學刊》第二
十三卷第三期，2003 年 5 月，頁 49～56。

〔註 26〕 在臺灣有王孝廉先生所著的《水與水神》（臺北：漢忠文化事業股份有公司，
1998 年 7 月），總集了歷代與水相關的神話資料；大陸則多是關於水與文化間
的探討，如李宗新主編的《水文化初探》（鄭州：黃河水利出版社，1995 年 6
月）；張耀南、吳銘能編的《水文化》（北京：中國經濟出版社，1995 年 3 月）；
楊秀偉、李宗新編的《水文化論文集》（鄭州：黃河水利出版社，1995 年 5
月）。向松柏則以中國古人崇拜水的心理爲提，撰寫《中國水崇拜》（上海：
上海三聯書店，1999 年 9 月）一書。

〔註 27〕 曹琳：《先秦哲學「水」觀念述論》（昆明：雲南師範大學碩士論文，2004 年
6 月）。

主的研究論文，如王秋香的碩論《先秦詩歌水意象研究》〔註 28〕與陳慈敏的碩論《詩經與「水」相關意象之研究》〔註 29〕，其中王秋香對詩歌中的水意象有詳盡的分類說明。大陸則有劉雅杰先生的博論《論先秦文學的水意象》〔註 30〕，他把先秦文學中的水意象分成「屬性型」、「功能型」、「理念型」及「情感型」四大類來探討。

　　歷來這許多有關水意象的論述中，在水意象的分類與歸納上有顯著的成果。所謂分類，也就是把當時各家學說中有關水意象的語言材料給收集起來，再找到這些水意象中的不同「特徵」。將具有共同特徵的「子類」給集合起來，這些特徵比如像是「有源之水」、「平準之水」、「下流之水」……等，這即是分類的工作。分類法在資料匯整的成果上當然相當豐碩，但他們這樣的工作只是在文本的表層義上作描述性的解釋，尚未有學者全面地去分析單一文本中有關水的意象性語言。另外，前行學者的研究中，也慣以找出一個「單一命題」再由此單一命題推廣到同一類事物，使其成為「全稱命題」。比如在收集了《老子》《莊子》中水的意象語言之後，發現其皆具有柔弱、靜的屬性，因此歸納出凡是先秦道家的水意象都具有柔弱與靜的屬性，這即是歸納的工作。歸納法當然有其產生的效應，它可以得到一種普遍性的判斷，比如我們說先秦儒家的水意象具有「尚動」的色彩。但這普遍性一經歸納出來後即成為一般的常識性知識，後來的許多研究成果仍只是一再重複相同的判斷工作，並沒有深入揭明文本中水意象底下的涵意來。

　　故本論文不再做分類與歸納的工作，而是先仔細地分析這一概念所具有的成份有哪些，再加上一些主觀的基本假定之後，替關鍵性概念——「水意象」給定界義。經由分析「水意象」此一詞彙而能完全掌握它的意義之後，再以此意義來全面性地處理先秦時期三部儒家經典——《論語》、《孟子》、《荀子》中與「水之象」相關的文句，試圖揭明各種水象〔註31〕底下的隱涵意義。另外，本論文與前行研究論文最大的不同在於：藉由已經揭明涵意的各種水

〔註28〕王秋香：《先秦詩歌水意象研究》（高雄：中山大學中文研究所在職專班碩士論文，2003 年 12 月）。

〔註29〕陳慈敏：《詩經與「水」相關意象之研究》（臺中：逢甲大學中文研究所碩士論文，2003 年 8 月）。

〔註30〕劉雅杰：《論先秦文學的水意象》（長春：東北師範大學博士論文，2005 年 5 月）。

〔註31〕我們在本論文中把「水象」分成實體之象與符號之象，第二章會進行仔細的分析與界義。

象來達到詮解文本的效用。

三、研究材料範圍與限制

（一）直接資料

以先秦儒家中的《論語》、《孟子》、《荀子》三部經典爲主。但因爲先秦典籍在不斷傳抄的過程中，各個版本多有差異或疏漏。因此，本篇論文在引用原典時，皆採用近人考證較爲詳盡的校釋本。引用《論語》原典時採用清人劉寶楠《論語正義》〔註32〕；引用《孟子》原典時時採用清人焦循《孟子正義》；引用《荀子》原典時採用近人王天海《荀子校釋》的本子。

（二）間接資料

第一是，孔孟荀三家歷代的箋注本。因爲歷來對於這三家的箋注本眾多，而本篇論文的工作主要不在文字上的校注與考證，故只採用幾部精要且具公信力的注疏本。以《論語》來說，採用下列三類本子〔註33〕：(1)曹魏時期何晏《論語集解》與南朝梁時期皇侃《義疏》本，即是現行《十三經注疏》所載者；(2)宋代朱熹《論語集注》、《論語或問》；(3)清代劉寶楠《論語正義》與民國程樹德《論語集釋》〔註34〕。以《孟子》來說採用東漢趙岐注、宋代朱熹《孟子集註》與清人焦循《孟子正義》。以《荀子》來說，則採用唐代楊倞注，兼用清代學者王先謙的《荀子集解》，另外亦使用近人王天海校的《荀子校釋》，此書校對精良，對前人學者在荀學所作研究的檢討十分詳盡，可說是近代荀學的一大著作，故採用之。

第二是，與本論文相關的學術論著，這方面的資料主要是對「水意象」爲研究論題的相關論文。細目可參照附錄的列表。

第三是，關於西方符號學與思想方法類的資料。除了符號學概論的教本外，還參考一家之言的論著，如羅蘭巴特《符號學要義》與卡西勒《人論：人類文化哲學導引》。另外，本論文在使用「分析綜合」、「歸納」、「分類」與「比較」等諸種一般方法與推論的過程中，也多加參考思想方法類的書籍。

〔註32〕清・劉寶楠：《論語正義》（上海：上海書店，民國65年出版）。
〔註33〕參考錢穆編著：《論語要略》（臺北：臺灣商務，民國76年6月臺八版），頁16。
〔註34〕程樹德：《論語集釋》（臺北：藝文印書館，1965年3月初版）。

（三）研究的限制

本論文並非在探討這三部經典的原意，也並非在論述朱熹所詮釋的《論語》或焦循所詮釋的《孟子》。當然，論文中會引用他們的解釋，但只是作為支援之用，因為他們的語境是比較接近的，在一些辭語的訓解上能比我們更逼顯當時文字符號所指向的意義，也就是客觀知識的部份，但情意志向的解釋則是主觀詮解的部份，我們並不直接採用，而是列舉不同意見之後試圖從意象語言回歸到具體的情境之中，從具體的水之象為基礎來詮釋儒家經典。前面已經提過，本論文是在專門探討具體情境中「水之象」這個部份的「意」（後文把它分為意義與涵意），欲使用「意象」建構一條思想相關文獻的解讀入路，而非在突顯「水意象」在先秦典籍中的重要性；當然，本論文以《論》、《孟》、《荀》三家為材料時，也並非以特定「水」這種物質來貫穿這三部經典的思想，只是試圖藉由水意象來創造一種新的詮釋空間。

四、研究方法與步驟

（一）研究方法

在研究方法上的基本原則：既然我們以「先秦儒家水意象」為論題，故而在論述的過程中必然相應於「先秦儒家」文本中的思想真義，縱然從水意象的視角來引伸成為個人的論見，也以不能完全背離《論》、《孟》、《荀》三部儒家經典的真意為其礎，除非文本章句中本就具有詮釋者多面的解讀空間。

在論述的過程中，所採用的方法為「概念的分析與綜合」，我們把「水意象」給分成各個部份，再討論各部份與部份間的關係（水、意、象間的關係），最後綜合回來，使論文全文的主軸以此分析過程所設定的基本假定為中心，進行論述。

基本假定有三：

其一，「象」可被分為實體之象與符號之象兩者。實體之象又可分成物象與現象兩者，如我們見「在固定河道上不斷流動的水」即是一個實體中的流動現象。符號之象可指涉實體，亦可指涉實體的屬性，比如當我們寫下「河水」這些筆畫時，它即成為指涉河水這個實體的符號；「流、清、濁、準、瀾」這些符號則是指涉水所具有的各種屬性與狀態。

其二，水意象具有客觀上所指向的「意義」與主觀上所附與的「涵意」

兩種成份。

其三，水意象中具有體與用的兩種面相。以中國思想中「體用不二，相即不離」的思維方式，論述中也試圖理出「水意象」之體與用的辯證關係。

（二）論文的研究步驟

第二章我們先分析「水意象」這一概念在形式邏輯上的意義，再以此意義作為論文中「水意象」一詞的基本假定。故而在本論文中使用「水意象」或「意象」一詞時皆在此基本假定的基礎之上，而不致模糊不清。這麼做是因為「意象」一詞，不管在西方或中國傳統中都有著特定背景下的界義，故而我們先採取形式上的分析，再參考前人的論述，最後為本篇論文中的此一關鍵性概念作範疇上的界義。此章，我把「象」分成「實體」與「符號」兩層；把「意」分成屬於客觀知識的外部「意義」與主觀價值的內在「涵意」兩種成份。

接著，第三章則以實體的水作為探討對象〔註35〕，透過文字仔細回歸到文本的具體情境當中，試著具體地想像出文本中明確的「實體之象」，再從這具體的水象中抽離出兩種「意」出來。在此，我們會先從《論語》「子在川上」一則開始分析，專採此則的原因在於，此則的對象是非常明顯的，即是河水這個實體。孔子面對河水這個實體時所產生的經驗即屬於知識，也就是說河水這個實體的意義對孔子來說是很明白的，即是「日夜不斷流動的河水」，既然「實體」與「意義」都明白了，其中的屬於主觀「涵意」的部份就比較容易被抽離出來討論。故而此則的分析具有典範型，有助於下面的論述。接著討論孟子「原泉混混，不舍晝夜」與荀子「東流之水」兩則所呈現的各種不同具體水象與其中所要表達的主觀涵意。在討論的同時，我們也會以他們所使用的水意象來進行其它抽象概念的詮釋。

到了第四章則是從水所衍伸出的各種水符（符號之象）來談。符號之象仍具有客觀意義與主觀涵意兩種成份，如《孟子》裡提到其他水所具有的屬性與狀態：「清」、「濁」、「流」、「深」、「濫」……等，這些是屬於水的客觀義，被用另一種「象」，也就是「符號」來表示。第四章就在討論這些符號所染的價值色彩。試以「流」字來簡略說明，我們今日說一個人處於上流社會或處

〔註35〕 「對象」的性質，其實由主體的立場、觀點所決定。「客體」是具有「純粹材料性」的，而與觀點無涉。因此，「對象」必因詮釋視域而被重新被賦予界義，而形成一項研究的「基本假定」。

於下流社會，是具有主觀的價值意向存在，這種意向會附與在符號上。以孔孟的言語來說，「下流」也是含有貶抑情緒的價值用語，故云「君子惡居下流」（《論語・子張第十九・20》），而孟子雖沒有使用「下流」這個詞彙，但使用「同乎流俗，合乎汙世」時同樣存在著負面的價值。另一方面，當孟子云「上下與天地同流」（《孟子・盡心上・13》）時，就反而以「流」字來表述一種經由「下學」而「上達」後的悠游境界。另外，以水往上流往下流來說，孟子卻用它來表述人性，而說「人性之善也，猶水之就下也。人無有不善，水無有不下。」（《孟子・告子下・2》）但人性不是應是向上成長的嗎？故唐君毅闡述孟學的精神在於「興起一切人之心志，以自下升高，而向上植立之道」〔註36〕，而孔子也說「下學而上達」。當然，我們可以說孟子當時只是在與告子辯論，才「即」時以水之就下來比喻人性的。但我們可以看到「流」這個字在孔孟的言語間的確染上了各種不同的色彩，這些色彩即是本章所要討論的。

最後一章結論，試著整合出意象在思想文本中所具有的詮釋功效。我們會在先秦儒家這三部經典中舉其他意象做為例子，仍以上述的方法進行操作，看看是否能對文本進行更深入的理解。同時與上述水意象的分析論述進行比較，藉以說明我們在閱讀先秦文本時，從揭明意象之「體」的方法能達到深入意象語言之「用」的效應。

〔註36〕唐君毅：《中國哲學原論──原道篇卷一》（臺北：臺灣學生書局，1976年），頁 212。

第二章 「水意象」之概念分析

聖人立象以盡意。(《易‧繫辭上》)

《易經》裡所謂的「象」原是指卦象而言,是聖人見到天下事物幽深難解的微妙狀況時,模擬其形態或描繪其樣態而成的,故《易‧繫辭上》又言:

聖人有以見天下之賾,而擬諸其形容,象其物宜,是故謂之象。
聖人有以見天下之動,而觀其會通,以行其典禮,繫辭焉以斷其吉凶,是故謂之爻。

此描繪出來的卦「象」係指靜態的結構而言;而「爻」畫則係就彰顯動態的變化及吉凶效應而言。《易》中的六十四卦象則由六爻變化組合而成,故卦爻之「象」本身就包含了靜態的物象與動態的現象。本章並不在做概念上的溯源,假若要往上追索的話,那是否還要從《說文》所云「象」為「長鼻牙,南越大獸」論起呢?我們並不這麼做。在此,我們只是想說明,古代最早談及以「象」作為表「意」工具時,就包含了靜態物象與動態現象兩者,而且還於「象」之上緊緊繫著言辭。

今人龔鵬程先生曾提及:「觀象取象,是由象見意。如何見意、見什麼意,則是創造性的思維。推此創意,乃又能『由意顯象』,將某一意表現或構創出一物象來,尚象制器,創立各種世上原先沒有的東西。這就恰好形成了一個意象的循環。」﹝註1﹞此種對「象」與「意」之間的循環思考,最早見王弼《周易略例‧明象》:

﹝註1﹞ 龔鵬程:《文化符號學導論》(北京:北京大學出版,2005 年 6 月),頁 27。

　　　夫象者，出意者也；言者，明象者也。盡意莫若象，盡象莫若言。
王弼以為「象」是作為「出意」之用，而「言」則是作為「明象」之用。古
人常以簡單的文句綜述富有哲思的義理，本論文則試著從形式邏輯分析的方
法來分別從水、象、意這三個概念來界定「水意象」一詞。下文即把象分為
實體之象與符號之象兩部分；把意分為客觀意義與主觀涵意兩種成份，試著
把「水意象」一詞中「象」與「意」之間的循環做一系統性的論述。

一、「水意象」概念分析與界義

　　　本章的主要目的在做「水意象」此一概念的分析工作，所謂「概念分析」
就是做形式上邏輯的分析。形式邏輯的分析是靜態的，所以並不是在做源流式
的探討，而是把「水意象」這個詞語結構給分解成各個部分，然後逐一加以研
究。也就是說，把「水意象」這個詞語給切割開來，以分別認識各個部份的意
義為何。但這裡我需要強調的是，雖然「分析」是客觀的，但分析到最後綜合
為一個整體的過程中，是帶有我個人主觀的思想理路的，也是我在這篇論文中
對「水意象」此一重要關鍵概念所作的「界義」，在本論文所做的界義亦是本論
文中主要的基本假定。

　　　這裡使用「界義」一詞，而不用「定義」，是因為「界」這個詞是一個相對
柔軟，可變動的文字。在此，先引述吳明益在〈且讓我們蹚水過河：形構臺灣
河流書寫／文學的可能性〉〔註2〕的一段文字：

　　　　過去我也曾提及從事文學研究時，或許「界義」比「定義」更適切
　　　　些，那個「定」字太強硬、蠻橫、規矩。「界」則不然，「界」是一
　　　　個相對柔軟，具變動可能性的字，比較像河流。事實上，我以為所有
　　　　具藝術內涵的物事，都絕難「定」義，因此就像河流會改道一般，
　　　　界義也會隨著研究的拓展而改變。

故而，雖然下面是以形式上來分析「水意象」這個概念，但它的意義仍非就
此被固定住了。我期盼將來的研究者也能為「水意象」這一概念繼續拓寬或
是領其轉向，如河水一樣。

二、「象」

　　　人希見生象也，而得死象之骨，案其圖以想其生也。故諸人之所以

〔註2〕吳明益：〈且讓我們蹚水過河：形構臺灣河流書寫／文學的可能性〉，《東華人
　　　文學報》第九期，頁192。

意想者，皆謂之象也。(《韓非子・解老篇》)

「象」，當指實際存在的物體，但我們目之所見而存在我們腦海中的形象亦可稱之爲「象」〔註 3〕，故韓非子云「諸人之所以意想者，皆謂之象也」。但這在腦海中的形象有時不只是指向具體存在物，大多時候亦指向抽離實象之外的符號。故我們在此把「象」分爲二層義，它可指「實體」，或可指稱現今我們所使用的各種「符號」。前者所說的「實體」，是感官知覺在具體情境中所能經驗到的，這「所能經驗到的象」又可包含現實世界中的靜態具體物象，與自然、社會間所發生的所有動態現象，也就是說，它包含靜態的實在物與各個實在物間互動所產生的現象。以自然世界的實體來舉例，我們說「河」是一個存在自然界靜態的一個實在物象；而「水在河裡流」則是一個自然的現象，兩者都是一個「象」，一個「實體」。

以上說實體時比較容易了解，另一種則是由人類所建構出來的「符號」之象，則是相應於第一種「實體」之象而來的。我們前面談到，《易》中爲了盡量表達每一卦之「意」，使用了所謂的「象」與緊緊附繫其上的卦爻之辭。由陽爻「—」陰爻「——」所組成的卦象則是這裡所指的「符號」而爻辭則屬於「言」的部分。

盡意莫若象，盡象莫若言。(王弼：《周易略例・明象》)

王弼這裡所謂的「象」即是指一種由陽爻陰爻所組成的「符號」。因此，本論文除了討論「實體之象」外，亦討論「符號之象」。以我在本篇論文中要談的「水」來說，即是以水這個「象」來作爲主要討論的實體，但當我要把它拿來討論時，就必然用到「水」這個符號來指稱我所要表達的那個物象（或者是現象）。

「水」這個符號的定義是約定俗成出來的，它的字典性涵義主要可指爲下列五種：

1. 指平準。如《說文》云：「水，準也。北方之行。」段注：「準，古堵音追上聲。此以疊韻爲訓，……《釋名》曰『水，準也。』準，平也。天下莫平於水，故匠人建國必水地。」

2. 江、河、湖、海的總稱。如《史記・夏紀》云：「陸行乘車，水行乘

〔註 3〕翼氅云：「宋景文筆記引想作相。按想之爲言相也。目有所觀相，而心思念形貌也。」見陳啓天著：《增訂韓非子校釋》(臺北：臺灣商務，1969 年)，頁 750～751。

船。」

3. 指河流。如《書・微子》云:「若涉大水,其無津涯。」

4. 指洪水。如《漢書・食貨志上》載:「故堯禹有九年之水,湯有七年之旱。」

5. 指水星。如《左傳・莊二九年》載:「水昏正而栽,日至而畢。」

「水」這個符號,在中國古代,主要可以指向這五種意義,這些「水」所指向的意義可以包括具體的「物象」與「現象」,如第四點所指的洪水屬於現象;第五點所指的水星屬於物象。創造符號主要目的的其中之一在於指涉,由於單一符號「水」可指多種實體,以《荀子》爲例,〈勸學篇〉云:「冰,水爲之,而寒於水」,他所說的水即是指物質之水。〈王制篇〉云:「君者、舟也,庶人者、水也;水則載舟,水則覆舟。」他所說的水即是指江河。故在本論文中,分辨先秦儒家文本中「水」所指涉的實體即爲首要的任務。

另外,在第一點中我們也看到「水」這個符號並非指涉實體,而指涉水所具有的屬性——「準」,即水必達同一平面才靜止的屬性。不管是在《說文》、《爾雅》或是在中國古籍的注疏本中經常可以發現古人常以實體的屬性來定義它的名稱。古人時常以實體(物象/現象)所內包的某種屬性來定義一個符號的最初意義。比如,試想看看,我們該怎麼用其他已知的概念來定義「水」這個符號呢?華嚴宗之大學者圭峰宗密(780~841),就曾有如下的提問與討論:

A 佛法世法,一一皆有名體。且如世間稱大,不過四物。《智度論》云,地水風火,是四物名;堅濕暖動,是四物體。

B 今日説水。設有人問:「每聞,澄之即清,混之即濁;堰之即止,決之即流。而能灌漑萬物,洗滌萬穢,此是何物?」舉功能之義用以爲問,答云:「是水。」愚者認名,即謂已解。智者應更問云:「何者是水?」答云:「濕即是水。」

C 佛法亦爾,設有人問:「每聞諸經云,迷之即垢,悟之即淨;縱之即凡,修之即聖。能生世間出世間一切諸法。此是何物?」答云:「是心。」愚者認名,便謂已識。智者應更問:「何者是心?」答:「知即是心。」

D 以此而推水之名體,各惟一字,餘皆義用。心之名體亦然。濕之一字,貫于清濁等萬用萬義之中。知之一字,亦貫於貪瞋慈忍差

惡苦樂等萬用萬物之處。〔註4〕

我們仔細閱讀這一段文字後會發現其主要的目的在於教化中國的佛教徒以了解：佛理中的「心」之體即在於「知」之一字。由 B 與 C 比較可知，文中爲順應中國人的思維方式，以容易了解的「水」這個實體作爲「心」的類比。圭峰宗密以爲：「水」只是一個物象之「名」，「濕」（水的粘著性）才是此水象之「體」，而冰波清濁凝流皆只是水這個物象的狀態功用而已。由「濕即是水」或「水，準也」這樣的判斷句可以看出，古人很容易將實體物（水）與其屬性（粘著性、平準性）看成同屬一個類。

　　日本學者中村元在其著作《中國人之思維方法》以上述的「水」爲例，所要討論的問題是：中國人未能充分自覺到實體與屬性之區別及此種區別的意義。他在此書中論及先秦名家的「堅白石」之詭辯，正因，「『堅』乃由觸覺所知覺，『白』則由視覺所知覺。知堅石時不知白石，知白石時不知堅石。所以堅白石不是一個，是兩個。」他接著說：「這種詭辯大致理所當然地在通用，正由於中國人未能充分自覺到實體與屬性之區別及此種區別的意義。這在漢語中，是對應於實名詞（Substantive）與形容詞（Adjective）之未能區別的這一事態而來的思維形態。」〔註5〕又比如 A 引文中《智度論》云「地水風火，是四物名；堅濕暖動，是四物體」則明白地呈顯出名詞與形容詞時常被用來互相指涉的情況。

　　所以，古漢語中的名詞時常不只是指向具體的事物，也會指涉實體物所具有的屬性與狀態，如「水」除了指向實體之外亦可指涉水所本具的屬性：「濕」、「準」，前者又常被引申成社會位階之「卑」，後者則常引申爲人世間之「法」。正因爲我們在此意識到古人思維上的此種特性，我們在討論「符號之象」時也會特別辨別水之實體與屬性所衍生的符號。

　　我們再回到「水」這個概念來。除了在漢語的思維型態中，實體與屬性並不特別區分之外，又由於「水」此一概念具有廣大的外延（extension），它是比英語中的「water」這個字翻成「水」這個字外延更廣的概念，它不只意味著水是一種物質，它亦能指向一種自然地景：「河水」、「泉水」，或是自然

〔註4〕《禪源諸詮集都序》下，宇井博士校訂國譯本，96 頁以下。本文採自日・中村元著；徐復觀譯：《中國人之思維方法》（臺北：臺灣學生書局，民國 80 年初版），頁 32。

〔註5〕日・中村元著；徐復觀譯：《中國人之思維方法》）臺北：臺灣學生書局，民國 80 年初版），頁 31。

現象：「洪水」。因此，在《孟子‧離婁篇》中，當「仲尼亟稱於水曰：『水哉！水哉！』」時，是在稱讚有源之河水；故而，當孔子說「知者樂水」時，也能說是知者樂「河」。

由以上兩點的分析，我們在下面的章節中談「水象」時，勢必先明確地指出其所代表的是靜態的物象、動態的現象或是水的某種屬性或狀態。

還記得我們這節所談的「象」，先被分成「實體之象」與「符號之象」，然而，我們用來進行思考的，只能是語言所用的符號之象。符號形成一個抽象的概念，而概念即是由內容與外延來分化出來的不同類別。每一個「概念」，也就是人對外在經驗與事物所分的「類」〔註6〕，我們把外在對「水這個東西」的經驗，分到「水」這個類來（也就是「水」這個符號），而且就古漢語來說，「水」這個符號底下還有許多小類別，這些類別「所指」為何，是屬於定義與命名的問題，也是屬於客觀上意義的問題，另外還有一些符號「所染」上的主觀價值問題，這些問題也正是我們下節所要討論的。

三、「意」

接著我們來談「意」，《說文》云：「意，志也，從心察言而知意也。從心從音。」從「意」這個字「從心從音」可知，它本是傾聽者從語言中知曉說話者之心志的概念；這是以「從音」來說，我們也可以說是讀者從作品的文字中瞭解到作者所要表達的概念。由其字典性涵義可知，「意」這個字原就是指涉內在心靈的思慮或情感的活動。

這種心靈的思慮或情感的活動如果被規定下來、表述出來，就具有一種客觀「義」了。我們說「義」這個字，《說文》云「義，己之威儀也」。若「意」是指一種心靈的活動，那麼「義」則是這種活動表現於外的容止威儀，故而「意義」一詞即可呈現一個概念的內在意志與外在定義兩部分。但我們現今所常用的「意義」則偏向客觀的、被規定的「義」。

回到我們剛談論的符號，它有三種功能，可以用來「指涉」、「表意」與

〔註6〕 我們所使用語言符號中的「詞」，就是一個一個「類」，而此種符號被創建的過程，就是進行「分類」的過程。每一種語言中符號所指涉之「類」的內容與其範圍有可能重疊，但卻不是完全相同的，比如上述我們以英語的「water」和漢語的「水」為例，「水」這個類尚可包含河水、泉水、洪水等子類別。尤有甚者，因文化的不同，而有更細緻的分類。如現今我們說「在固定的河道上流動的水」為「河水」，但古代因井田制度，「河水」一類又可分為許多其他如「遂」、「溝」、「洫」、「澮」、「川」的子類別來。

完成「行爲」。符號用來指向涉及到客觀的實存，即稱爲「指涉」，也就是我們之前說的客觀意義。符號用來表達人類主觀的思維，即稱爲「表意」，也就是我們說的主觀涵意。另外則是作爲人類完成行爲的某種工具。〔註7〕

語言（符號）的三種功能

徐國峰 製

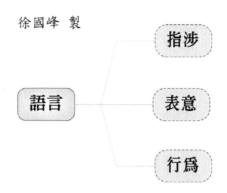

每一符號最初在特定的文化情境底下必定指涉特定的意義。比如，「遂」在周代的井田制度下，指最小的灌溉溝渠單位。而此特定的意義相對於實體而言，則是形式的、抽象的，所以我們說「抽象意義」。這裡說抽象，是用以「特提」它所形容「意義」此一既念的特性，並非「分化」的用法，若是「分化」的用法，即表示有另一種「非抽象的意義」。但形式邏輯中所謂的意義都是抽象的，也是客觀的〔註8〕。又比如「川」這個字，《說文》云：「川，田貫通流水也」。「川」這個字（符號），即指一種「貫串田間灌溉渠道的流水」，它的「意義」是固定不變的，這裡說的意義即是一種抽象義、客觀義。

再把視角轉向「意」來，我們要知道符號中所具有的抽象成分，除了客觀的意義之外，還有主觀心靈（思慮／情感）活動所附加上去的涵意。所以

〔註 7〕 到後來「語用學」，符號作爲是一種完成行爲的某種工具，如有人以命令口氣說：「你坐下！」此句不在指涉什麼，而是一種行爲的命令，符號之「用」即在一個具體的情境當中，被當成完成人類行爲的一種工具。在「敘述理論」中則把符號作爲角色完成的行爲。

〔註 8〕 尤其在形容一固有名詞時，最容易看出「特提」用法的特性，譬如說「偉大的耶穌」，當然並未意味著另有一個「不是偉大的耶穌」；說「是中國古都之一的南京」，當然並未意味著另有一個「不是中國古都之一的南京」；說「代表孔子思想的《論語》」，當然並未意味著另有一「不代表孔子思想的《論語》」；這都是表性質的詞語用作「特提」的例子。見勞思光著，劉國英編：《思想方法五講新編》（香港：中文大學出版社，2000 年修訂版），頁 42。

上述我們說「水」這個符號在中國古代具有五種「意義」。但一個符號除了所指的意義外，還具有另外一種成份，即是主觀所賦予的成份。此水象是經由內在心靈所潤澤，是逐漸被湛染上去的，在本論文中我們以「涵意」來概括這種成份。對於「涵」這個字《說文》段注云「所受潤澤多也」，其中「多」可以指經過一段時間的潤澤，也可以指眾水的潤澤。故我們使用「涵意」時，即指水象在經由心靈的思慮或情感的活動所潤澤其上的主觀之意；我們使用「涵義」時，即指此水象之「涵意」在經過一段時間由於其他眾多心靈慣以習用而逐漸約定俗成的客觀之義。

「涵意」是主觀的，但也是抽象的。它存在每個主體的精神世界裏，並不具有普遍客觀義。比如說「川」這個字所指涉的意義，在不同地區會興起不同的涵意來。在長期的乾燥地區，它會給他們帶來一種豐潤繁茂的情緒；在低窪地區則因為常受河川氾濫所苦而讓他們興起毀滅與死亡的情緒來。這些情緒都是主觀的，沒有普遍性，但「川」一字所指涉的「意義」卻是共通不變的。但不管是客觀的意義或主觀的涵意，都是抽象的，不同於具象的實體。

所以當我們把「意象」一詞拆開來一分析就會發現，「意」是抽象的部份，而「象」則是具象的部份。到此，我們把上述從「象」到「意」的分析過程用下圖表示。

「意」與「象」分析

「意義」與「涵意」；「實體」與「符號」

徐國峰　製

四、意之象──具有「抽象意義與涵意」的「具體之象」

在分析完「意」與「象」之後,我們再把這兩個概念綜合起來看。「意象」這個詞,是以「意」為主的領屬性合義複詞,而形成「意之象」。由前面對「意」的分析,它可以有兩種定義,其一為被外在文化所約定俗成的象,也就是說,這是一個有抽象「客觀意義」的「具體之象」(我們先不論是實體或符號);其二為被個體賦予主價值意向的象,也就是一個染有抽象「主觀涵意」的「具體之象」。

當我們分析至此,我們可以發現,人類賦予具體之象一種抽象的意義或涵意,而使這具體之象有了客觀與主觀的兩種成份。這個象可以是實體物也可以是符號,它們都含有兩種成份,一部份屬於客觀的意義;另一部份屬於主觀的涵意。

以「河水」這個實體之象來講,「逝者如斯夫,不舍晝夜」描繪出了「河水日夜不停地流動」的具體意義,但由「夫」這個語氣詞我們可以感受到孔子的某種情感。我們可以從中感到一種對時間流逝的悲歡,或是一種人生積極進取的讚嘆,這是主觀心靈活動所附加在「河水日夜不停地流動」這個現象之上的。

以「澤」這個符號之象來講,它指涉一個水流匯聚、草木叢生、泥沼遍布的地方。這是它初始的客觀意義,但經由心靈活動,其「光明滋潤」的特性被擇存下來了,而且被廣為運用,被附加上正面價值的色彩,而逐漸演化成具有「恩德廣布」的涵義。

故而本論文在討論「意之象」時,便分別從水的實體之象與符號之象來討論。對於這兩種水象,我們皆先從分辨其外在意義與內在涵意開始,再討論其間的關係。

五、象之意──以象表意

另外,必需附帶一提的是,「意象」也常被當成一種修辭格,這常會照成誤解,所以必需先把「意象」一詞所帶有的修辭之功用給說清楚。

在劉若愚的《中國詩學》第二章中,把意象、隱喻與象徵做一區別,很明顯的是把意象當成一種修辭格來看,因為此書是從英語翻譯過來的,故而「意象」一詞是與「image」一詞對照來看的。但也因此產生了問題,我們說修辭,必是說成一種修飾辭語的動作,而「意象」本是一個名詞,並無法成

爲像「隱喻」、「象徵」那樣的修辭動作。另外,從我們前面的分析也可知道意象是以「意」爲主的領屬性合義複詞(意之象),它是一個「具有抽象『意』的具體之『象』」。所以「意象」一詞並不能當作爲一種修辭格(修辭動作的格式)。

但一個「具有抽象『意』的具體之『象』」自然也有它的功能存在。這裡說「功能」是一種本具而未衍外之功用能力,即是「以象表意」的功能。比如我們看「逝者如斯」這四個漢字所組成的符號,這些符號即是「象」,它指涉到「河水不停流動」的客觀意義,也同時具有「時間不再回返」的功能涵義。故而,當我們使用這四個符號時就能讓人明瞭「時間不再回返」這種抽象的命題,即是「逝者如斯」這四個符號所產生的效應,這裡說「效應」即爲上述「功能」已衍外而作用於事物所造成的效果、反應。〔註9〕

不管是功能還是效應,當我們把「意象」當成一種修辭格時,它即成爲一種「以象表意」的修辭之「用」。這種「用」是以這個文字本身具有的「意象」所產生的功用能力。此功能,即是被拿來當成修辭的一種方法來用。

「意之象」是體;「象之意」是用。「意象」一詞本具「體」與「用」兩者,以中國「體用不離,相即不二」的思想來看,前者是意象之體,後者是意象之用。

六、水意象

經由前述分析,我們在此把「水意象」分爲「水意之象」與「水象之意」:

(一)水意之象

我們前面分析過,「意」是抽象的,故「水意」也會是抽象的;這裡的「水意」具有領屬功能,而「象」卻可指向具象的實體與抽象的符號。因此,當「象」指向實體時我們界義「水意之象」爲「任何與水的形象、現象相涉且指涉某一抽象意義的實體」,簡稱爲「水體」,也是第三章要討論的;當「象」指向符號時我們界義「水意之象」爲「內包於水這個概念中的客觀屬性或主觀涵意所領屬的符號」,簡稱爲「水符」,也是第四章要討論的。

〔註9〕「功能」與「效應」的分別,採用自顏崑陽:〈從〈詩大序〉論儒系詩學的「體用」觀〉,《第三屆漢代文學與思想學術研討會論文集》(臺北:新文豐出版社,2002年5月出版),頁287〜324。

（二）水象之意

「象」是具象的，可知覺的，故「水象」也是一種具象的且與水相關的實體或符號。因此「水象之意」即指「以一種具有水的任一屬性的實體或符號來表達抽象之意」。簡而言之，我們把「水象之意」界義爲：上述「水體」與「水符」所本具抽象的意義或涵意。因此「水象之意」具有詮釋的功效，它可作爲詮釋抽象概念之用，是爲水意象之用，將分散在各章討論。最後一章結論也將綜合論之。

接著，我們談儒家的水意象。

我們說「儒家」，是一個不斷演進的思想體系，它從先秦時代開始，一直到現代。也就是說：儒家在歷史中不斷地吸收，而成爲具有發展性的思想體系。我們談儒家的「水意象」，先把它再縮小成儒家的「河水意象」。以「河水」這個概念來看，它的「意義」是不變的，我們都可以客觀地了解「河水」這個符號指向什麼。但它的「意象」則是不斷地演進。我們以孔子所說的「逝者如斯夫」、「智者樂水」爲始，經過孟子、荀子，再經過漢儒、宋儒、清儒各個時期對「河水」這個概念又創造了新的主觀涵意，這些涵意被吸收進來，成爲「河水」所染上主觀價值色彩的一部份。但除了不斷地吸收、演化之外，它也可能揚棄前者而被另一新的意象所取代。因此，我們談先秦儒家時，也先從《論語》開始討論。

第三章 「水體」所展現的主觀涵意

　　這一章我們將要討論的是：水在自然界以實體所呈現的意義與涵意，還有這個「水體」所呈現出來的外在物象與文本中所要呈現主觀涵意間的關係。

　　孔、孟、荀三家都曾使用「水象」這個實體，實體的意義容易了解，比如子曰「逝者如斯夫不舍晝夜」所呈現出來的客觀意義是「日夜不斷流動的河水」；或是孟子曰「源泉混混不舍晝夜……七八月之間雨集，溝澮皆盈」所呈現出來的客觀意義是「有源頭的泉水混混湧出，日夜不停……夏季七八月間的陣雨很快地聚集起來，使大小溝渠都很快地充滿了」；或是在《荀子》書中藉用「孔子觀於東流之水」來描述水的種種形象。這些「水象」都是我們能直接在腦中映象出來的實體，也就是因為這些實體是具象的、是清楚明白的，所以我們可以把第二章所提出的主觀涵意抽離出來討論。下面先以《論語·子罕篇》中「逝者如斯夫」一則來做討論。

　　　　子在川上，曰：「逝者如斯夫，不舍晝夜。」（《論語·子罕》）
對於這一則而言，歷來的注解與箋釋很多。主要的分別，在於「逝」字的解釋有「往去」與「往進」兩種解讀。本章的目的在於呈現文本中發言者的主觀涵意來，所以首先整理了歷代箋注者的詮釋，再與《論語》其它篇章互作映證，以揭明出此則在「日夜不斷流動河水」的表面客觀意義背後的深層涵意來。

一、「逝」者如斯夫

　　此節針對此「逝」字的歷來注解作一探究。歷來的注解家大概可分為兩種解法：注「逝」字為「往」也；或注「逝」字為「進」也。細細檢視《論語》，可發現文本本身就有兩種不同意義的「逝」，如〈陽貨〉篇載「日月逝

矣，歲不我與」爲消逝之逝；而〈雍也〉篇載「君子可逝也，不可陷也」爲
往進之逝。唯有「子在川上」一則中「逝者如斯夫」一句中的「逝」字，兩
解皆可，而且皆有其深義。下面先列舉各家之注解，以分別說明此兩義在這
一則中所表現的意味爲何：

（一）「逝」作「往」解

> 逝，去而不返。〔註1〕

　　楊德崇在其《論語詞典》中，直接就以「去而不返」四字作爲「逝」字
的解讀，由此可知，他是以時間流逝的面相來解讀「逝」這個字，正如〈陽
貨〉篇中「日月逝矣，歲不我與」那種對於時間的消逝之感。我們可以再進
一步比較看看何晏的《論語集解》中引包氏所云：〔註2〕

> 逝，往也。言凡往也者如川之流。

包咸以「往」注「逝」字是曖昧不明的，我們無法確定他所說的「往也者」
是「往去也者」或是「往進也者」？因此我們無法從包注中獲取有關孔子當
時情感意向的解讀。兩漢以後南朝的皇侃（488～545）在《論語集解義疏》
中的注解則較爲明確詳盡：

> 逝，往去之辭也。
>
> 子在川水之上，見川流迅邁，未嘗停止。故歎人年往去，亦復如此。
>
> 向我非今我，故云逝者如斯夫者也。斯此也。
>
> 夫，語助也。
>
> 日月不居，有如流水，故云不舍晝夜也。〔註3〕

或是北宋邢昺於《論語注疏解經》所云：

> 此章記孔子感歎時事既往，不可追復也。
>
> 逝，往也。
>
> 夫子因在川水之上，見川水之流迅速，且不可追復，故感之而興歎。
>
> 言凡時事往者如此川之流夫，不以晝夜而有舍止也！〔註4〕

〔註1〕 楊德崇：《論語詞典》（藝文印書館印行），《無求備齋論語集成》第三十函，
　　　　《論語詞典》，頁37。

〔註2〕 此處也有人做鄭曰，但是以包氏曰的本子較多，故此處仍以爲包氏所注。

〔註3〕 南北朝・皇侃：《論語集解義疏》（臺北：廣文書局，1991年9月再版），頁
　　　　314。

〔註4〕 楊家駱編：《宋本論語注疏》（臺北：鼎文書局，1972年4月初版），頁223。

皇侃義疏的重點在於其對「逝」字與「夫」字的注解，他把「逝」字解成「往
去之辭也」，這明顯是從消逝的面相來表現時間的本質。但他接下來對此則進
行解釋的文句中，有云「見川流迅邁，未嘗停止」中似乎帶有河水往進不已
的意向存在，但接著說「歎人年往去，亦復如此」，其中的「亦」字即表明了
皇侃已看見河水奔流之時的兩種意象。但接下來所說的「向我非今我」、「日
月不居，有如流水」卻又遮掩掉其中「往進」的涵意了〔註5〕。另外，我們會
留意到皇侃注「夫」字為「語助也」。《論語》中有多處使用「夫」字〔註6〕，
經仔細檢讀後，用在句末的「夫」字大都表示感嘆語氣〔註7〕，例如「鳳鳥不
至，河不出圖，吾已矣夫」；還有〈述而〉篇「用之則行，舍之則藏，唯我與
爾有是夫」；或是〈雍也〉篇「亡之，命矣夫」。這幾篇中的「夫」字皆存在
著感嘆意味，此可與漢儒以「逝」字作「往去」解來作對比。

　　在這兩則注解中可見感嘆的面相是十分明確的，其不同在於皇侃以為孔
子感嘆的重點在「自身」，故以「向我非今我」來呈現個體人年往去不復再來
的意味，是把河水的每一流域區段（前水後水）比成不同時期的個體；邢昺
則直接點明孔子在「感歎時事既往，不可追復也」，是把河水類比成個體以外
的社會事務。也就是說，孔子所感嘆的消逝對象有可能是自己，也可能是時
事。但總歸來說，這兩者皆是在時間的消逝下所造成的，仍是對歲月流逝之
嘆，至於孔子所感嘆的主要具體對象或事件為何，之後將繼續討論。

　　接下來我們將看看歷代注解中對「逝」字的另一解讀：

（二）「逝」作「進」解

揚雄的《法言》中有類似的一段對話：

　　或問進。曰：「水」。

　　或曰：「為其不舍晝夜與？」

　　曰：「有是哉！滿而後漸者，其水乎？」〔註8〕（《法言‧學行》）

〔註5〕這裡用說掩其「進」意，並不是說皇疏沒有河水精進不已之意，而是他以
　　　「往」釋「逝」的成份較大。

〔註6〕《論語詞典》：《論語》中「夫」字共出現四十四次，其中用於語氣詞的有十
　　　四次。楊德崇：《論語詞典》（藝文印書館印行），《無求備齋論語集成》第三
　　　十函，《論語詞典》，頁6。

〔註7〕仔細檢讀《論語》句末「夫」字的使用，除〈子路〉篇中的一則有明顯的讚
　　　嘆之意外，其它大都是感嘆的意味。

〔註8〕揚雄撰、朱榮智校注：《法言》（臺北：臺灣古籍，2000年），頁46。

以下為程樹德之見解：

《法言》所謂進，與夫子言逝義同。逝者，往也，言往進也。

程樹德所解讀「逝」字與揚雄相同，皆認為孔子所言「逝者如斯夫」之「逝」字，為「進」之意。他們把進取的概念包含在川流不息的河水之中。前述我們引包咸注「逝，往也」而沒再多加解釋，這樣的注解讓我們對於「往」字仍感迷惑，在這裡我們注意到程氏強調就算作「往」解，也只是「往進」而非「往去」之意。此處把「逝」解釋成「進」，則有一種類似面對哲人聖賢之精進不已的讚嘆。而較早以前的注疏多把「逝」字解釋成「往」，有一種對於消逝的事物一去不復返的感嘆。這正如前述所言的「夫」字，有兩種語氣可以被解讀出來。

《論語》中句末「夫」字的兩種語氣

出 處	章 句	語 氣
〈子罕〉16	子曰：「逝者如斯夫，不舍晝夜！」	感嘆／讚嘆
〈子罕〉21	子曰：「苗而不秀者，有矣夫！秀而不實者，有矣夫！」	感嘆
〈子罕〉8	鳳鳥不至，河不出圖，吾已矣夫	感嘆
〈雍也〉8	伯牛有疾，子問之，自牖執其手，曰：「亡之，命矣夫！……」	感嘆
〈憲問〉37	子曰：「莫我知也夫！」	感嘆
〈衛靈公〉25	子曰：「吾猶及史之闕文也。有馬者，借人乘之，今亡已夫！」	感嘆
〈述而〉10	子謂顏淵曰：「用之則行，舍之則藏，惟我與爾有是夫。」	感嘆／讚嘆
〈雍也〉15	子曰：「君子博學於文，約之以禮，亦可以弗畔矣夫！」	讚嘆
〈子路〉22	子曰：「南人有言曰：『人而無恆，不可以作巫醫。』善夫！『不恆其德，或承之羞。』」	讚嘆

前面提到《論語》中句末「夫」字的使用大都以感嘆的語氣被解讀出來，但在〈子路篇〉中，則有一則是明確的讚嘆語氣，此則為：

子曰：「南人有言曰：『人而無恆，不可以作巫醫。』善夫！」

「善夫」一語道出孔子稱述南人之言而善之。巫為鬼神之所交、醫為生死之所託，無恆之人不足以任此。錢穆云：「專一之業尚然，何論於廣大之道，故孔子特取此言」〔註9〕。此處「夫」字的讚美語氣是可以確定的，那麼「逝者

〔註9〕錢穆：《論語新解》（臺北：東大圖書，2005年），頁371。

如斯夫」的「夫」字是否也可解讀作孔子對於河水的讚美之歎呢！

> 程子曰：「此道體也。天運而不已，日往則月來，寒往則暑來，水流
> 而不息，物生而不窮，皆與道爲體，運乎晝夜，未嘗已也。是以君
> 子法之，自強不息。及其至也，純亦不已焉。」
>
> 又曰：「自漢以來儒者皆不識此義。此見聖人之心，純亦不已也。純
> 亦不已，乃天德也。有天德，便可語王道，其要只在慎獨。」〔註10〕

照程子所說的「自漢以來，儒者皆不識此義」可與前面所舉漢以來的各家注釋
來對照。程子所謂的不識此義，即是指自強不息的「往進」之意，但是否可以
說自漢以來的儒者皆不識孔子此語中的進取之義呢？也許只是時代、環境之差
異造成思考方向的不同。故程樹德在《論語集釋》云：「程子曰：『自漢以來，
儒者皆不識此義。』而宋儒解經，每有過深之弊，不可不知也。」〔註11〕若只
從《論語》此則的短短幾個字來看，的確可以看出這兩層意義來，而在宋代講
求心性之精微，不斷勉人向上的基礎上，自然以自強不息的「進」字來解之。

　　那麼《論語》這則中「日夜不斷流動河水」的意象，到底是在「自強不
息」的基礎上作讚歎意味解呢？還是在「日月逝矣，歲不我與」的基礎上作
歲月流逝之嘆解呢？這兩種解釋主要的不同在於主觀涵意的解讀，也就是對
孔子當時在川上的個人情緒有不同的解讀。當然，我們無法明瞭孔子當時發
出此歎的內在情緒，當然也就不知其所云「逝」字是作「往去」或「往進」
之意，也許，孔子在川上時的這兩種情緒都有，我們不得而知，但我們可以
從整部《論語》中的其它篇章來推測何者的可能性比較多。

（三）乘桴浮於海──道猶不興的憂嘆？

　　前述我們從古注中可發現，對於孔子所感嘆的主要具體對象有自身與外
在時事兩種，其實這兩類亦可連結起來看。在皇侃《論語義疏》〔註12〕中引
孫綽與江熙兩家，對「子在川上」一則有這樣的解讀：

> 引孫綽云：川流不舍，年逝不停。時矣晏矣，而道猶不興，所以憂
> 嘆。
>
> 引江熙云：言人非南山，立德立功，俛仰時禺，臨流興懷，能不慨

〔註10〕宋・朱熹：《四書章句集注》（臺北：鵝湖出版社，1984 年），頁 113。

〔註11〕程樹德：《論語集釋》（臺北：藝文印書館，1965 年 3 月初版），頁 529。

〔註12〕《論語集解義疏》或《論語義疏》都有人稱呼，前者之稱可讓人看出它是源
　　　自何晏的本子；後者是簡稱。

　　然。聖人以百姓心爲心也。〔註13〕

孫綽已加以說明孔子由於年歲漸長而「道猶不興」才會有所感嘆；江熙也以
爲孔子臨流所興之懷在不能於有生之年即時行道。此種解讀，已經轉到孔子
「自身的理想」無法落實於「外在人世間」的憂嘆，如《論語·公冶長篇》
中孔子自歎其不能行道於中國，對子路云：

　　道不行，乘桴浮於海。從我者，其由與？

見朱熹《四書集注》引程子曰：「浮海之歎，傷天下之無賢君也。子路勇於義，
故謂其能從己，皆假設之言耳。子路以爲實然，而喜夫子之與己，故夫子美
其勇，而譏其不能裁度事理，以適於義也。」朱子以爲孔子云「道不行，乘
桴浮於海」只是戲笑之言。雖然如此，從這樣的言語中卻可看出古人對海的
一種浪漫想像。

　　中國人最早認識的「海」是眾水最終的匯集處所〔註14〕，如《孟子·滕文
公下》「禹掘地而注之海」。但除此之外，我們可以在先秦時代的經典中發現，
他們對海存有一種浪漫的想像，似乎海是避世歸隱的好處所。如河水終歸於海
般，喜於觀水的孔子是否也願在道不行的晚年，乘桴歸於大海之中呢？浪漫的
想像是源自於心中的理想在現實生活無法實行。孔子「欲行道於魯，魯不能竟
其用，乃去而之他國。最後乃如楚，則以楚雖蠻夷，而與中國通已久，其時昭
王又賢，葉公好士，故遂如楚，以冀其用，則是望道之行也。至楚又不見用，
始不得已而欲浮海居九夷」〔註15〕因爲在中原「行道」的理想無法實現，故有
「道不行，乘桴浮於海」之語。這表面看似無可奈何而欲絕俗塵世的想法，卻
有其「知其不可而爲之」的生命熱情！就這個論點，以下試論之：

　　《論語》中有另一則關於「入海」的記載，見《論語·微子篇》：

　　少師陽，擊磬襄，入於海。

朱熹引張子曰：「海，海島也」。我們又可在《越絕書·越絕外傳記地傳》中讀
到「初徙琅琊，使樓船卒二千八百人伐松柏以爲桴」這樣的記載，可知春秋時
代的「桴」已經不是簡單的木符，而是可載重的大型水上交通工具〔註16〕。

〔註13〕南北朝·皇侃：《論語集解義疏》（臺北：廣文書局，1991 年 9 月再版），頁
　　　　314。
〔註14〕見《說文解字》：「海，天池也；以納百川者」與《詩·小雅·沔水》：「沔彼
　　　　流水，朝宗于海」可知古人所認識的海，是眾水之所歸處。
〔註15〕程樹德：《論語集釋》（臺北：藝文印書館，民國 54 年 3 月初版），頁 262。
〔註16〕晁福林：《先秦民俗史》（上海：上海人民出版社，2001 年），頁 105。

所以「海」並非孔子「道不行」憂嘆下的嚮往所在；海是其欲行其道的一個媒介，是他實現理想的一個出口。

　　子欲居九夷。

　　或曰：「陋，如之何！」

　　子曰：「君子居之，何陋之有？」（《論語・子罕篇》）

朱注云「東方之夷有九種。欲居之者，亦乘桴浮海之意。」九夷蓋東方之九小國，見皇侃疏云「此海中之夷」。「海」這個概念，並不完全是我們現在所以為的海洋，也可以指向非屬中原華夏民族的代稱，因此在《爾雅・釋地》有「九夷、八狄、七戎、六蠻，謂之四海」的說法。「四海」成為指稱這位於四個方位的部落群集——東夷、北狄、西戎、南蠻。

　　孔子周遊列國，欲行其道而皆不能見用，甚至到了當時仍為蠻夷之邦的楚國，卻仍不見用，最後才會興起到更偏遠地方「行道」的念頭，雖然「乘桴浮於海」看似戲笑之言，卻更可把它解讀成孔子行道的決心。我們可以想像孔子欲乘竹筏至海中尋找蠻夷所居之島，只是冀求他的仁政能夠施行。在這個面相上，雖仍是自歎，但孔子是自歎其不能行道於四海〔註17〕之內，猶當行之於海外蠻夷，在孔子內在的精神上，仍是積極進取的。

（四）智者樂水——智者的進取精神

　　本節主要的問題即在：「逝」字應該解作「往去」或「往進」之意。現在我們試著從《論語》中孔子用語的習慣來推測何者的可能性比較多。以孔子

〔註17〕海除了是想像中的嚮往之地，也是地理位置的邊界線。人們對地理概念是一步步地進行廓清的。最初，人們只模模糊糊地知道大陸四周有水環繞。慢慢又明白了中原東方有海，西方沒有海。再往後，人們區分了東海、南海和北海（渤海）。可是人們很晚還不能區別內陸廣大的鹹水湖（內陸海）、海和大洋之間的明確區別，所以把內陸的里海、黑海與貝加爾湖看作了西海或北海。後來，「海」的概念被人濫用，於是青海、滇海、洱海、居延海、草海等內陸湖泊也都叫「海」了。因此早期經典中很常運用的「四海」一詞，即是指「中原華夏」的粗略代稱。《孟子・離婁上》：「天子不仁，不保四海。」《孟子》中出現「四海」這個詞彙共九次，但「四海」這個詞彙並非一開始就是「天下」的意思：我們把《孟子》中的「四海」拿來分析，可以分成「詞」與「詞組」兩部份。所謂「詞」就是不可再分割的一語言單位；反之，「詞組」則可以再被分割。例如《孟子・告子下》：「禹之治水，水之道也。是故禹以四海為壑，今吾子以鄰國為壑。」其中的「四海」即是「四方」與「海」所組成的「詞組」，是四方之海的意思，我們大概可以推測，「四海」一詞，最先的意思即是「四方之海」的意思，後來漸漸轉化成具有「天下」的意象。

在訓勉弟子爲學應始終如一時，曾舉過一則比喻：

> 子曰：「譬如爲山，未成一簣，止，吾止也。譬如平地，雖覆一簣，進，吾往也。」

從第一句的「止，吾止也」到第二句「進，吾往也」，可由前句的兩個止字來推得孔子是把「往、進」二字當成同義詞來使用的。試著推敲孔子用語上的習慣，孔子用「往」這個字，除了有「前往」〔註18〕、「過往」〔註19〕的意思外，在此也有「往進」的意思。所以，雖然我們無法明確地斷定「子在川上」一則的「逝」就是「往」之意，但在孔子的用語上，「往」字確有「進」之意。

由於孔子一生重在學，故曾自云：「十室之邑，必有忠信如丘者焉，不如丘之好學也。」所以孔子本身就是一個十分好學的人，其「六言六蔽」也在強調六言雖美，也需學習才能成就眞實的德性。所以「學」一直是孔子最重視的品德之一，且看《論語》〈學而第一〉首則：

> 子曰：「學而時習之，不亦悅乎。有朋自遠方來，不亦樂乎。人不知而不慍，不亦君子乎。」

錢穆先生特別喜愛此則，在其《論語新解》的序言曾加以說明：「孔子一生爲人，即在悅於學而樂於教。人之不知，亦當指不知此上兩端言。故又曰：『若聖與仁，則我豈敢。我學不厭而教不倦』。又曰：『十室之邑，必有忠信如丘者焉，不如丘之好學也。』則孔子之自居，在學在教，不在求爲一聖人。《論語》書中豈不已明言之。」〔註20〕

在許多《論語》的篇章中孔子時常提到爲學之樂，且自云能發憤忘食，樂以忘憂，此樂源於何處？源於孔子不厭不倦的向動精神。

> 子曰：「默而識之，學而不厭，誨人不倦，何有於我哉？」
>
> 子曰：「若聖與仁，則吾豈敢？抑爲之不厭，誨人不倦，則可謂云爾已矣！」（《論語·述而》）

此種不厭不倦的精神，正是孔子快樂的泉源，正如錢穆先生所說：孔子一生爲人，即在悅於學、樂於教。「學」與「教」並非只有孔子能做到，歷來許多

〔註18〕《論語·陽貨》：公山弗擾以費畔，召，子欲「往」。
〔註19〕《論語·述而》：人絜己以進，與其絜也，不保其「往」也。《論語·學而》：告諸「往」而知來者。
〔註20〕錢穆：《論語新解》（臺北：聯經出版，1998年），《錢賓四先生全集》第三冊，頁9。

士大夫也能做到，但孔子的精神在於「不厭不倦」，正如河水不舍晝夜地向前奔流，我們可以這樣相信而不會有任何懷疑，就像我們相信江河之水會一直流下去一般，永不停息。

我們除了在此則中可以看見孔子以具體的「江河之水」為其哲思的展現之外，另外在《論語‧雍也》中孔子也這麼說：

> 智者樂水，仁者樂山。智者動，仁者靜。智者樂，仁者壽。

孔子在河水不斷流動地本質中，必然看到了與自己「不厭不倦」的精神有著相同的本質。「樂水」是由於智者可以從水中見到與自己相似的本性，「動」與「樂」則就智者於人世間具體的功用能力來說〔註21〕。我們前述提及孔子之樂是源於不厭不倦的尚動、進取精神，此正如河水不斷往前流動的現象。但尚動與進取精神是如何形成智者所具有的特性呢？我們可以仔細地進入流動的自然現象來看：「流動」可直接作為世界變動不居的具體表現，但「流動這現象本身」卻又是恆常不變的。這正如孔子一生致力於學與教，但就「學與教這志業本身」是永不改變的。然而，這就是孔子所展現的智者特性：在不斷學與教的「往進」過程中，其外在看來是一種變動，無一刻之停止（故夫子云「知者動」），但這個「動」的本質卻永遠不變。在此，朱子早已看到了這個面相，而且更是透徹，所以朱熹於《四書集注》云：

> 天地之化，往者過，來者續，無一息之停，乃道體之本然也。

〔註22〕

孔子之所學，一以貫之，不只如此，還強調做人做學問的連續性，故孔子說：「君子無終食之間違仁，造次必於是，顛沛必於是。」（《論語‧里仁》）孔子所謂的仁者是要在整個連續的人生過程中始終如一的，就如同河水亦始終如一地在固定的河道上不斷地向前奔流。我們是否可以想像《論語》中孔子多次云及的「志於道」，就好像河水在自己的河道上連續地流著一般。因此朱熹又云：

> 然其可指而易見者，莫如川流。
>
> 故於此發以示人，欲學者時時省察，而無毫髮之間斷也。〔註23〕

〔註21〕皇侃《論語義疏》引陸特進曰：此章極辨智仁之分，凡分為三段。自「智者樂水，仁者樂山」為第一，明智仁之性。又「智者動，仁者靜」為第二，明智仁之用。先既有性，性必有用也。又「智者樂，仁者壽」為第三，明智仁之功已有用，用宜有功也。

〔註22〕宋‧朱熹：《四書章句集注》（臺北：鵝湖出版社，1984年），頁113。

〔註23〕宋‧朱熹：《四書章句集注》（臺北：鵝湖出版社，1984年），頁113。

不只如此，朱子在此處還以爲孔子不只自己體會此道體之本然，更要以此示人，此亦展現孔子「教不倦」的精神，故下按語：「自此至篇終，皆勉人進學不已之辭。」〔註24〕

朱熹以爲孔子是看到了河水與自己那種「不厭不倦」的精神是如此相近，看到「江河之水」與自己有此種相似精神時的那種喜悅之情，故而才有「逝者如斯夫！」這樣的詠歎。也因此孔子才說「知者樂」，同時亦在勉勵身旁的弟子要同河水般進學不已。

所以我們大概可以推想孔子在川上時所發此歎在勉人進學的程度上是比較高的。當然，在此說「程度」，是爲了不完全地抿除孔子對時不我與、道猶不興的感歎部份。只是那樣的感歎雖然存在，卻是比較內隱不顯的；整部《論語》所顯現出來的是一種「不厭不倦」、「知其不可而爲之」的進取精神，故而「子在川上」一則應該是比較傾向於勉人進學不已的。

二、原泉混混

不管河水興起了孔子對進學不已的詠嘆或是對時間流逝不已的感嘆，孟荀的重點都已經跳離感歎情懷的那方面，而從河水之德性談起，也就是該如何向河水學習？又有那些方面是值得我們做爲人生道理的借鏡呢？這是他們在看待「子在川上」一則時所關注的問題。而且孟荀在江河之水「不舍晝夜」的意象內涵上又有顯著差異，簡單地說是孟子往內談「水之本」；荀子往外談「水之德」。

（一）源泉／潦水所被賦予的涵意

徐子曰：「仲尼亟稱於水曰：『水哉！水哉！』何取於水也？」

孟子曰：「原泉混混，不舍晝夜，盈科而後進，放乎四海，有本者如是，是之取爾。苟爲無本，七八月之間雨集，溝澮皆盈，其涸也，可立而待也！故聲聞過情，君子恥之。」（《孟子·離婁下》）

由徐子曰「仲尼亟稱於水」可知孟子此段的重點已放在「水」的可取之處，而不在孔子所發的感歎處。很明顯地，由此可以看出孟子藉由回答徐子「何取於水也？」一問，是孟子對於《論語》「子在川上」加以詮釋的一段文字。

〔註24〕宋·朱熹：《四書章句集注》（臺北：鵝湖出版社，1984年），頁113。

　　我們先就字面上意思仔細來讀「不舍晝夜，盈科而後進，放乎四海」。這三句是對河水的動態描述，「不舍晝夜」是在時間上形容了河水流動不已的永恆性，「盈科而後進，放乎四海」是在空間上形容河水外貌上的連續性，河水直到最後流向大海為止，就算是中途遇到科坎也都是連續不斷地向前流動。然而，河水之所以能如此地在時空上永恆與連續地流動著，都在於它本身存在著源頭之水混混而出。

　　相較於「逝者如斯夫，不舍晝夜」來說，「原泉混混，不舍晝夜，盈科而後進，放乎四海」對於河水的具象描寫中，除了多出空間上的描寫外，孟子還點出河水之所以能永恆且連續流動的原因在於河水有混混的源泉。這四句仍是在描寫河水的實體，是前章分析中屬於水象的部份，其客觀的意義上也很明顯，不過孟子不像孔子只純粹做具象的描述，孟子下一句直接以「有本者如是」來說明這個水象背後他所要表達的主觀涵意為何。從前面的論述可知，孔子觀水是沒有原因的，只是一種「直觀」的觀察，然後才興起了某種哲思或情懷而已，那種哲思與情懷是主觀的、隱匿不顯的。然而，孟子卻直曰「是之取爾」，明確地詮釋孔子亟稱於水的原因在於「有本」。孟子並不像「子在川上」一則在程度上有著對時間流逝的感歎，亦不像宋明時強調道體無一息之停流的自強精神，而是直接探究其「不舍晝夜」的原因，也就是其有本有源，這是「子在川上」一則從孔子到孟子的轉變。

　　且看朱子對此則的註語：

　　　原泉，有原之水也。混混，湧出之貌。

　　　言水有原本，不已而漸進以至於海；

　　　如人有實行，則亦不已而漸進以至於極也。〔註25〕

這一則意象在表面上的意義是描述河水「不已而漸進」於海，背後主觀所要表達的涵意是提點徐子為人要有實行，才能「不已而漸進」於極，所以接著孟子以另一種水象：「七八月之間雨集，溝澮皆盈，其涸也，可立而待也」來反面說明抽象的「無本」概念，此種水象是一種具體的、人人皆可經驗到的自然現象。在這種現象中，陣雨過後田間水道充滿雨水與有本源而能填滿科坎再向前奔流的河水形成對比，後者存在著起點的源泉與終點的大海而且是永恆不斷地流動著；前者在時間與空間中相對於後者則是短暫且不連續的。孟子所使用的這兩個具體現象皆是前章所分析的「水意之象」，是其體；這兩

〔註25〕宋・朱熹：《四書章句集注》（臺北：鵝湖出版社，1984年），頁293。

個意象也同時具有了解水符與解讀其它文句的功能（本具而未外衍的功用能力），是其用。

關於「無本」的水符，我們在《荀子・致士篇》中可以讀到這樣的句子：

> 凡流言、流說、流事、流謀、流譽、流愬，不官而衡至者，君子慎之。

正如楊倞注「流者，無根源之謂」，無本之言或無本之譽皆是可立而待其涸也〔註26〕。我們將在下一章更深入的討論「流」這個水符在儒家經典中的使用情況。現在，我們再將視角轉回水意象之體，在解讀其他抽象文句有何效應產生。在「原泉混混」一則中主要是針對徐子人格上的缺失做出提點，我們看《四書集注》鄒氏所云：

> 孔子之稱水，其旨微矣。孟子獨取此者，自徐子之所急者言之也。
> 孔子嘗以聞達告子張矣，達者有本之謂也，聞者無本之謂也。然則學者其可以不務本乎？〔註27〕

孟子獨取「有本」來告誡徐子：「生命要能不斷地往前，其重點在其內在有本有源，能求其放心，而非求其外在的聲名」。鄒氏在此同時舉用了「達者」與「聞者」兩個較抽象的概念，這其實是出自《論語》中孔子之言：

> 夫達也者，質直而好義，察言而觀色，慮以下人；
> 在邦必達，在家必達。
> 夫聞也者，色取仁而行違，居之不疑；
> 在邦必聞，在家必聞。（《論語・顏淵》）

在孔子辨別「達者」與「聞者」兩者的描述中，使用抽象概念的描述性語言——直、義、仁。而由我們前述可見孟子是以流水具有本源與否來分判「聞」、「達」之別。達者有本、聞者無本，無本之水可立而待其涸，故君子恥之，就如同君子是恥於「聲聞過情」，因為這樣的名聲如同潦水是短暫且隨時都會消失的。我們於此，就是使用前述分析時所謂的水意象之用，以有本源的河水與陣雨後聚集的潦水兩種意象來表達抽象的「聞」與「達」兩種概念。

〔註26〕其它在《荀子》中類似的用語可見《荀子・大略篇》：「流言滅之，貨色遠之」與「流丸止於甌臾，流言止於知者」。

〔註27〕宋・朱熹：《四書章句集注》（臺北：鵝湖出版社，1984年），頁293。

（二）源泉意象的解讀之用

1. 達　者

關於達者，孔子說這種人「質直而好義，察言而觀色，慮以下人」（《論語・顏淵》），但仍然只是抽象概念的描述性語言，我們也可以試著用具體的意象性語言來了解「達者」的涵意。因為「達者」仍是非常抽象的概念，但它卻常在先秦典籍中被當作聖人的另一種代稱。

　　《史記・孔子世家》云：「孟釐子曰：『吾聞聖人之後，雖不當世，
　　必有達者。今孔丘年少好禮，其達者與！』」

　　《莊子・齊物論》：「惟達者知通為一。」

所謂達者的概念太過抽象不明，我們在此試著使用孟子「原泉混混」的意象來想像達者是怎麼樣的一種人生境界。

　　《孟子》一書中使用泉水的意象有兩處，另一則在〈公孫丑上〉孟子以「火之始然，泉之始達」來形容擴充四端的具體狀態。我最初在讀此則時感到困惑的是：火之狀態以「然」字描述容易接受，那為何泉的狀態會以「達」字來表示呢？為何孟子不使用出、湧或流字呢？我們在仔細地解讀完「原泉混混」一則中的兩種水意象之後，孟子除了明確地以「雨集溝盈，可立而待其涸」的具體自然現象來讓人了解世間「聲聞過情」是怎樣的情況。最妙的是，孟子以源泉有「本」才能長流不盡的自然之理，讓人了解「君子務本，本立而道生」（《論語・學而》）的人生之理，所以「達」字更能表達泉水始於微小，之後卻能盈科後進，廣而流傳無所不至的涵意。由此可見自然界「泉」湧而出的現象，可用來當作解讀《論》、《孟》中不易了解的抽象概念「達者」。

　　流水之為物也，不盈科不行；

　　君子之志於道也，不成章不達。（《孟子・盡心上》）

因此，我們應該可以藉由「原泉混混，不舍晝夜，盈科而後進，放乎四海」的具體意象性語言來想像「務本者」與「達者」之間的關聯與其人生修養的境界。這也是朱熹注云「此章言聖人之道大而有本，學之者必以其漸，乃能至也」〔註28〕之意。

2. 自得之者

　　以水之「源」作為「本」的具體意涵，除了外在所顯現出不舍晝夜的江

───────────────

〔註28〕宋・朱熹：《四書章句集注》（臺北：鵝湖出版社，1984年），頁356。

河之水外,「源」的內在性質是它的水乃由本身所自給自得,不假外求。在〈離婁下〉中記載著孟子說過的一段話,其云:

> 君子深造之以道,欲其自得之也。自得之,則居之安。居之安,則資之深。資之深,則取之左右逢其原。故君子欲其自得之也。

我們從朱熹注語看起:

◎「造,詣也」、「深造之者,進而不已之意」

◎「君子務於深造而必以其道者:欲其有所持循,以俟夫默識心通,自然而得之於己也」

朱熹以為「君子深造之以道」此句的意思是:君子致力於進學不已,必依循特定的方法(道)。這裡朱熹以為孟子這一段話是在說明「深造」學問之道需以「自得」為始。故先求自得於己,不假外求才能「居之安」,安於己得之後才能逐漸深入學問的核心,最終進入左右逢源的境界。但在「君子深造之以道」這一句上,趙岐注語中卻另作解釋為:「君子問學之法,欲深致極竟之以知道意,欲使己得其原本,如性自有之也。」〔註29〕趙岐以為「道」是深造之後「得其原本如性自有之」的一種境界,朱子則以為「道」是一種做學問的進程,主要是因為「君子深造之以道」一句句法的模糊不清,而形成這兩種解釋。朱熹的詮釋是倒裝此句為「君子以道深造之」;趙岐則以為此句的句法應為「君子欲深造之以致於道」。兩種解釋皆無不可。我們從這兩家的注解可見「自得」可以是為學的最初步驟,亦可是為學最終所達到「性自有之」的境界。前為始,後為終。究竟如何去理解較為適當呢?

我們可以從「源」的具體性質來詮釋孟子的這一段話。首先我們知道「源」應處於土地或岩壁深處,它是地表表面的江河之水的來源,故江河之水並非自得,其水是來自於「源」,惟有「源」本身之水才是自給自得的(源=自得之水)。再者,不像江河之水只要走至河邊即可獲取,源泉之水的取得必定需要花費氣力,故「自得之水」需得在努力鑽鑿至土地或岩壁深處才能取得。由此意象的推衍,為學的「自得」境界應在「深造」之後。也就是以自然界的源泉來說,必先在一處努力鑽鑿深入才有可能抵達源泉所在,深造於源泉之後才能獲取自得之水,為學者於此即如同源泉般自給自得,不假外求。故為學亦好像在廣大的世事中尋找一處能安居的小世界,唯有專注於一點努力

〔註29〕清・焦循著;沈文倬點校:《孟子正義》(北京:中華書局,1987年),頁558～559。

地往下鑽鑿，才有可能達於自得之境。此自得之境又可成為安居於另一門學問的基礎，再往下深鑿。如同探源可以不止在一處，你可以在一地往下鑽鑿而深造其源，又可在另一地努力鑽鑿而達於同源，所鑽鑿之處相差百里，卻能達於同源。求學亦同此理，故君子必先求深造一門學問之源、一門學問之自得，才能達到「取之左右逢其原」的境界，此即最終自得悠游之境。我們由此鑿源的意象對此則所作的理解為：「自得」是一門學問「深造」之後的境界，它同時又可作為另一門學問「深造」與「安居」的起點，因為有此自得之境才能「居之安」進而「資之深」，故而在鑽研多門學問而造於同源之後，自能左右逢源。

三、東流之水

　　後期的的荀子已不再像孟子一樣去探求「不舍晝夜」的原因，而是想像江河之水日夜不停流動過程中的各種具體樣態的形象，再賦予這些形象眾多的美德：

> 孔子觀於東流之水。子貢問於孔子曰：「君子之所以見大水必觀焉者，是何？」孔子曰：「夫水，遍與諸生而無為也，似德。其流也埤下，裾拘必循其理，似義。其洸洸乎不淈盡，似道。若有決行之，其應佚若聲響，其赴百仞之谷不懼，似勇。主量必平，似法。盈不求概，似正。淖約微達，似察。以出以入以就鮮絜，似善化。其萬折也必東，似志。是故見大水必觀焉。」（《荀子・宥坐篇》）

不像孟子是站在他者的視角，對「子在川上」一則加以詮釋，荀子反而直接從「子在川上」這個場景來設想一種孔子與弟子子貢站在河畔觀水的情境，藉由子貢問：「君子之所以見大水必觀焉者，是何？」來開始表述江河之水的具體形象所帶給人的多方啟發。我所謂多方面啟發，是指荀子在「江河之水」流動的過程中聯想到「大水」的各種形象：它可能在山間流經百刃之谷而成激湍，流經窪地時積聚而成一平靜的湖泊，流到聚落時被引至灌溉河渠，或流到下游處和緩地前進，河面寬廣而顯其洸洸乎不淈盡的樣子；荀子已經從單體的「不舍晝夜」之意象轉化成河水一生所經歷的各式形象，而引發君子各種立身處世之道的聯想。

　　經由前述的分析我們可以理解，孔子與孟荀在觀水上最大的不同在於：孔子感於水體而興起個人感性的直覺經驗；孟荀則是通過語言的設計而指示

了某種具有價值判斷的涵意或理念，這些涵意或理念是他們把內心的感覺經驗對象化，也就是把內在的感覺經驗，客觀地放在對面，去反省，去重新想一遍。孟子看到「源泉混混，不舍晝夜」、「七八月之間雨集，溝澮皆盈，可立而待其涸」而具有這些感覺經驗，他經由反省後瞭解到真正的價值在於「本」；荀子更進一步地連結各種水的形象經驗，再加以對象化、去反省，從大水的各種屬性與狀態中創造出具有價值意向的德性來。接下來我們將仔細分析〈宥坐篇〉此則中所述大水的各種形象於下：

（一）夫水，遍與諸生而無為也，似德 [註30]

此句描寫了「水能遍生萬物」（楊倞注）的普遍客觀經驗。在《孟子》中也記錄了水這種物質助長功效之速的類似語言：「七八月之間旱，則苗槁矣。天油然作雲，沛然下雨，則苗浡然興之矣」（《孟子·梁惠王上》）。我們可以從這樣的句子窺見孟子個人經驗中水能浡興槁苗的客觀形象，這種客觀的形象就成為王者施德政於民的具體意象。而不管是水或王者，其遍與諸生的行為，都沒有目的性，故稱「德」。「遍與諸生而無為」是水具有的客觀意義，藉由孔子所云「似德」，則是經由個人所附加上去的價值涵意，這個主觀的價值，即是抽象的「德」。此則水之意象中「遍與諸生而無為」的客觀意義是不變的，但它卻可以被附加上各種主觀的創造性價值來，如《老子·八章》就在相同的意義下稱水是幾近於「道」的。相同的意象，在先秦儒家的語言中則具有為政者之「德」的涵義在裡頭，因為「水」與「德」皆具有滋潤他者的功能，而且水流行的特性正可被取來喻德之傳布，故《孟子》有「德之流行，速於置郵而傳命」這樣的文句。水、德就在滋潤與傳布兩者的特性上相似，所以在儒家所使用的水符中，滋潤的特性常會運用到「澤」這個字，傳布的特性常會運用到「流行」這個詞彙，這我們也將在下一章分別談論。總之，荀子在水與德的意象中，只專注在兩者皆能滋潤萬物的面相。

（二）其流也埤下，裾拘必循其理，似義

這一句所描寫的河水形象，見楊倞注云：「裾與倨同，方也。拘，讀為鉤，曲也。其流必就卑下，或方或曲，必循卑下之理」。楊倞把此句解讀為水流向

〔註30〕水之下，舊有「大」字，今從王念孫校刪。王念孫曰：「遍與」上不當有「大」
字，蓋涉上文「大水」而衍。據楊注云「遍與諸生，謂水能遍生萬物」，則無
「大」字明矣。

—42—

低窪處時依地理形勢不同而形成或方或曲的水潭；所謂的卑下之理即是指低
窪處的地理形勢，水不可能在方形的地勢中形成一圓形的水潭，這是不可能
成立的，故在「水必循其理」這個客觀可見的意義上，再附加上荀子個人的
主觀價值意向上去，這個主觀的價值，即是抽象的「義」。在此種意義的解釋
上，《說苑》「循理而行，不遺小間」與《韓詩外傳》「夫水者，緣理而行，不
遺小間」的意象畫面是相同的，但前者為「似持平者」後者為「似有智者」，
這兩者相異處只是在個人附加在意象畫面的主觀涵意不同所致。

　　另外，對於這一句所描寫河水的具體形象，還有另一種解釋，主要不同
是在「裾」字上解讀的不同。裾與踞（本作居）同，《說文》：「居，蹲也」，
蹲踞時身體必為弓曲，故踞亦訓為曲。所以此句亦可被解讀為：水流向下時
僅管迂迴曲折卻必定遵循一定的水道而流。駱瑞鶴曰：「今以為此『理』字本
謂水道」。此時，對於「義」理解，就被另一種具體形象——「水必循河道而
流」所取代了。

　　「理」這個字，在戴震《孟子字義疏證》中特別加以詮釋的其中一個概
念〔註31〕。此書的一大特點是載震在詮釋孟子思想時，必先從語言層的「離
辭」開始，當字辭在歷史的意義中分析清楚之後才開始進行詮釋的工作。他
在書中這麼說「理」這個概念：

> 理者，察之幾微必區以別之名也，是故謂之分理；在物之質，曰肌
>
> 理，曰膚理，曰文理；得其分則有條而不紊，謂之條理。

戴震一開始即以自然之肌理、膚理、文理的具體物質說明「理」的特性在其
能達到「分別」效應，則能「有條而不紊」而不會全混在一起。這引伸到人
世間的倫理來，故《樂記》曰「樂者，通倫理者也」，鄭康成亦注「理，分也」。
人與人的關係亦要有所「分別」才能「有條而不紊」。所以「理」本是指涉具
體物質上條紋的一個字，當我們想像河水在大地之上流動時，「必循其理」的
「理」字應指水在大地上的一條一條的水道而言。試想像水無理而流時會如
何？那即是「無分別」的氾濫狀態。故我們可以從水必循河道而流的意象中
揭明出：水必有「分」才能有條而不濫；自然世界中水必需沿著其所當行之
道（之理）世界才能有條不紊，而社會中的人亦是如此。此種把當行之道放

〔註31〕全書共分八目（即討論《孟子》中的八個重要概念）為：卷上「理」十五條。
　　　　卷中「天道」四條、「性」九條。卷下「才」三條、「道」四條、「仁義禮智」
　　　　二條、「誠」二條、「權」五條。

在心中且徹底地去實行，則是「義」的表現。

　　有法而無志其義，則渠渠然。（《荀子・修身篇》）

陳奐曰：「渠渠，猶瞿瞿。〈齊風〉傳云：瞿瞿，無守之貌。」雖然「義」在
先秦儒家是一個外沿廣大的重要概念，但我們可以用「有守」來概括它。有
守之水或是有守之人即是循理的展現。故孔子云「君子固窮，小人窮斯濫矣」，
所強調的亦是君子的固守之義。〔註32〕

（三）若有決行之，其應佚若聲響，其赴百仞之谷不懼，似勇

　　當我們要借用具體的意象，來了解作者背後所要表達的主觀涵意（如此
則中的各種美德）是什麼時，這「具體的意象」就必需非常明確地被讀者所
了解，最好能清楚明白地印記在腦中。就好像這一則中，水的具體意象就可
分成幾個層次來解讀。

　　楊倞注云：「決行，決之使行也」。關於決這個字，也是屬於我們上述說
的「水符」，我們看《書經・益稷》「予決九川」或《孟子・滕文公上》「決汝
漢，排淮泗」這樣的文句可知，所謂「決」在古代是疏通水道的意思，「決之
使行」即是河水被疏引至水道而流（《說文》「流，水行也」）。文中以「若
有」做假設語氣，故前兩句中水意象的客觀意義為：「假若疏通之，那麼水就
如同響之應聲般立即相應而流」〔註33〕。此種客觀意義被作為賞譽一個人決
策或判斷事情果斷迅速的正面的形象，如《南史》就以「穆之內總朝政，外
供軍旅，決斷如流，事無壅滯」〔註34〕來評判劉穆之為軍為政的行事風格。
「決」字是帶有水意象存在的水符。它的初始意義在涉入主觀的意向後，這
意向也將一直附著其上而產生新的涵意。這種從初始意義逐漸受主觀意向影
響所創造出來具有人文新義的符號（如上述決字從疏通義至判斷義），這在先
秦典範中也非常常見。我們將在下一章中列舉多種水符來討論。

　　了解「決」字的初始義與意象的關係後，我們要知道荀子所使用「決」
字中的句子應當是比較偏向「疏通之水流行迅疾」，我所說偏向的意思是「決

〔註32〕關於「君子固窮，小人窮斯濫矣」此則水意象中所展示的人格意涵，我們在
　　　　第四章亦有詳細的分析。
〔註33〕這裡採用王念孫注解中以「疾」訓「佚」字。楊倞注：「佚，與逸同，奔逸也。」
　　　　王念孫曰：「『奔逸』與『聲響』，義不相屬，楊說非也。佚，讀為呹。呹，疾
　　　　貌。言其相應之疾，若響之應聲也。古無『呹』字，故借『佚』為耳。」
〔註34〕出自《南史》，卷十五〈劉穆之傳〉。另外的例子見《周書》，卷三十四〈裴寬
　　　　傳〉：「漢善尺牘，尤便簿領，理識明瞻，決斷如流。」

行之」亦可被解讀成「決斷而行之」，只不過這樣就少了那一份河水的意象了。我們應當了解「決斷」的意思是從水的意象而來的。因此，我們可以看出荀子藉由「決斷如流」與「赴百仞之谷不懼」的兩種形象來表達「勇」的價值意向。

（四）其洸洸乎不淈盡，似道

楊倞所注「洸，讀爲『滉』。滉，水至之貌」並不能清楚地表現此則水的形象。我們看《說文》注「洸」爲「水涌光也」，可見洸洸或水至之貌是一種水勢浩大深廣的樣子。《詩經・大雅・江漢》：「江漢湯湯，武夫洸洸」，其中「洸洸」一詞在詩句中用來形容武夫有著威武、果毅的樣子。駱瑞鶴曰：「毛傳：『洸洸，武貌』。蓋以大水涌至不竭以譬武夫之勇，故毛公以『武貌』言之，然則洸洸、滉滉、潢潢、浩浩，義皆同耳。」

「洸洸、滉滉、潢潢、浩浩」皆是一種水涌至不竭浩大深廣的樣子，也就是楊倞所注的「水至之貌」，水的此種具體形象，在荀子主觀價值中被取來作爲「道」的意象；在〈江漢〉中則被詩人取來作爲「勇」的意象。其中「洸洸乎不淈盡」的意象畫面是相同的，差別在於主體在畫面中所興起的不同意向。一則在道，一則在勇。我們需要先認清那抽象概念背後，意象所呈現出來的畫面爲何，才能相應理解他們主觀所表述的概念。

《論語・學而篇》中有子曾言：

君子務本，「本」立而「道」生。孝弟也者，其爲仁之本與？

「本」與「道」皆是不易理解的概念，但由本章所舉的眾多水體之中，我們可以擷取「原泉混混，不舍晝夜」的現象來說明「本」的概念；以此則中「洸洸乎」所描述大水涌至不竭浩大深廣的樣子來說明「道」的概念。從河水「原泉混混」與「洸洸乎」的兩種樣態來理解「本立而道生」這樣的句子時，我們可見到儒家之「道」乃是如同河水義無反顧般奔流向前的剛健之道，如同〈江漢〉一詩中以「洸洸」一詞形容武夫之貌，先秦儒家的思想中亦以爲：惟有混混不絕的原泉才能造就君子浩然剛健之道。以此，又可看出儒家之剛健之道與道家柔弱之道在水象之體悟上的分別。

（五）以出以入以就鮮絜，似善化

此句描寫了「萬物出入於水，則必鮮絜」的普遍客觀經驗。在這個客觀可見的意義上，荀子附加上人世間「善於教化」的一種德性。水能把東西洗

淨來比喻其善於教化的美德，就此點來說，不一定是指江河之水，任何形式的水都能把物質洗淨，但是唯有流動之水才能具有永久清洗的能力，若是一潭死水，像是封閉的、沒有流動的水，則在不斷的清洗污漬以後，會被同化、會被污染。所以，這裡強調其流動的水才具有清潔之用，如同為人師者亦需不斷地進學才能具有永保教化之德，那種「尚動」的概念是隱藏在後面的。駱瑞鶴在這一點上也看見了此條意象上所興起的善化之德，不只呈現善化者表面「使人去惡就美」（楊倞注）而已，在大水流動意象的背後還隱藏著君子之所以具有善化之能的原因，我們見駱瑞鶴注云：「就，訓逐，訓成。此言『以出以入』，猶言以往以來。言水之西來東往，流行不輟，因而成就其新鮮淨潔之性，如此則似善於變化者也。」馬氏解讀之法，即在深入沉浸在一則意象之中，那背後隱藏的抽象涵義即如在目前。

如前所述，大水不斷向前奔流的意象可以做為一種「學而不厭」、「知其不可而為之」的進取精神，故而「子在川上」一則應是較傾向對於進學不已的讚嘆。因為唯有這種進學不已的尚動精神存在，才能永保教不倦的「善化」能力。「學不厭」是「體」，「教不倦」的善化能力是「用」。

（六）其萬折也必東，似志

楊倞注語云「雖東西南北，千萬縈折不常，然而必歸於東」為荀子所舉的最後一種大水形象，它的客觀意義非常明顯，所展現出來的意象也非常鮮明。我們可以經由「大水萬折也必東」這樣的句子中看見「河水最終將東歸於海」與「河水於固定河道上不斷東流」這兩種形象。

孔子重視學，荀子也重學，荀子所謂的學是在積累的基礎上，故有云「不積小流，無以成江海」（《荀子·勸學篇》），而江海之積累又要由無一息停留的河水才能逐漸積累。此種積累的功夫即是實踐力行的功夫，程子云「志不篤則不能力行」〔註35〕，即在說明實踐力行的功夫又在於擁有堅定的志向。我們同時可以在《荀子·修身篇》讀到「篤志而體，君子也」這樣的句子，王念孫注「體，讀為履」。「堅定志向必同時以身體力行之」是抽象的人生意義，所志、所履之「學」也是既抽象又廣泛的概念。不管是篤志、履志或志於學都是抽象的人生意義，然而此句「其萬折也必東」已把君子進學不已的志向隱含於流動的河水之中了。錢穆曾經說道「志」這個概念在《論語》中

〔註35〕此為程子注「博學而篤志」（《論語·微子篇》）之語，見朱熹《四書集註》，頁189。

是「心所欲往，一心常在此目標上而向之趨赴之謂，故『有志』必『有學』，
志學相因而起」〔註36〕。錢穆所謂「一心常在此目標上而向之趨赴」的說法
正可用大水「東歸於海」的意象來表達，強調志的「目的性」。大水必有東歸
於海的目的性，人也必有成學的目的性存在。

　　君子之志於道也，不成章不達。（《孟子‧盡心》）

　　子曰：「士志於道，而恥惡衣惡食者，未足與議也。」（《論語‧里仁》）

　　子曰：「志於道。」（《論語‧述而》）

除了「志於學」之外，「志於道」在孔子的思想中也佔有重有的地位，朱熹注
「志者」為「心之所之之謂」，注「道」為「人倫日用之間所當行者」，此水
之所當行的河道正可類比於人之所當行的人倫日用之道，從這樣的觀點我們
就不把「道」當成一個最終的目的，而是強調「河水不斷東流」過程中循道
而行的必須性。大水最終的目標在海，但大水並非從源頭開始以直線的最短
距離直接奔流向海，而是依著特定的水道而流，所謂的「人道」也正可從此
種自然的現象推想：我們有成學與顯達的目標，向目標趨附的過程也必須依
循著人倫日用之道。故我們應當理解先秦儒家所謂的「志」，並不是只有目
標，同時需要有「道」，故云「萬折」，點出了趨赴目標的過程中「必」依道
而行的特性。

　　從此種意象的觀點就可以明確的辨識出「志於道」之「道」並非在強
調追求一種形上終極的境界，此道當不同於前述「洸洸乎不淈盡」的終極道
體。

（七）淖約微達，似察

　　在《莊子‧逍遙遊》中「淖約」一詞被用來形容「肌膚若冰雪」的處
子。李頤注「淖約」為柔弱貌。同於楊倞所注「淖，當為『綽』。約，弱也。
綽約，柔弱也。」在這裡，「淖約」給我們的意象為水的至柔之貌，因此至柔
才能達到「微達」的效應。楊倞在接下來的注語中，把此條「淖約微達」的
意象解讀的非常好，其曰水「雖至柔弱，而浸淫微通達於物，似察者之見細
微也」。也就是說，在「水能通達於物品中的任何微小的隙縫」這個客觀可見
的意義上，再附加上荀子個人的主觀價值意向上去，這個主觀的價值，即是
君子能細察於物的特性。然而，此種客觀意義會讓我們聯想到我們常用的

〔註36〕錢穆：《論語新解》（臺北：東大圖書，2005年），頁29。

「浸潤」、「涵泳」這樣的詞彙。在《論語・顏淵》「浸潤之譖」中，朱子注「浸潤」一詞所呈顯的意象爲「如水之浸灌滋潤，漸漬而不驟也」〔註37〕，此種「浸灌滋潤」的用語在朱熹的《朱子語類》中比比皆是，如其云「義理浸灌未透，且宜讀書窮理」〔註38〕、「沉浸專一於《論》《孟》，必待其自得」〔註39〕。朱子喜歡以浸於水中之物來類比抽象的義理與《論》《孟》思想，它們需要漸漬而不驟的長久積累才能使水通達於其中的任何微小的隙縫。「長久地沉浸其中」是其做學問的態度，而且朱熹以爲這漫長的過程並不乏味，故其在回答弟子如何解讀〈中庸〉章句時，這麼說道：「且涵泳玩索，久之當自有見」〔註40〕。沉浸的過程對他而言是玩索、是趣味。在朱子的用語中時常以此種水意象語言（水符）概括成學的過程，而且是非常簡明扼要的概括。因爲本論文只討論先秦儒家，故這裡我們不再多談，我只是想強調水意象對於理解歷來儒家的語言都具有適度的功效。

（八）主量必平，似法。盈不求概，似正

「主量必平」與「盈不求概」乍看之下，似乎不像東流之水的形象，其實不然，我們常把江河之水與平面之水統稱爲「江湖」，由此，也許我們可以做這樣的聯想：江河之水流經低窪處、山谷處會積聚成湖，上述說了江河之水的流動性，那荀子應當很自然地聯想到靜止的湖水。湖水表面上靜止，卻也屬於江河的一部份，它有江河的入口，亦有其出口，它是江河過渡的平靜水面處。

世界上任何一處的水面皆是「平」的，此爲自然界外顯的律則。那爲什麼「法」的概念會和水之「平」的屬性相聯結呢？

> 水，準也。北方之行。

> 法，刑也。平之如水。（《說文解字》）

正如我們在第二章曾提過，由於在古人的思維底時常以實體（物象／現象）所內包的某種屬性來定義一個符號的最初意義。因此古人取「準」這個屬性

〔註37〕宋・朱熹：《四書章句集注》（臺北：鵝湖出版社，1984年），頁134。

〔註38〕宋・黎德靖編，王星賢點校：《朱子語類》（北京：中華書局，1994年）第十一卷。

〔註39〕宋・黎德靖編，王星賢點校：《朱子語類》（北京：中華書局，1994年）第十九卷。

〔註40〕宋・黎德靖編，王星賢點校：《朱子語類》（北京：中華書局，1994年）第五卷。

來定義「水」的初始義〔註41〕。段玉裁注「天下莫平如水，故匠人建國必水地」〔註42〕，尤此可知古人建國（之具體建築物）時必以水之平準的特性爲用，因此引申水的此種（平準的）特性做爲建國（之形式制度）時的具體性描述。「法」在荀子之思想體系中即是一種國家必需存在的、外顯的、形式上的制度。

雖然在荀子的思想中，著重禮的「制度義」，似乎在治國思想上偏向於依循著具體的制度──「法」。但在荀子思想中「禮」不只做爲治國之用，更是修身、養生的重要準則，故我們先簡略地區分「禮」「法」兩者在《荀子》一書中的不同之處。我們先就禮與法的本質上來說，它們兩者同爲社會的生活規範，故本質上應該沒有差異之處。雖然禮與法在概念上無本質上之異，但當它們在特定的政治區域間即顯現出兩者的不同特性。這也是荀子特別加以辨別的部分，在荀子的思想體系中，「法」是一種外顯的「他律」規範，是爲了禁止庶民之惡由國家權力所制裁而成的。反之，「禮」則是由社會文化之內在力量所形成的「自律」規範，著重在個人內在道德之興發或是社會內部之制裁力。〔註43〕

> 由士以上，則必以禮樂節之；
>
> 眾庶百姓，則必以法數制之。（《荀子・富國篇》）
>
> 雖王公士大夫之子孫也，不能屬於禮義，則歸之庶人。
>
> 雖庶人之子孫也，積文學，正身行，能屬於禮義，則歸之卿相士大夫。（《荀子・王制》）

由以上兩引文可知，禮與法在「適用對象」也有明顯的差異。禮適用於士人以上；法適用於庶人。依荀子之意，士人與庶人並非以政治上的階級作爲標準，而是在（個人內在的）道德上能否「屬於禮義」作爲區分的判準。由此可知「法」與禮相較來看，是作爲外在的行爲價值判準，是庶人階級所適用的。

我們再回到「主量必平，似法」中所表現的水意象來。楊倞的注解中則清楚地描寫了此條意象的具體畫面，其注云：「主，讀爲注。量，謂阬受水之

〔註41〕《釋名》、《廣雅》、《白虎通》亦皆以「準」訓水。

〔註42〕段玉裁著：《説文解字注》（臺北：藝文印書館，民國96年），頁521。

〔註43〕李哲賢：《荀子之核心思想：『禮義之統』及其現代意義》（臺北：文津出版社，民國83年），頁164。

處也。言所經阬坎，注必平之然後過，似有法度者均平也。」依此，社會國家中的君者（在上位之有法度者）為「主量必平」一語的主詞，君者具有主導性的地位，正如大水「必平之然後過」，他能創建平等的法律制度。

　　無治法，羿之法非亡也，而羿不世中；禹之法猶存，而夏不世王。

　　故法不能獨立，類不能自行；得其人則存，失其人則亡。

　　法者治之端也，君子者法之原也。（《荀子・君道》）

「法」只是治國的端點，重要的還是在（個人內在的）道德上「屬於禮義」的君子。就如同水之「平」只是水所顯於外的其中一種屬性，必需要有足量的水才能產生「注平阬坎然後過」的效應。故水是本，平只是外顯的屬性；在治國上君子是（原）本，「法」本身並無法自行運作。君子（制法與執法者）必需先以禮義自正，「法」之運作才可能有效用產生。故荀子所謂「君者槃也，民者水也，槃圓而水圓。」（《荀子・君道》）的前提亦在君者能以禮義自正。

　　在「盈不求概，似正」一語中，楊倞注云「水盈滿則不待概而自平」。「主量必平」的視角是從一個具有注平大小不同科坎能力的（在上位的）主體著眼；「盈不求概」的視角則是就水本身來說明它自己是不需要刮平斗斛的器具就能「自平」的物質。故水能自正，可就君子能「屬於禮義」說，而荀子所謂的「法」並不能獨立存在，它在施政的運用上需要自正於禮義的君子，這裡強調「禮義」是因為在荀子的思想體系中「法」更需以「禮」作為根本。禮是法的依據。

　　我們從楊倞注「量」為受水之處，很容易聯想到前述孟子所云「原泉混混，不舍晝夜，盈科而後進」的話語。兩人觀於流水「盈科」的現象後，孟子見水之「本」而求人之本（此就個人說），先求其本才能成章成達；荀子則見水之「平」來呈顯抽象的治國之「法」（此就社會國家說），亦先要以「禮」（或以禮義自正的君子）為根本才能創制「法」之為用。故《荀子》中多次提到「禮義生而制法度」（《荀子・性惡》）此類「以禮攝法」的思想。〔註44〕

　　本小節仔細透視「東流之水」的八種形象，再經由正視這些形象來了解荀子所要表達的主觀涵意。歷代除了荀子之外，還有《春秋繁露・山川頌》、《大戴禮記・勸學篇》、《說苑・雜言篇》、《孔子家語・三恕篇》、《初學記》

─────────────

〔註44〕相似的文句如：「故非禮，是無法也。」（《荀子・修身》）、「禮者，法之大分。」（《荀子・勸學》）、「生禮義而起法度。」（《荀子・論禮》）

皆有相似的文字，它們皆使用河水的各種形象來比喻君子的種種美德。有趣的是，這些文本皆在漢代，在當時河水的這些形象似乎自荀子以後，已具有一種典型的意義了。也就是說，從荀子以降，大水的不同意象（水象被荀子所賦予涵意）已經逐漸具有典型化的涵義了。

東流之水所呈顯的形象與其涵意關係

出　　處	所要表達的抽象概念	水體同於《荀子》之數
《荀子・宥坐篇》	德、義、道、勇、善化、志、察、法、正	
《說苑・雜言篇》	德（有德者）、仁、義、智、勇（勇者）、察、包蒙、善化（善化者）、正、意；力者、持平者、有禮者、知命者、有德者、聖者	8
《孔子家語・三恕篇》	德、義、道、勇、善化、志、察、法、正	9（全同）
《大戴禮記・勸學篇》	德、仁、義、智、勇、察、貞、善化、正、屬、意	8
《韓詩外傳・卷三》	有智者、有禮者、有勇者、有德者、知命者	1

除了《韓詩外傳》之外，其餘漢代的文獻中水的形象與所要呈顯的概念之間大體都是同於上述〈宥坐篇〉一文中所做的分析。

四、小　結

在第二章中我們曾提到：「分辨先秦儒家文本中『水』所指涉的實體（物象／現象）即為本論文的首要任務」。故在本章中，我們都先仔細探究文本中「水意象」中所呈顯的「實體」到底是什麼作為詮釋的基礎。比如在《論語》中我們從「逝者如斯夫，不舍晝夜」的文句中看到了「不斷流動河水」的形象，從這樣的現象中對「逝」與「夫」字產生疑惑：究竟孔子看到的是不斷流逝的河水，還是不斷奔流向前的河水呢？它讓孔子興起一種憂嘆之情，或是它奔流的樣態供給孔子一種讚嘆的情緒呢？這些疑問是從正視「實體」開始的，因此我們才會開始尋找此則中「逝」的兩種意義，也才引伸出孔子所具有的兩種人生態度，最後我們推出即使「道不興」的悲嘆之情表面上看起來是消極的，其實內在乃是其進取不已的處世態度使然。我們從此則中只能純就那水體的形象來想像孔子可能存在的情感，相對於孟荀來說，「逝者如斯」一則中所描述的水體並沒有指向任何抽象概念。

在《孟子》「源泉混混」一則中，雖然以兩種水象：「有源之水」與「可

立而待其涸的潦水」來告誡徐子人生重在求其「本」,「本」亦是此則中所要指涉的概念,但本與源仍然具有關聯性。在《孟子》中並沒有直接以這兩種水象指涉明確的抽象概念,所以我們接下來便使用這兩則水象來詮釋孔孟所謂「聞」與「達」,這即是這兩則水象所內涵的意象之用。

另外,在《荀子》「孔子觀東流之水」一則中,則已明確地以各種不同的水象指涉各種概念。若把孔子最初所謂的「不舍晝夜」當成河水之「體」的話,荀子又更進一步從不斷流動的河水之體創造各式各樣的水意象,把它們「用」來指涉各種美德的概念。我們試著以水象分析的角度來詮釋抽象的價值意向與涵義,因為指涉明確,故我們使用荀子所描述大水的各種形象為「體」,以作為其它抽象概念的解讀之「用」。當我們問「德是什麼」、「義是什麼」、「勇是什麼」……時,我們不再需要用概念去堆砌命題,也不需去構思寓言或回想歷史事件,只需連想到先哲們所提點的那幾幅水意象,如想像那大水赴百仞之谷不懼、裾拘必循其理或是其以出以入以就鮮潔的意象,那紛陳的「勇、義、善化」的概念就瞬然具現於腦海之中了。這也是本章試著以水的實體之象作為詮釋義理的主要目的。

從本章所舉《論語》、《孟子》、《荀子》的這三則水體的章句中,我們可以看出先秦儒家水意象在水體上,從「逝者如斯夫」章完全沒有指涉特定概念,到「原泉混混」章點出與「源」相近的概念「本」來;我們再從有源有本出發,指出其作為理解儒家聞、達的效用。最後,「東流之水」章則已經明確地指涉各種概念,使得水體與概念間有了明確地聯結,故而那已被賦予概念的各種水體自然可作為詮釋其它具有相同義理之章句之用了。對同一水體(不斷流動的河水)在孔孟荀三家形成一流變的過程,逐漸從沒有指涉特定概念到明確指涉,我們可以說前者賦予水體一種「感發義」,這一類意象(「逝者如斯夫」)作者感於人事物象所生的直覺經驗,因此讀者(或研究者)對於此類意象是可以自由興感的;後者則被賦予一種「指示義」,這一類意象是通過語言的設計而明確地指示了某種具有價值判斷的意向或理念。以感發義與指示義來作為這三則水體的分類標準時,《孟子》「原泉混混」一則中的語言剛好處於模糊地帶,它已經直接指示了「本」的概念,但「聞」「達」兩者又似乎隱涵其間,可供讀者自由意會感發。在此仍在程度上把它歸於偏向感發義的一方。孟子以其雄偉的辯才發揚了孔子的儒家思想,他以孔子學說中的「仁」「義」與其思想中的「性善」學說當作為文(發言)的根本,故《孟子》

一書在爲文的風格上正如原泉一般滔滔奔流不盡。相較來說，我們從「東流之水」章可見《荀子》一書大都是對於實體或義理本身的反省之後再經過語言的設計而寫成的文字。故從這兩則中，也可以明顯看出《孟子》《荀子》兩書爲文風格的不同之處。

　　不管是「逝者如斯夫」章、「原泉混混」章或是「東流之水」章，經由我們的論述，它們大抵上都是在向水體學習，從而體悟出一種人生的涵意來。這種從客觀實體之象（物象或現象）到主觀涵意的表達過程是從「觀」開始的（如子在川上、孔子觀東流之水）。先「觀」然後再從所觀之實體中體悟出某種涵意來，而這些涵意會經由後人不斷地解讀、理解、接受之後形成附與此實體其上的涵義，當此涵義附與其上而且在當時社會中形成一種普遍性的共識，那社會情境中的成員就可以直接從此實體來興起那原本是主觀的涵意來。以前面論述的「原泉混混」此一實體來說，我們已經能從「原泉」此一實體興起原來只屬於孟子思想底──「本」的涵意。我們可以自己觀察有泉之水能填平科坎而不斷流進的經驗（直接經驗）快速地聯想到人生有「本」的必要性。此種直接從實體獲至意義（我們在這裡把意義當成：由個人主觀涵「意」而逐漸變成普遍性的客觀涵「義」），可說是一種「意象式的意義」。前述三則之水實體都是自然界的經驗，所以在作爲一種可獲至的意義時有其侷限性，因此人總想到自己創造一種實體擺在生活起居之中，此種水之實體我們可以「宥坐之器」爲例：

> 孔子觀於魯桓公之廟，有欹器焉，孔子問於守廟者曰：「此爲何器？」
> 守廟者曰：「此蓋爲宥坐之器。」
> 孔子曰：「吾聞宥坐之器者，虛則欹，中則正，滿則覆。」
> 孔子顧謂弟子曰：「注水焉。」
> 弟子挹水而注之。中而正，滿而覆，虛而欹，
> 孔子喟然而歎曰：「吁！惡有滿而不覆者哉！」
> 子路曰：「敢問持滿有道乎？」
> 孔子曰：「聰明聖知，守之以愚；功被天下，守之以讓；勇力撫世，守之以怯；富有四海，守之以謙。此所謂挹而損之之道也。」（《荀子·宥坐篇》）

《韓詩外傳》與《說苑》皆云：「觀於周廟，有欹器焉。」可見欹器從周代就已存在。在故宮博物院中亦藏著一對高 45.5 釐米、長 18.7 釐米、寬 14 釐米

的銅質鎏金器物，上面刻著「光緒御制」的四個字樣，中央吊掛著一個直徑
12 釐米、高 14.7 釐米的杯狀容器，它正如此宥坐之器，擢水而注之適中時很
平正，水滿了就傾覆，水空了就成傾斜之狀。可見它可能是歷代皇室皆存有
的一種器物。我們可以借用此種器物被注水時所呈顯的特性，直接獲至「守
愚」、「守讓」、「守怯」、「守謙」的意義。這種器物即是一種刻意創造出來、
附有特殊涵義的實體〔註 45〕，這正可與我們本章所討論的自然河水實體相
對。當我們以「水體」來解讀水意象時，重點已不是水體本身的客觀意義，
而是先哲們所附與其上的涵意，與它逐漸黏附其上、不可分割的涵義。本章
即在把這些意義給揭明出來。

〔註 45〕敧器這種實體，古代被放置在右坐做爲警惕的器物。

第四章　「水符」所染的意象色彩

　　我們在第二章中，把「象」分成「實體」與「符號」，第三章是試圖從河水這個實體來切入，到了此章則是從水所衍伸出的各種符號（水符）來談。水符仍具有客觀意義與主觀涵意兩種成份，如《孟子》裡提到水所具有的「清」、「濁」屬性，或是人與水互動中所創造出「潔」、「治」的動作，或是水的各種別名，或是水「流」動時的樣態。本章就在討論這些符號本身所具有的客觀義與其所染上的主觀價值色彩。

　　本章也將分析《論語》《孟子》《荀子》中所使用有關水意象之符號（以下簡稱水符）的意義，是他們所創造出來的？還是有所延用呢？本章將從這些水符所指向的水之初始形象來探查這個問題。在節次的安排上，先從附有人格涵意的水意象談起；中間論述水流行的意象；最後再討論政治上水符的使用。

一、附有人格涵意的水意象

（一）濯染出的色彩

　　濯，瀚也。瀚，濯衣垢也。（《說文解字》）

　　「濯」字本義為清洗衣服上髒污的意思，在《詩經》中也有同樣的用語，如「可以濯罍」、「可以濯溉」〔註1〕，毛傳皆注「濯，滌也」。可見「濯」字在先秦時代的本意即清洗衣物器皿之意。另外，還有在描述周宣王親征徐國的詩中有句云「濯征徐國」〔註2〕，則已引申成為「洗濯徐國之腥穢」的抽象

〔註1〕　《詩·大雅·泂酌》。
〔註2〕　《詩·大雅·常武》。

意〔註3〕。「濯」字做為清洗的意思，在《孟子》中仍被延用，如我們所熟悉的「滄浪之水清兮，可以濯我纓；滄浪之水濁兮，可以濯我足」。另外，同樣在〈離婁上〉「今也欲無敵於天下而不以仁，是猶執熱而不以濯也」，則是把水能冷卻的概念加進來，也就是「濯」這個概念除了洗滌之外，也染上了冷卻的功用。當然，這是孟子擷取《詩》句「誰能執熱，逝不以濯」而來的，並非孟子所創。

一個音節的單意詞重疊後，而形成另一個「疊音詞」，這個詞不是原義的簡單重複，而是在原義基礎上增加某種附加意義，通常是用來形容一種狀態，如本節所要討論的「濯」字所疊音而成的「濯濯」一詞。

在〈告子上〉孟子引《詩·大雅·靈臺》來說明文王雖以民力築臺鑿池，但人民仍樂於「謂其臺曰靈臺，謂其沼曰靈沼，樂其有麋鹿魚鱉」。孟子以此詩來說明周人願與文王同樂，故以文王築臺鑿池一事來曉知梁惠王只要與民諧樂，「賢者亦有此樂」的道理。其中，引了一句詩：「麀鹿濯濯，白鳥鶴鶴」，《詩集傳》云：「濯濯，肥澤貌。」朱熹、趙岐與焦循的解釋大抵無異，皆是指靈囿中的禽獸能吃得飽而皮膚發出光澤的樣子。此外，《詩經》另有兩處也有使用濯濯二字，如「四牡蹻蹻，鉤膺濯濯」〔註4〕、「赫赫厥聲，濯濯厥靈」〔註5〕，《毛傳》皆注云：「濯濯，光明也」。

由以上我們可知，「濯濯」二字，在詩經時代本就有光明的意思，我們很容易可以聯想到，因為東西經水洗後，去了污垢，而呈光明透亮的樣子。所以我們可以知道，這光明的意思是從「濯」字本身「洗滌」的意義衍伸出來的。但我們談到「濯濯」一詞，自然很容易聯想到《孟子》裡一則大家耳熟能詳的寓言：

> 孟子曰：「牛山之木嘗美矣。以其郊於大國也，斧斤伐之，可以為美乎！是其日夜之所息，雨露之所潤，非無萌蘗之生焉，牛羊又從而牧之，是以若彼濯濯也。人見其濯濯也，以為未嘗有材焉，此豈山之性也哉？」（《孟子·告子上·8》）

〔註3〕雖然毛傳與朱傳皆注云：「濯，大」。但細究〈常武〉此篇第五章「王旅嘽嘽，如飛如翰，如江如漢，如山之苞，如川之流。綿綿翼翼，不測不克，濯征徐國」，在描述軍隊進攻的場面中充滿了水意象，故「濯」字，本文採用姚際恆云「洗濯其腥穢」的說法。

〔註4〕《詩·大雅·崧高》。

〔註5〕《詩·商頌·殷武》。

在此則寓言中,「濯濯」卻變成「無草木之貌」〔註6〕。「牛山濯濯」是與「牛山之木嘗美矣」相對,故其「濯濯」是負面義,是指山上無草木,這是孟子自創的新意義,而現今引申形容一個人頂上無毛則是染上另外的色彩了。那孟子是怎麼把「濯濯」這個辭彙,染上「光禿禿」的色彩來的呢?

　　這一點,我們可以看焦循的解釋:

　　　　山有草木,則陰翳不齊,草木盡去,不異洗濯者然,故趙氏以濯濯
　　　　為無草木之貌也。〔註7〕

我們可以用下圖來統整「濯」這個水符,從最初「濯衣垢」的本意到《孟子》時,所染上各種色彩的過程:

　　　　雖存乎人者,豈無仁義之心哉?其所以放其良心者,亦猶斧斤之於
　　　　木也,旦旦而伐之,可以為美乎?其日夜之所息,平旦之氣,其好
　　　　惡與人相近者幾希,則其旦晝之所為,有梏亡之矣。梏之反覆,則
　　　　其夜氣不足以存;夜氣不足以存,則其違禽獸不遠矣。人見其禽獸
　　　　也,而以為未嘗有才焉者,是豈人之情也哉?《孟子・告子上》

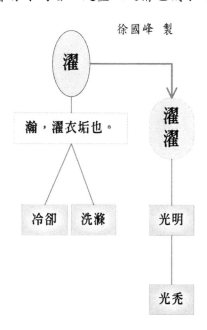

徐國峰 製

〔註6〕趙岐注:「牛山,齊之東南山也。邑外謂之效。息,長也。濯濯,無草木之貌。牛山木嘗盛美,以在國郊,斧斤牛羊,使之不得有草木耳,非山之性無草木也。」清・焦循著;沈文倬點校:《孟子正義》(北京:中華書局,1987年),頁775。
〔註7〕清・焦循著;沈文倬點校:《孟子正義》(北京:中華書局,1987年),頁775。

「濯濯」這個辭彙經由孟子一轉而染上光禿禿的色彩，孟子藉由牛山濯濯的狀態表達出人離禽獸不遠時的人格樣態。雖然如此，孟子卻不是以濯濯之山來比喻已成為禽獸之人，其重點在於：一座山，只要給它機會，總是有「萌蘗」發出來；一個人，只要給自己機會，總會有「平旦之氣」與「夜氣」發出來，孟子是在強調一種「內在的趨力」。前述把「牛山濯濯」與「牛山之木嘗美矣」相對，以為「濯濯」是負面義。但孟子並不是在強調牛山無草木之貌，而是以牛山之本性來說明人之本性。我們試問牛山的本性是什麼呢？蓊鬱或是濯濯皆只是牛山外顯的樣貌，牛山的本性是：不論外在環境如何轉變，它都「能夠」不斷長出新的「萌蘗」來。因此，孟子以為人性亦是如此，人的本性與外顯的樣貌是無關的。

當然，正如我們前面提到「濯」字最初是洗滌的意思，不過在各種文本不斷附加除去汙穢／顯現光明的涵意之後，「光明」的正面價值逐漸附加在「濯」這個水符上。在《孟子‧滕文公上》記載，當孔子去世三年後，其門人弟子「以有若似聖人，欲以所事孔子事之，彊曾子」。曾子反對說：

> 不可。江漢以濯之，秋陽以暴之，皜皜乎不可尚已！

如朱注云「江漢水多，言濯之潔也。秋日燥烈，言暴之乾也。」曾子以為「夫子道德明著，光輝潔白，非有若所能彷彿也。」「濯」字所帶有的此種光明涵意，已逐漸形成一種人格的涵義。在先秦儒家中這種水符所帶有的正面人格涵義，除了「濯」字之外，以「潔」字這個動態辭彙最為顯著。下面我們將仔細討論。

（二）後天潔淨人格的養成

> 孟子曰：「西子蒙不潔，則人皆掩鼻而過之。雖有惡人，齋戒沐浴，
> 則可以祀上帝。」（《孟子‧離婁下》）

一個人的美麗或醜陋是天生的，但孟子不在意先天的美或惡，反而看重的是後天人為的「潔身自愛」。所以就算是像西施這樣的美人，戴著不潔淨的巾帽，人們走過她身旁也會快速通過而不稍作停留，這是她後天不潔身自愛之故；反之，一個面貌醜陋的人，只要潔淨自治，則不但可與人相處，更可以祀上帝。

人之沐浴或是祭品之清潔在古代祭祀的場合中都是很重要的一節，我們看《孟子‧盡心下》「犧牲既成，粢盛既潔，祭祀以時」，或是《詩經‧小雅‧楚茨》「絜爾牛羊，以往烝嘗」，可見「絜」這個動作最初是古代祭儀中的一

部分，有「使清潔」的意思。我們看《說文》云：「絜，麻一耑也。」依段玉裁的注解是：麻經剪裁成束後，它們的每一端都是齊平的，那樣成束齊平的麻排在一起，兩端都整整齊齊的，就稱爲「絜」。後來又形成兩種引申義，其一爲度量物品圍周的動作，故段注云：「束之必圍之，故引申之圍度曰絜」，如《莊子・人間世》「其大蔽數千牛，絜之百圍。」另外，則引申爲潔淨，見段注云：「束之則不矜曼，故又引申爲潔淨」〔註8〕，這也是後世比較常用的引申義，故段注接著說：「俗作潔，經典作絜」。以焦循的《孟子正義》（中華書局本）來看，書中三處使用「絜」字，一處使用「潔」字，可見「絜」與「潔」這兩個字在後來是互通的。

再回頭看《論語》中孔子曰：「人潔己以進」，朱注爲「脩治也」。我們可以看到孔子在說這樣的話時，就已經把一個人可以後天修己治身的動作與沐浴清潔的動作連結起來，這是非常生動的想像。在這，我再詳引此章：

> 互鄉難與言。童子見，子曰：「與其進也，不與其退也，唯何甚？人
> 潔己以進，與其潔也，不保其往也。」（《論語・述而》）

在此章中，孔子對互鄉童子的態度是：不追問其過往，也不揣測其將來，只就其當下欲求見孔子的上進之心來教誨之。孔子用一「潔」字，我們可以用生活中的經驗來想像一個滿身塵垢的人，今日洗淨之後，我們與之親近時並不會顧及過往或將來是否仍如今日一樣乾淨。在《論語》中「潔」這個動作皆與「身」字作連結，如子路對途中所遇老者的二子說：「欲潔其身而亂大倫」（《論語・微子》），或是孔子評述虞仲、夷逸是「身中清」（《論語・微子》）之人。當「潔」這個動作與「身」連結在一起，就會形成一個非常鮮明的意象，沐浴過後的身體不只可以祀上帝，人人也都願意與之親近。但孔子和孟子其實並不是在說清潔身體的事，而是在說人格修養的事，我們看《孟子・萬章上》有一段話：「聖人之行不同也，或遠或近，或去或不去，歸絜其身而已矣」，不管聖人是遠離或是親近國君，他們皆以潔其自身爲修身的根本，如朱注所云「潔，脩治也」〔註9〕，正是孔孟以「潔」這個字所形成的意象來比喻「修身」此一抽象行爲的最好注解。

然而，「潔」只是一個動作；「清」則是「潔身」以後的一種人格狀態。《說

〔註 8〕 許慎撰，段玉裁注：《說文解字注》（臺北：藝文印書館，2007 年 8 月初版），頁 668。

〔註 9〕 宋・朱熹：《四書集註》（臺北：鵝湖出版社，民國 73 年初版），頁 100。

文》：「清，朖也，澂水之皃。」又云：「澂，清也」。段玉裁注云：「朖者，明也。澂而後明，故云澂水之皃，引申之凡潔曰清，凡人潔之亦曰清，同瀞」。「清」字本義，即是指水的透澈狀態，人們取這種狀態的水（清水）來潔洗器物以求其清，後來引申到人格修養上所運用的辭彙。「清」在中國文化的修身傳統中已引申為「經過脩治後那如同澂明之水般純潔清朗的人格狀態」。

《論語・公冶長》中有一章，子張舉二例問孔子是否可稱為「仁」，他所舉的第二個例子為：齊大夫崔杼弒其君莊公，那時齊大夫陳文子雖然有四十匹馬，仍全都拋棄了而離開齊國，但只要一到他國時發現有像崔杼這樣不義的大夫就馬上離開。子張問孔子，像陳文子這樣的人，如何？孔子只是以「清矣」來評斷他的人格，當子張再問「仁矣乎？」孔子回答「未知，焉得仁？」皇侃的疏文云：「清，潔也」。朱注云：「文子潔身去亂，可謂清矣，……」。我們從「清」所展現出的意象來思考起：沐浴以保持身體清潔的狀態只是暫時性的，若要永保清潔，勢必得定期規律地進行沐浴。故在修治人格上的「潔身」亦是如此。當孔子以「清」這個字做為人格狀態的形容用語時，我們可以聯想成一種對文子的人格當下狀態的評斷性語言，「清」即是孔子對其人格當下且全面性掌握，而這種狀態只是一種當下性的評斷，故孔子曾云：

> 人潔己以進，與其潔也，不保其往也。（《論語・述而》）

當下的潔身自愛，只是當下的事，與過往無關，當然也無關於未來。這與孟子所謂「雖有惡人，齋戒沐浴，則可以祀上帝」具有相同的涵義。我們在此不斷強調「狀態」，是在說明「清」並非水所具有的屬性，而是水所可能存在的一種狀態，故以「清」來形容一個人時，必然也是就他的人格狀態而言。「清」這種狀態，是可因應外在環境而變動的，並非內屬於水或人本身，故維持這種狀態，需要刻意地保護來加以維持，以水來說必需防止外在泥沙與汙穢之物的混入；以人來說，一方面要必免外在社會中邪淫貪婪的思想混入人格之中（此可說是「齋戒」），另一方面又要不斷地勤加修治己身（此可說是「沐浴」），這麼一來「清」的狀態才有可能常保不失。

但這種狀態並非孔孟所推崇的最高人格。子路與孔子同行時曾遇一丈人隱者，他曾評斷他隱而不仕是「欲潔其身而亂大倫」（《論語・微子》）的行為。像長沮、桀溺或子路所遇之荷蓧丈人〔註 10〕，欲自潔其身而隱不出世者，他們的行為並非孔孟所推崇的，不只是他們的行為，連帶他們所呈顯的人格狀

〔註10〕 見《論語・微子》第六、七章。

態也非孔孟對於人格的最高評價。「清」當然帶有正面的評價，但卻總是次一等的。

1. 我們先看《論語‧微子》中孔子評論過七位隱遯者的行為與人格：

逸民：伯夷、叔齊、虞仲、夷逸、朱張、柳下惠、少連。

子曰：「不降其志，不辱其身，伯夷、叔齊與？」

謂：「柳下惠、少連，降志辱身矣。言中倫，行中慮，其斯而已矣。」

謂：「虞仲、夷逸，隱居放言，身中清、廢中權。」

「我則是異於是，無可無不可。」

孔子在此篇中雖然肯定此等逸民同為隱遯不汙之士，差別在於其所存之心：伯夷、叔齊以天子不得臣，諸侯不得友而遯世離群，此為逸民之最高者。柳下惠、少連，雖降志而不枉己，雖辱身而非求合，言能合於倫理、行能經過思考，是逸民之次也。而虞仲、夷逸則隱居獨善其身，之所以「身」言，因在世間無行可舉；之所以謂「放言」，如介之推所云「言，身之文也。身將隱，焉用文之」〔註11〕。雖然孔子以「清」、「權」二字做為亂世中「獨身」這種行為的正面評價，形容他們的人格是清而不汙的，是權而適宜的，此與當時世俗中害義傷教而亂大倫者不同，但他們在「逸民」之中卻是再次一等的，因為他們無益於當時濁亂的社會。孔子當然肯定「潔身自愛」者，但並非只是遠離人群潔淨己身而已，而是要在「道之不行，已知之矣」（《論語‧微子》）的社會中行其當行之義。因為「清者」正如同清水具有「潔淨」的功能般，儒家強調在道之不行的人世中自清以清人（唯有清淨之水才具有潔洗的功能），《論語》裡所表現出這樣的精神，也可與前一章提出「逝者如斯」中所內涵進取精神的論點相應來看。

2. 我們再來看孟子所謂的「清者」形象：

孟子曰：「伯夷，聖之清者也，伊尹，聖之任者也；柳下惠，聖之和者也；孔子，聖之時者也。」（《孟子‧萬章下》）

孟子稱伯夷為「聖之清者也」，《四書集註》中引張子曰：

無所雜者清之極，無所異者和之極。勉而清，非聖人之清；勉而和，非聖人之和。所謂聖者，不勉不思而至焉者也。〔註12〕

依照張子的詮釋，所謂的「聖之清者」只是具有聖人人格中「清」的狀態而

〔註11〕 以上摘自錢穆：《論語新解》（臺北：東大圖書，2005年），頁514。

〔註12〕 宋‧朱熹：《四書集註》（臺北：鵝湖出版社，民國73年初版），頁315。

已，如同柳下惠只具有聖人人格中「和」的狀態（同一則中的伊尹則具有「以天下爲己任」的人格特質），而孔子則是「兼三子之所以聖者而『時』出之，非以一德名也」〔註 13〕。故張子所謂的「勉而清，非聖人之清」是在說明聖者的人格狀態並不能單只是用「清」一個字來形容，因爲「清」的人格狀態只是當下性的評語，就算如伯夷的人格終其一生能「目不視惡色，耳不聽惡聲；非其君不事，非其民不使；治則進，亂則退」，使其外顯出清廉的人格，但這是因爲其終生勤勉潔身（勉）、日常間不斷反省（思）之後所呈顯出來的，使得「清」成爲他人格的一種意象表現。

我們藉由探討「清」這個水符的外在客觀意義時，很自然地可以聯想到我們所見乾淨溪流的經驗，還有我們看到清潔的河水是怎麼樣的心情，因此，自然可以想像孔孟所謂「清」的人格狀態是怎麼樣，我們的本性底是如何想親近那樣的人格（如同我們天生喜歡親近清澈的河水一般），那樣的人格又是如何能影響我們。在《孟子‧離婁上》中有「清斯濯纓，濁斯濯足」這麼一段話，可見孔孟皆使用水的某種狀態——清明〔註 14〕，來勸勉弟子要潔身守清。

到了荀子，「清」這個水符就很少被用來描述人格，而是用來指涉「心」的一種虛靜狀態。

（三）大清明心

虛壹而靜，謂之大清明。（《荀子‧解蔽篇》）

荀子以「大清明」來形容心所能達到的一種最圓滿的狀態。在仔細地來詮釋心的這種「清明」狀態之前，我們先來了解「心」這個概念在荀子的思想體系中具有哪些涵義。

在《荀子》一書中，最原始的「心」只是人天生就有的眾多器官之一，所以荀子曾言：

若夫目好色，耳好聲，口好味，心好利，骨體膚理好愉佚，是皆生
於人之情性者也，感而自然，不待事而後生之者也。（〈性惡篇〉）

心與耳目口鼻皆是人天生就有的官能，而且天生未經教育的「心」就與其耳目口鼻一樣，只在求欲望的滿足而已，故荀子亦云「人無師無法，則其心正其口腹也」（〈榮辱篇〉）。人若不學，則其心之欲與口之欲就沒什麼不同了

〔註13〕同註11。
〔註14〕《詩‧周頌‧維清》「維清緝熙，文王之典」，朱傳：「清，清明也。」

〔註 15〕。心，雖然是官能之一，也有其天生的欲求，但荀子以為心相較於其它官能是高高在上的，如同一個國家的君主般，具有主宰之能。如其云「心居中虛，以治五官，夫是之謂天君」（〈天論篇〉）、「心者，形之君也」（〈解蔽篇〉）。由此可知心是五官、身形的主宰者，心能操使它們而感知外界事物，這即是荀子所謂的「心有徵知，徵知則緣耳而知聲可也，緣目而知形可也」（〈正名篇〉），又云，假若「心不使焉，則白黑在前而目不見，雷鼓在側而耳不聞」（〈解蔽篇〉）。正因「心」具有此種徵知的能力，但此種能力並不能確保人能做出善的決定來，所以荀子才又意識到心的另一種能力——「慮」。

> 能思索謂之慮。（〈大略篇〉）

> 情然而心為之擇，謂之慮。（〈正名篇〉）

慮，是心經過思考後抉擇與判斷的能力。但「慮」仍只是心所具有的能力，並不能保證做出正確的抉擇判斷。所以一切應該再回歸到「心」來討論才是，這也應是荀子所思考的問題：既然心是人人皆天生所有的器官，也都具有主宰、徵知、慮的功能，那麼怎樣的「心」才能在這樣本具的功能下外衍出善的效應來呢？如前所述，人天生所具有的「心」亦有其天生的欲望，欲望不須依靠任何條件就自然而生，故荀子云「欲，不待可得，所受乎天也」，又云「求者從所可，受乎心也」（〈正名〉）。也就是說，欲望本身是不可禁止的，但人對於欲望「追求」的行為卻可經由心之「慮」而加以抉擇。

> 吾慮不清，則未可定然否也。（〈解蔽篇〉）

此種「定然否」的外衍效應需要內在具有清明思慮的能力，此種能力即是依附在「大清明心」之上。了解荀子對於「心」這個概念在其思想體系中所具有的涵義之後，我們接下來就是要詮釋何謂「大清明心」。

> 何以知道〔註16〕？曰：心。

> 心何以知？曰：虛壹而靜。

> 心未嘗不臧也，然而有所謂虛；〔註17〕

〔註15〕楊倞注：「人不學，則心正如口腹之欲也。」王先謙：《荀子集解》（臺北：藝文印書館，民國96年3月初版），頁190。

〔註16〕此句楊倞注云：「既知道人在於知道，問知道之術如何也？」故可知，其句讀為「人何以知道」者非也。

〔註17〕《荀子・解蔽篇》：「人生而有知，知而有志；志也者，臧也，然而有所謂虛，不以已所臧害所將受，謂之虛。」

心未嘗不滿也，然而有所謂一：〔註18〕

心未嘗不動也，然而有所謂靜。〔註19〕

……

虛壹而靜，謂之大清明。〔註20〕（《荀子・解蔽篇》）

我們前面曾提到：「清」並非水所具有的屬性，而是水所可能存在的一種狀態。故以「清」來形容「心」時，必然也是就它的狀態言。「清」這種狀態，是可因應外在環境而變動的，並非內屬於水或心上的，故維持這種狀態，需要刻意地保護加以維持。以水來說必需防止外在泥沙與汙穢之物的混入；以心來說，它必然會同時收藏（兼知）〔註21〕官能所徵知到外界的各種（知識）事物，也會自主地進行思慮的運作。這些兼知的事物與思慮的運作是如同泥沙與汙穢般，會防礙心之「定然否」的能力，故荀子點出了「治心之道」（〈解蔽篇〉）在於「虛一而靜」。「虛」其心，就是不受既有知識的滯礙，我們才能再接受新的知識。然而，我們所存有的知識總是有所相異的，雖然相異卻又可以同時並存於我們心中，並存就是「兩」，而荀子所謂「壹其心」，就是不以彼知識害此知識，盡可以一待之〔註22〕。接著荀子非常鮮明地點出「心」這個器官是「臥則夢，偷則自行，使之則謀」地永遠保持在動的狀態，然而有所謂靜，只要人主動地虛其心、壹其心，則它便能趨於靜的狀態，這種狀態的心，荀子又稱爲「大清明」的心。荀子以「清」的這種水意象來說明當心以「虛」、「一」的修養功夫達到「靜」時所呈顯的一種狀態——「大清明」。

荀子用「大清明」一詞來說明那樣的心時，即可讓我們聯想到清水這種實體，它既可以反映外在事物，又由於它的透明性而可以穿透它而望見其裏頭的事物。用水這個具體物所呈現的「清明」狀態來形容人心處於「靜」時的抽象狀態，是荀子常用的意象。我們再來看《荀子》中以槃水來譬喻人心

〔註18〕 《荀子・解蔽篇》：「心，生而有知，知而有異；異也者，同時兼知之。同時兼知之，兩也，然而有所謂一。不以夫一害此一，謂之壹。」

〔註19〕 《荀子・解蔽篇》：「心，臥則夢，偷則自行，使之則謀，故心未嘗不動也，然而有所謂靜。不以夢劇亂知，謂之靜。」

〔註20〕 摘文採用王先謙：《荀子集解》（臺北：藝文印書館，民國96年3月初版），頁649～650。

〔註21〕 楊倞注：「滿，當爲『兩』；兩，謂同時兼知」。見王先謙：《荀子集解》（臺北：藝文印書館，民國96年3月初版），頁649。

〔註22〕 見王先謙：《荀子集解》（臺北：藝文印書館，民國96年3月初版），頁650。

的章節：

> 故人心譬如槃水，正錯而勿動，則湛濁在下，而清明在上，則足以
> 見鬚眉而察理矣。微風過之，湛濁動乎下，清明亂於上，則不可以
> 得大形之正也。心亦如是矣。故導之以理，養之以清，物莫之傾，
> 則足以定是非決嫌疑矣。(《荀子‧解蔽篇》)

這裡所說的是：心做為一個判斷與決策的器官，其判斷是否得宜則要看你所擁有的心，是不是顆清明的心。心之清明狀態不是天生的，正如槃水之清明狀態也非自然如此，經過一段時間的「正錯而勿動」之後才能使水恢復清明，而心之清明也是要經過「虛壹而靜」的程序才能使心呈現「大清明」的狀態，這種「清」的狀態是需要去「養」的，而非天生的。易言之，「清」並非心的屬性而是其變動中的一種狀態。所以由此段節文可知，「清」在《荀子》中有兩層意義，第一層是人心經「虛一而靜」的修養過程後所達到的一種狀態，也就是荀子所說的「養之以清」；第二層是這種清明之心有著「定是非決嫌疑」的功能與效應。如同清明之水可以見鬚眉而察理，可以得大形之正也。

這種心的「清明」意象，可以作為一種意象之體，它具有理解詮釋先秦儒家其它章句的「功用」。先從《荀子》本身的文句論起：

> 至人也，何彊、何忍、何危！
> 故濁明外景，清明內景，
> 聖人縱其欲，兼其情，而制焉者，理矣，何彊、何忍、何危？
> 故仁者之行道也，無為也；聖人之行道也，無彊也。
> 仁者之思也恭，聖人之思也樂，此治心之道也。(〈解蔽篇〉)

當我們已理解此種經過「虛壹而靜」之心的狀態可用「清明」一詞來呈顯之後，我們可以同樣「使用」此意象來理解此種狀態的心所具有功能。在〈解蔽篇〉中描述至人時，在其中插入了兩句意象性的語言——「濁明外景，清明內景」。楊倞注：「景，光色也。濁，謂混跡。清，謂虛白」顯得含混不明，而後代的注解者大都依著《大戴禮記》與《淮南子》中的文獻來詮釋這兩句。如《大戴記‧曾子‧天圓篇》：

> 參嘗聞之夫子曰：『天道曰圓，地道曰方。方曰幽而圓曰明。明者，
> 吐氣者也，是故外景；幽者，含氣者也，是故內景。故火日外景而
> 金水內景』。」

《淮南子》：

> 火日外景，水日內景

後代注荀學者，如久保愛、俞樾、安積信與近人王天海都在「濁明」、「清明」上附加上了漢代文獻中的五行學說，而直接採用，以為「濁明」指火、日之明，它們能照事物形影於外；而「清明」指金、水之明，它們能照事物形影於內。但這只是到了漢代時，五行學說興盛所衍生的詮釋，並不恰當直接引用來解釋。我們應直接從「清水」所具有的意象來了解，從水的實體出發：濁水雖無法看透，卻能臨照外界事物；清水則能讓人透視到內在的一切，荀子看到了水的這兩種面相。所以依照〈解蔽篇〉這一段落，是在描述不用自彊、不用自忍、不用自危的至人；至人無需如般般刻意地「關耳目之欲」、無需如孟子般「惡敗而出妻」、如有子般「惡臥而焠掌」在心上使力作用。荀子描述唯有至人能自由的轉換心的作用，能映照外在事物，亦能明白地觀照自己的內心；這如同濁水之明與清水之明般，能「外景」又能「內景」。此即荀子「大清明心」的兩種功效——能映照外物又能觀照自身。在這裡，我們即是以理解「清」這個水符所展現的水象為體，作為《荀子》文本中難解文句的理解詮釋之用。

接著談到此種「既能映照外物又能觀照自身」的心，正是聖人所以能「縱其欲，兼其情」的理由。以此，我們還可以相應地來理解《論語・政為篇》中孔子所自述的一段話：

> 七十而從心所欲，不踰矩。

「大清明心」楊倞注為「無所壅蔽者」〔註 23〕的心。此種無所壅蔽的心，不就正如孔子自述其七十歲時其「心」能從其所欲而不踰矩的狀態！與荀子所謂「聖人縱其欲，兼其情，而制焉者」正如出一轍。孔子所自述的正是其心的外顯功能。我們不妨直接聯想此種功能的心〔註24〕，其狀態正可用「清明」一詞來描述。孔荀言聖人之「心」所具有的清明狀態，與孟子所言之心有顯著的不同。孟子以為人人皆（不只聖人）具有天生良知良能的本心，「心」之於聖人與他人在本質上並無不同，只是聖人能極其心之全者而無不盡，非聖人者則放其心之未求（失其本心），只是對於本心之盡／不盡（求／不求）所

〔註23〕楊倞注語，王先謙：《荀子集解》（臺北：藝文印書館，民國 96 年 3 月初版），頁 651。

〔註24〕我們這裡把七十歲的孔子亦作為論述中的「聖人」。

下功夫的先後順序與不同程度而已，故孟子云「聖人先得我心之所同然耳」。聖人之心與小人之心在本質上皆具有「不學而能者」（良能）與「不慮而知者」（良知）的相同屬性，它並不會隨外在環境影響而有所改變，故孟子當然不會以水之清明狀態來形容聖人之心而是以不因外在環境而變化的本屬之特性——「泉之始達」（原泉混混，不舍晝夜）作爲聖人擴充四端之心的具體意象。就此可以從水之狀態與屬性來分辨孔孟荀對於聖人之心的描述。在這裡，亦可顯示水意象作爲一種深入理解思想性文本的效用來。它同時在重複閱讀文本時帶來更多想像與詮釋的樂趣。

「水符」所染上的色彩

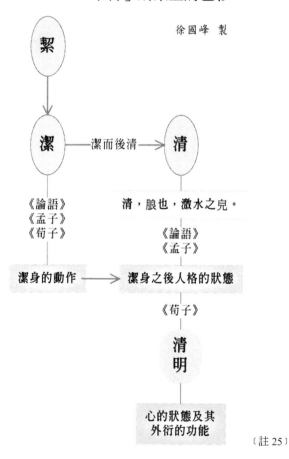

徐國峰 製

〔註25〕

〔註25〕另外，附帶一提，在《荀子》文本中，時常以「清」這個字來形容聲音，如「耳辨音聲清濁」、「猶聲之於清濁也」、「故其清明象天」、「歌清盡」、「聲音清濁」。

（四）濫

濫，氾也。氾，濫也。（《說文解字》）

「氾」「濫」二字轉注，其本義皆是洪水溢出河道的意思。比如《孟子》所載「洪水橫流，氾濫於天下」（《孟子‧滕文公上》）、「當堯之時，水逆行，氾濫於中國」（《孟子‧滕文公下》）皆是此義。但《詩經》中的「濫」字已經在初始義上加入人文的負面色彩，如〈商頌‧殷武〉中以「不僭不濫」表述賞罰得宜，朱熹明確地指出「濫，刑之過也」。「濫」字在此是作爲刑罰過度的意象符號，同樣的用法也可在《荀子》中看到：

賞不欲僭，刑不欲濫。賞僭則利及小人，刑濫則害及君子。若不幸

而過，寧僭無濫。與其害善，不若利淫。（《荀子‧致士篇》）

此段亦見於《左傳》襄公二十六年所載聲子之言〔註26〕。杜預注云「僭，差也。濫，溢也。」大水氾濫的形象在先秦時代似乎有被用以表示刑罰過度的意思。在《荀子‧大略篇》中「言濫過」一句，楊倞注爲「言辭汎濫過度也」。類似的意思因襲使用慣了，使「濫」字本身除了洪水溢流的客觀意義外，已被染上了過度、不節制的色彩。最讓人記憶深刻的例子，見《論語‧衛靈公》在陳絕糧時孔子對子路所問「君子亦有窮乎」的回答：「君子固窮，小人窮斯濫矣。」

「君子固窮」存有兩解，其一見孔安國註：「言君子固有窮時，不若小人窮則放溢爲非」〔註27〕，解「固」爲「固有」；其二如朱熹《四書集注》記載程子曰：「固窮者，固守其窮」〔註28〕，解「固」爲「固守」。後解較可從文中的「濫」字反映而得。因爲濫字本義爲河水漫無目的地四處橫流，以濫字本身所具有的這個意象用來說明小人窮時無守，以此反襯君子雖窮，卻能固守其窮。經由「固」、「濫」二字在此章中意義的對比與聯想到「濫」字的形象畫面，我們很容易想到之前第三章在《荀子‧宥坐篇》中所談的其中一個大水意象：「其流也埤下，裾拘必循其理，似義」。兩則連讀時，我們若要以水意象的語言來作譬喻之用，那孔子所謂固窮之君子就可以「其流也埤下，裾拘必循其理」的意象畫面來呈現；反之，窮斯濫之小人，就可以洪水氾溢

〔註26〕《左傳‧襄公二十六年》：「善爲國者，賞不僭而刑不濫，賞僭則懼及淫人，刑濫則懼及善人，若不幸而過，寧僭無濫。與其失善，寧其利淫，無善人，則國從之。」

〔註27〕南北朝‧皇侃：《論語集解義疏》（臺北：廣文書局，1991 年 9 月再版），頁535。

〔註28〕宋‧朱熹：《四書章句集注》（臺北：鵝湖出版社，1984 年），頁161。

河道的意象畫面來呈現。

　　河水越過河道氾流的現象，我們也將在下一節「流的負面涵意」中來討論。

二、水的流行意象

　　「水」這種物質最顯眼的樣態就是「流動」，故我們用到「流」這個字，自然會興起水流動的樣態來。水流動的現象已被各種文化納入習以為常的語言使用中，在先秦時代亦然。《詩經》中的〈大雅·常武〉一詩中歌頌周宣王親征徐國時的軍容壯大，詩句中有云：

　　　　如飛如翰，如江如漢。如山之苞，如川之流。

　　　　綿綿翼翼，不測不克，濯征徐國。

詩句中連用數個如字，將周宣王軍容之盛大以客觀化的具體意象詩句呈現出來。「如山之苞」一句形容軍隊靜守時如山之強固；「如川之流」一句形容軍隊衝鋒時如川水之奔騰，故能「濯征徐國」，就好像洗濯徐國之腥穢。朱熹注云：「苞，本也。……如山，不可動也。如川，不可禦也。」我們常說「不動如山」，永恆的「靜」是山的特性；相對於山之靜，河水的特性則是恆常的、總是無一息之停留地保持流動狀態。對先秦詩人哲人來說「山川」是他們最常見的自然地景，川之「流」與山之「靜」自然成為他們經常使用的意象之一，因此「流」字本身也成為本論文將要討論的最重要的「水符」之一。〔註29〕

（一）「流」所染上的正面義

　　　　流，水行也。行，人之步趨也。（《說文解字》）

　　「流」的具體意義是水行，「行」的具體意義是人或走或跑的樣態，這兩個詞皆具有具體的動態形象，因此流、行這兩個概念的外包範圍之間就形成了某種重疊的關係，使這兩個概念可以相通或是連綴成詞。如《荀子·議兵》中「刑罰省而威流」中的流字即作行解。或如孟子云「上下與天地同流」（《孟子·盡心上》）時，就以「流」字來表述一種形而上「與天地之化同運並行」〔註30〕之王者德化天下的過程。

〔註29〕在先秦儒家的這三部經典中，除了「流」這個字本身之外，還有許多表述水流動時各種動態樣貌的詞彙，如：沛然、混混、渾渾、源源，也在本節的討論範圍內。

〔註30〕宋·朱熹：《四書章句集注》（臺北：鵝湖出版社，1984年），頁351。

　　另外，把流、行二字連綴來使用，在現今的用語中，「流行」一詞被指向眾人所追崇且廣爲傳布的一種風尚。但在先秦時代「流行」這個詞主要還是從其動態的水行形象作聯想，如在《孟子·公孫丑上》「德之流行，速於置郵而傳命」中「流行」二詞除了本身水行的意義外，又附加上「傳布」的色彩來。

　　孟子還使用另一個令人印相深刻且意象豐滿的詞彙——「沛然」。「沛然」一詞是孟子經常使用的辭彙之一。在《孟子》一書中，「沛然」一詞共在三次不同的情況下使用過：其一，在〈梁惠王上〉以「沛然下雨」來形容雨水滋潤作物之迅，孰能禦之；其二，在〈離婁上〉中的「沛然德教溢乎四海」，以「沛然」來形容德教盛大流行「可以充四海也」〔註31〕之意；其三，則是在〈盡心上〉中所見的「若決江河，沛然莫之能禦也」，是在強調舜舍己從人，取人爲善，只要聞見善言善行，即取而行之。在此，「沛然」一詞是用來形容水的流動狀態，此種意義上的形容用法是從孟子最先開始的。

> 孟子曰：「舜之居深山之中，與木石居，與鹿豕遊，其所以異於深山之野人者幾希。及其聞一善言，見一善行，若決江河，沛然莫之能禦也。(《孟子·盡心上》)

如同《孟子·滕文公上》「決汝漢，排淮泗」句中的「決」字，在古代是疏通水道的意思，「決江河」即是江河之水被疏引至水道而流。然而，「沛」原是指水名。《說文》云：「沛，『沛水』，出遼東番汗塞外，西南入海。」在孟子以前，「沛」字的使用，大都與「顛」字連綴而成的「顛沛」一詞〔註32〕。「顛」意指一座山最高之處；「沛」則是多水草的沼澤地〔註33〕，皆爲不適人居之所，所以後世把它引申爲生活困迫不安的意思。到了孟子，才把「沛然」拿來當作「水疾行貌」的狀詞。在後世，這樣的用法就變得很常見了，比如在《楚辭·九歌·湘君》：「美要眇兮宜修，沛吾乘兮桂舟」，王逸注云：「沛，行貌」。《文選·吳都賦》：「常沛沛以悠悠」劉逵注云：「沛沛，行貌」。《廣雅·釋訓》則載：「沛沛，流

〔註31〕清·焦循著；沈文倬點校：《孟子正義》（北京：中華書局，1987 年），頁495。

〔註32〕《詩·大雅·蕩》「文王曰咨，咨女殷商，人亦有言：顛沛之揭，枝葉未有害，本實先撥。」與《論語·里仁》「君子無終食之間違仁，造次必於是，顛沛必於是。」

〔註33〕《後漢書·崔駰傳》「猶逸禽之赴深林，蝱蚋之趣大沛。」《風俗通·山澤》「沛者，草木之蔽茂，禽獸之所蔽匿也。」這兩例中的「沛」字皆是指多水草的沼澤地。

也。」流之義亦同於行；水流，即爲水行。如此，我們可以聯想到第三章我們所討論《荀子・宥坐篇》中描寫大水「若有決行之，其應佚若聲響」的意象畫面，呈現出大水只要一經疏通，就會如同響之應聲般馬上流注而下。此種客觀意義被作爲賞譽一個人決策或判斷事情果斷迅速的正面形象，也就是我們今天說的「決斷如流」。是以孟子使用「若決江河，沛然莫之能禦」這樣的句子，以「水之行」的沛然意象來形容「舜之行」果決不疑的行動力。

（二）水之就下

流字除了具有行的內包屬性之外，還時常代指「下」的概念，我們再來看一首《詩經》中的詩句：「七月流火，九月授衣」（《詩・豳風・七月》）。「流火」之「火」是古代星宿名；六月初昏時，「火」見於正南方，至七月昏則漸向西沉，故曰流火。「流」，下趨之意。「流」這個詞的內包屬性之中本就含有「往下」意味的，水往下流也是我們最普遍的經驗之一，故「下」與「流」之間就形成了某種互涉的關係。在告子與孟子對人性的辯論中，水性被拿來比作人性，其中告子以爲水之流無分於東西，故人性之趨向也無善與不善之分。但告子忽略了水這種物質最根本的下流特性，而使孟子有機會反駁：

> 水信無分於東西，無分於上下乎？人性之善也，猶水之就下也。人
> 無有不善，水無有不下。今夫水，搏而躍之，可使過顙；激而行之，
> 可使在山。是豈水之性哉？其勢則然也。人之可使爲不善，其性亦
> 猶是也。（《孟子・告子上》）

在這場論辯中是孟子勝出了，但孟子勝出不代表其性善學說成立，而是其辯明水在表面上的動向雖然可以流向東西的任何一方，但水的本性是向低處流的。孟子在此處把人性的趨向比作水性就下的趨向，但我們在此要先釐清水性與人性之別。也就是我們勢必先行了解我們所謂的「性」這個概念爲何！也就是「性」的本質爲何？此涉及「本質」的問題，故在此我要先把本質的概念作一解說，我們就能更了解這裡所云的「性」是什麼！

「本質」是一個事物之爲一個事物所必然存在的特性，可分爲「形上本質」與「物性本質」，形上的本質是絕對的，而物性本質則是相對的，以人的本質爲例，即人的物性本質是兩足無毛且會笑的哺乳動物，與其它哺乳動物的物性本質是相對的。它是客觀的、可普遍驗證的描述型定義；另外一種物性本質則是屬於主觀的規創型定義，比如孟荀兩人分別主觀地規創出人性的本質是善是惡，這就是一種不可普遍驗證的假設。

　　我們還是要先認清「人性之善」是孟子規創出來的人性本質，這種本質與「水之就下」的可驗證本質不同。但不管這兩者是可驗證或不可驗證的，它們都有一種「趨向性」，如「水流」本身的現象中包涵著就下的趨性，就像有一股力量在趨使水向下流般，是水的天性（這是流字本身所具有的水意象之體）。孟子在這裡以「人性『之』善」來說明他相信人性是趨向善的。但人性的這種趨向性是抽象的，它剛好可以用「流」所帶有的具體意義來描述；再且水流動的現象與人類心中情感意念的流轉亦有相似之處，因此當孟子說出「人性之善也，猶水之就下也」才會如此教人信服。因此，在詮釋此句時不應拿字面上的「善」與「下」來類化，孟子所要表述的是人與水所本有的「趨向性」。

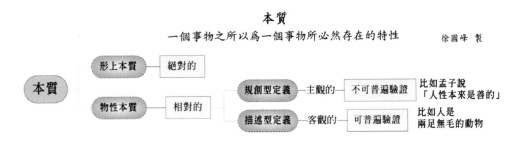

（三）「流」所染上的負面義

　　「下流」一詞可以先被分成兩種意思來解讀，其一是由副詞「下」與動詞「流」所合成的「向下流注」之意；其二是「下流」成為名詞，指向「河水下游之地」。以第二種詞性來說，就我們直覺的判斷，上流是位於源泉剛湧出的高處，存在著未經外界雜質涉入的水；下流則是眾水流而歸之的地形卑下處，故而在我們儒家的價值判斷裡，「下流」總是被歸在負面的一端（在道家來說，則被歸入正面評價），是被貶抑且盡量避免的一個處所。我們讀《論語》可看到子貢有這樣的體會：「紂之不善，不如是之甚也。是以君子惡居下流，天下之惡皆歸焉。」（《論語‧子張篇》）又見梁‧皇侃注云：

> 下流謂為惡行而處人下者也。言紂不徧為眾惡而天下之惡事皆云是紂所為，故君子立身惡為居人下流者，一居下流則天下之罪并歸之也。〔註34〕

〔註34〕梁‧皇侃：《論語集解義疏》（臺北：廣文書局，民國57年1月初版），頁681。

從這一則中我們可以明白地了解，一個自然界的地理位置——眾水歸焉的下游之地，它是可經驗的客觀所在，形成符號——下流，很容易就脫離原本客觀的經驗性區域，而被轉化成具有強列負面價值色彩的社會階層。「下流」一詞在先秦時代就已轉化成：為惡行而處「人下者」，由此，「下流」成為人世間社會階層、品格高低的符號，這符號是從水流的意象轉化來的。轉化是由主觀價值判斷的過程而來，具有不同思想體系的主觀價值就會染上不同的情緒色彩。如老子云「上善若水」，就是對同一種客觀的下流意象有著不同的主觀價值，其云「水善利萬物而不爭，處眾人之所惡，故幾於道」。因為老子整個思想體系都是由「道」開展的，為了表述無法用語言說明的「道」，他運用「處眾人之所惡」的下流意象來傳達「道」之謙下、不爭。由「眾人之所惡」這樣的句子可知下流之水在老子當時就已帶有負面情緒的色彩，但老子卻以他對「道」理解來重新賦予下流一種新的正面價值。這樣的正面價值也被老子轉化在政治思想上，如其云「大國者下流」（《老子‧六十一章》）表述大國居大而處下故天下小國流注之；又云「江海所以能為百谷王者，以其善下之，故能為百谷王」（《老子‧六十六章》）表明江海之所以成其大，在於其善於處下。

「下流」意象在先秦思想中所被賦予的主觀價值，不只《老子》一書呈現出正面價值，在其它典籍中亦多有記載正面的「下流」意象。致力研究先秦兩漢水思維的陳忠信先生於其博士論文中的結論如下：

> 大體而言，給予下流或是水之就下正面性的詮釋遠較負面性為多。從先秦兩漢下流或水之就下的比較中，可以發現以儒道為主的哲人對於下流或水之就下均投注相當程度的關懷與觀察。隨著哲人觀察的視野不同與思想內容的差異，先秦兩漢之下流或水之就下呈現出褒貶互現的情形。對於下流或水之就下的詮譯，大抵正面性的褒揚多於負面性的貶抑。面對世界文明發展因人類有為或語言異化所衍生出眾多的亂象，先秦兩漢的下流哲學頗值得現代人細細反思。〔註35〕

不同於老子給與「下流」的正面評斷，以《論》《孟》來說，「下流」是含有貶抑情緒的用語，故《論語》存有「君子惡居下流」一說〔註36〕；《孟子》中

〔註35〕《先秦兩漢水思維研究——神話、思想與宗教三種視野之綜合分析》（彰化：國立彰化師範大學國文學系博士論文，2006 年 7 月），頁 121。

〔註36〕在《論語‧陽貨篇》中亦記載孔子使用「下流」一詞，子貢問：「君子亦有惡乎？」孔子回答：「有惡。……惡居下流而訕上者……。」在程樹德在《論語集釋》的考異云「惡居下流而訕上者」是從北宋開始才流傳，在漢代、唐代

雖沒有使用「下流」這個詞彙，但在《孟子・梁惠王下》「從流下而忘反謂之流」的文句中，可以看出孟子以河水向下流注不返的經驗作爲「上位者」爲政嗜欲荒廢朝政而甘居下流的主觀聯想；或是「同乎流俗，合乎汙世」（《孟子・盡心下》）這樣的語句中同樣含有負面的主觀意念存在，句中的「流」與「汙」二字，皆是以其內包屬性「下」與「髒」來轉化當作形容用詞。

「流」這個詞爲何會帶有較多負面的價值呢？除了其本身概念中所附有「下」的屬性會讓人連想到自然位勢低下汙濕與人間社會階層卑下之外，還有沒有其它的原因呢？尤其「流」的意象時常染上人類放縱無度的色彩。

我們見《孟子・盡心上》：

放飯流歠，而問無齒決，是之謂不知務。

「流歠」一詞又見《禮記・曲禮上》「毋放飯，毋流歠」疏云：「毋流歠者，需開口大歠，汁入口如流，則欲多而速，是傷廉也」。

又見《孟子・梁惠王下》：

方命虐民，飲食若流。流連荒亡，爲諸侯憂；

從流下而忘反謂之流，從流上而忘反謂之連。

朱熹注：「若流，如水之流，無窮極也。……從流下，謂放舟隨水而下。從流上，謂挽舟逆水而上。」〔註37〕不管是以水流無窮無盡的樣子來作爲恣意飲食的一種比喻，或是古時君王有「放舟隨水而下」與「挽舟逆水而上」的遊玩之樂，「流」字因此都被附加上貶抑的負面色彩。這種負面色彩，我們可以再想像成「事物被放流水上而漂蕩無所依恃的樣態」使流字另外染上了人類放蕩的樣貌。故焦循在此句有疏文云「流猶放也，放猶蕩也」〔註38〕。不只是《孟子》，《荀子》一書中的「流」字也存有許多相同的「放蕩」色彩，如下所列：

柔從而不流。（《荀子・不苟篇》）

致功而不流，致臨而有辨。（《荀子・君道篇》）

故能處道而不貳，吐而不奪，利而不流。（《荀子・正名篇》）

的《論語》本子中並無現存的「流」字，而作「惡居下而訕上者」。此則與「流」的意象應無關係，故不與以討論。見程樹德：《論語集釋》（臺北：藝文印書館，1965 年 3 月初版），頁 1076～1077。

〔註37〕宋・朱熹：《四書章句集注》（臺北：鵝湖出版社，1984 年），頁 217。

〔註38〕清・焦循著；沈文倬點校：《孟子正義》（北京：中華書局，1987 年），頁 126。

　　貴賤有等，則令行而不流。(《荀子・君子篇》)

　　二人揚觶，乃立司正，焉知其能和樂而不流也。(《荀子・樂論篇》)

　　樂中平則民和而不流，樂肅莊則民齊而不亂。(《荀子・樂論篇》)

　　制雅頌之聲以道之，使其聲足以樂而不流。(《荀子・樂論篇》)

這是否正是「流」字染上放蕩色彩後造成的影響！而且除了「流」字本身以外，也與其它字組成詞聯，更加重其負面的色彩，如流淫、流僈、流慆與流愐等詞語：

　　士大夫無流淫之行，百吏官人無怠慢之事。(《荀子・君道篇》)

　　其立聲樂恬愉也，不至於流淫惰慢。(《荀子・禮論篇》)

　　流淫汙僈(《荀子・正論篇》)

　　樂姚冶以險，則民流僈鄙賤矣；流僈則亂，鄙賤則爭。(《荀子・樂論篇》)

　　與之安燕，而觀其能無流慆也(《荀子・君道篇》)

　　入境，觀其風俗，其百姓樸，其聲樂不流汙。(《荀子・彊國篇》)

　　多少無法，而流湎然，雖辯，小人也。〔註39〕(《荀子・非十二子篇》)

　　多言無法，而流喆然〔註40〕，雖辯，小人也。(《荀子・大略篇》)

回溯在上一章討論《荀子・宥坐篇》中對於「其萬折也必東，似志」的正面解讀，我們卻又在《荀子・哀公篇》中可以讀到「從物如流，不知所歸」這樣的句子，反而以流水來強調不知所歸的特性。此種「不知所歸」特性正與荀子學說中所強調的「人生而有欲」(《荀子・禮論篇》)可以相連結來讀。荀子以為人之欲是不好的，但卻是與生俱來的，無法消除，故有云「雖堯舜不能去民之欲利」(《荀子・大略篇》)。既然無法消除，只有設法加以節制或引導。節制是從自身的修養上說，而引導則是就外在禮法的治理上說的。荀子以禮法治民治國的學說，是在人皆有欲的基本假定上而建構的。

　　隆禮貴義者其國治，簡禮賤義者其國亂。(《荀子・議兵》)

荀子無論在個人的修養以及社會國家的治理，都特別重視「禮治」。若我們把

〔註39〕楊倞注：湎，沈也。流者不復反，沈者不復出也。見王先謙：《荀子集解》(臺北：藝文印書館，民國96年3月初版)，頁235。

〔註40〕楊倞注「喆」當改為「湎」，見〈非十二子〉篇。

人之「欲」想像成水之「流」，就會了解到《荀子》中流字的使用大都具有負面色彩的原因；但也因為如此，我們也很容易聯想到不加引導之欲與氾流之水的關係，欲無法消除、洪水也無法消除。因此，我們只能「治」理它們，這也使得我們在理解荀子治國思想時能有更深刻的體悟：荀子的禮法之治，不在禁令而在疏通，禮法像是人工開鑿的河道，把人引導到善的境地。

接著，我們再來仔細談談關於治國的水意之象。

三、附有政治色彩的水意象

（一）從治水到治國

「治」這個水符並無染上人間價值的色彩，其符號本身即是人的行為與水之間互動的相關用詞。它原本是水名，是專有名詞，見《說文》云：「治，治水。出東萊曲城陽丘山，南入海。」後來「治」轉化為疏理水道的意思，更再進一步衍伸為我們現在常用的統理國事之義。在先秦時代就廣泛地交替使用治水與治民兩者，如荀子就直接以「水行者」的意象來表達「治民者」應有的作為：

> 水行者表深，表不明則陷。
>
> 治民者表道，表不明則亂。禮者，表也。（《荀子·天論》）

楊倞注云「表，標准也。陷，溺也」。我們大概可以知道，荀子以「水行者」來類比「治民者」。也有人以為「水行者」應改成「行水者」與「治民者」相對文。如俞樾曰：「水行，當作『行水』。行水者表深，與下文『治民者表道』一律。《孟子·離婁篇》『如知者，若禹之行水也』，此『行水』二字之證」；或是今人王天海亦有相似說法。在此，我們以「行水者」作解，因此在這一則中我們看見荀子以具體的治水者為例，他必需明確地標識出水的深淺，才不至陷入水中而滅頂，以此來對顯「治民者表道」的重要性。荀子是想說：治民者若要把「道」標顯出來，給顯題化，就需要「禮」，唯有外在顯露出來的「禮」才能免於「亂」。

相對於荀子以「水行者」與「治民者」直接對比，我們接下來討論孔子所謂的「無為而治者」與孟子所謂禹能「行其所無事」的章句。我們亦能從治水的意象來解讀出他倆背後治國的理念。

（二）無為而治

老子講無為而治，孔子也講無為而治（見《論語·衛靈公》）。先不論其

背後深層涵義的不同，我們在這裡所要關注的焦點在於「無爲而治」的表面字義中「治」的初始意義與「無爲」的聯結。因爲我們總可以很快的聯想到孟子亦曾如此讚賞禹的治水之功：

> 如智者若禹之行水也，則無惡於智矣。
>
> 禹之行水也，行其所無事也。
>
> 如智者亦行其所無事，則智亦大矣。（《孟子‧離婁下》）

仔細讀這段話後，另人不解的是：治水是個大工程，如何能說是「行其所無事」呢？趙岐注云「禹之用智，決江疏河，因水之性，因地之宜，引之就下，行其空虛無事之處」〔註41〕，趙岐在這裡的解讀是：大禹把水運行到地勢低窪處讓水在其空虛之中往下流淌（水行），這是無須借助任何外力的。在此我們會發現兩點疑惑：如果就此段所云，難道後世所有能掘渠道引洪水之人，皆可以如禹般稱爲「智亦大矣」嗎？另外，我們且憑著自己的經驗亦可知道，把濫行成災的洪水運行至大海是需要多麼周詳的勘察與計畫，還需多麼密集的人力支援才可能完成，又怎能行其所無事呢？就後面這個疑惑，先列舉其他資料來看。比如我們可以在〈滕文公上〉讀到「禹八年於外，三過其門而不入」這樣的句子，或見《史記》載「於是禹以爲河所從來者高，水湍悍，難以行平地，數爲敗，乃厮二渠以引其河」，漢書音義云「厮」的意思是「分也」〔註42〕，也就是說禹確有鑿地之事。或是在胡渭《禹貢錐指》中所記載其穿山之事：「昔大禹治水，山陵當路者毀之，故鑿龍門，闢伊闕，析底柱，破碣石」〔註43〕。鑿地穿山，又怎能無事。故而，行所無事是指「水行其空虛無事之處」嗎？

我們要了解的是，在禹能「行其所無事」的背後已經帶有了無數實際的辛勞作爲。焦循疏語中即看到了這個面相：

> 若禹祇憑空論，無有實事，則水轉不能無事矣。聖人明庶物，察人倫，仰而思之，夜以繼日，憂勤極矣。乃所以使民行所無事也。
>
> 〔註44〕

〔註41〕清‧焦循著；沈文倬點校：《孟子正義》（北京：中華書局，1987 年），頁 587。

〔註42〕《史記》，卷二十九〈河渠書第七〉。

〔註43〕胡渭：《禹貢錐指》（上海：上海古籍，2006 年出版）。

〔註44〕清‧焦循著；沈文倬點校：《孟子正義》（北京：中華書局，1987 年），頁 587。

焦循在此則的疏語中已經轉化到「治民」的面相了。我們從上述可以了解「行所無事」的是水而非禹這個治水的主體，在國家裡「行所無事」的是人民而非上位統治者。

經由此則中對禹治水的了解，我們再回過來看《論語》曾深讚禹的一則：

> 子曰：「禹，吾無間然矣。菲飲食，而致孝乎鬼神；惡衣服，而致美乎
> 黻冕；卑宮室而盡力乎溝洫。禹，吾無間然矣。」（《論語・泰伯》）

無間然，謂其無罅隙之可議之義；此章孔子深讚禹於治理民事上，以祭祀為先，衣服次之，宮室又次之。《四書集注》中載楊氏曰：「薄於自奉，而所勤者民之事，所致飾者宗廟朝廷之禮，所謂有天下而不與也，夫何間然之有」。楊氏在這裡插入了一句「有天下而不與也」，此與前述焦循疏語云「使民行所無事」有相似的效應，顯現禹在治民上採取的方法是：盡力供給人民生活中一切所需，然後順其發展，不參與其中。這樣的方法和「禹之行水，行其所無事」是很類似的共同點。從《論語》和《孟子》這兩則中對禹治水與治民上，我們就可以看出「治」這個水符早期的共通點了，接下來我們再重新來閱讀孔子所說的這一段話：

> 無為而治者，其舜也與！夫何為哉？恭己正南面而已矣。（《論語・
> 衛靈公》）

孔子所謂「無為」絕非無所作為，也不應像朱注所云「無為而治者，聖人德盛而民化，不待其有所作為也」〔註45〕那般，只是一種形而上「德盛而民化」的施政理念。我們可以與上述「禹之行水」的意象來看，行水者仰而思之，夜以繼日地勘察地形與計劃疏洪工程，再到後續地統領眾人投入實察的鑿地穿山工程中。孟子所肯定的是禹如此憂勤極矣的精神，而非「行其所無事」的水，論述至此，我們不禁懷疑孔子所謂的「無為而治者」，只是「恭己正南面」的字面表層義所呈顯的涵意而已嗎？我們應該可以這樣推想，「恭己正南面」只是對於舜治國策略上文學性的描寫，實際的治國事務中不可能只是「恭己正南面」而無所作為，而人民自會被具有盛德的統治者所感化，我們可以理解這在現實世界中是不可能發生的，古今亦然。孔子是一位務實的政治家，在此則中描述無為而治的舜，不應只是具有「聖人敬德之容」（朱注）就能感化天下，而應如治水一般，在儒家治民思想背後肯定亦是具有「仰而思之，

〔註45〕宋・朱熹：《四書章句集注》（臺北：鵝湖出版社，1984年），頁162。

夜以繼日，憂勤極矣」的具體實做精神。如《論語・泰伯》所載「舜有臣五
而天下治……孔子曰：『才難，不其然乎？』」搜羅人才與人事間的調度與運
用，必然也是耗費精神的事。眞正「行其所無事」不是治水者——禹，也不
是治民者——舜，而是指水與民本身。

（三）四海之內

禹疏九河，瀹濟、漯而注諸海。（《孟子・滕文公上》）

我們前一節從大禹治水談到儒家治民的思想是具有「仰而思之，夜以繼日，
憂勤極矣」的具體實做精神，然而，治水的最終目的即是把大水疏引至大海，
那麼治民的最終目的呢？

因爲治民的最終目的不易表述出來，故先秦儒家的語言中就常以「大水
歸海」與「沛然莫之能禦」來呈顯一種聖王之治的意象。當孟子云「民歸
之，由水之就下，沛然誰能禦之」（《孟子・梁惠王上》）或荀子云「人歸之如
流水」（《孟子・富國篇》）時，我們可以了解他們皆以大水向下而流的趨力類
比於人民歸順於聖王的趨力。然而，大水在向下趨力的引導下，最終歸向大
海，故而「海」就時常成爲人民所歸處所的意象。海，是水最終的居所。在
先秦先哲的思維底，很自然地取用海的這種特性，同樣以「海」這個符號來
作爲人民最終安居之所。「海」作爲一個政治上的區域，這區域是抽象的，它
並不指涉特定的地方，而是作爲一個人民聚集、安居之所，這個所在有可能
變動，全看有仁德的聖王是否處在這個區域之中。若在上位的聖王不再保有
仁德了，處在「海」這個區域中的人民也將失去了聚集的趨力，故孟子有
云：

天子不仁，不保四海（《孟子・離婁上》）

苟能充之，足以保四海；苟不充之，不足以事父母。（《孟子・公孫
丑上》）

故推恩足以保四海，不推恩無以保子。（《孟子・梁惠王上》）

「四海」這個詞彙在《論語》中出現兩次、《孟子》中出現共九次、《荀子》
中則使用了十九次之多，大抵都當作「天下」（或「天下之民」）的意思。經
由上述對海的意象分析，我們應該可以把「四海」當成指涉「天下之民因爲
有仁聖王之趨力而聚集安居的處所」。如同海的形成來自於天地間自然向下之
趨力（地心引力），「四海」之形成則仰賴聖王之仁之德。我們由此就比較能
明白四海這個水符在先秦儒家語言中所展現的涵義。故我們可以說先秦儒家

在治民的最終目的，是要創造一個人民能安居不離的理想政治區域。因為在此區域內的人民都是趨向相同「善」的價值而來，他們有著相同的價值理念，故先秦儒家的經典中才會不斷有「四海之內皆兄弟也」（《論語・顏淵篇》）、「四海之內若一家」（《荀子・王制篇》）的思想內涵。

（四）田間溝渠

治水的事業不只是關係到人民生命財產的安全，其中還關係到灌溉渠道的修築。如前面我們在《論語・泰伯》中讀到「卑宮室而盡力乎溝洫」，或《荀子・王制篇》所載「脩隄梁，通溝澮，行水潦，安水臧，以時決塞，歲雖凶敗水旱，使民有所耘艾，司空之事也」。古代仍是以農業為主的社會，農地中灌溉渠道必定是重要的社會文化資產。故接下來，我們將討論當時農業社會所創建出來的各種溝渠意象與其所染上的色彩。

> 使畢戰問井地。
>
> 孟子曰：「子之君將行仁政，選擇而使子，子必勉之。夫仁政必自經界始，經界不正，井地不鈞，穀祿不平。是故暴君汙吏，必慢其經界。經界既正，分田制祿，可坐而定也。……方里而井，井九百畝；其中為公田，八家皆私百畝，同養公田。公事畢，然後敢治私事，所以別野人也。此其大略也，若夫潤澤之，則在君與子矣。」（《孟子・滕文公上》）

古代井田之制中分公田與私田，亦可見《夏小正》載：「正月，農及雪澤，初服于公田。」傳云：「古有公田焉者，古言先服公田，而後服其田也。」可對應《詩・小雅・大田》所云「雨我公田，遂及我私」。其中公、私田地之別在於經界的劃分，孟子以為施行仁政的實察做法之一是要正經界、鈞井地，當經界定了之後，才能使每一個人所保有的土地確定下來，確保其「有恆產」才能生定其恆心。而古代是以縱橫的水道來界定田地範圍的，這在《通藝錄・周官畿內經地考》中有詳細的記載〔註46〕。依此記載逐繪成如下頁簡圖。

〔註46〕程氏瑤田《通藝錄・周官畿內經地考》云：「……井田溝洫之制，在〈考工記〉『匠人為溝洫，耜廣五寸，二耜為耦。一耦之伐，廣尺深尺謂之甽。田首倍之，廣二尺深二尺謂之遂。九夫為井，井間廣四尺深四尺謂之溝。方十里為成，成間廣八尺深八尺謂之洫。方百里為同，同間廣二尋深二仞謂之澮。專達於川。』……」摘自清・焦循著；沈文倬點校：《孟子正義》（北京：中華書局，1987年），頁352。

從此圖我們能清楚了解到溝渠之所以能定經界的原因。古代的「經界」即是由小至大的畎、遂、溝、洫、澮、川所構成，它們是縱橫交錯的農事灌溉系統。我們亦能由此了解到孔子讚禹能「盡力乎溝洫」的溝洫所謂為何。

中國古代井田制度　徐國峰 製

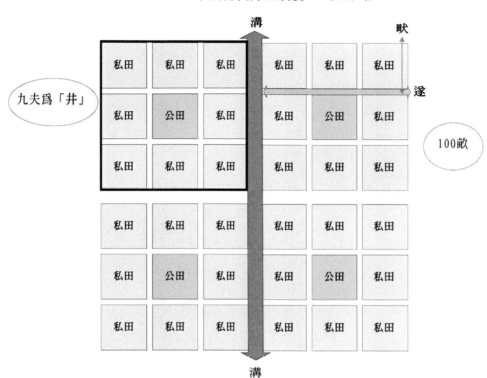

這些溝渠名稱的使用也並非固定不變，如《爾雅‧釋水》亦有另一翻定義：「水注川曰谿，注谿曰谷，注谷曰溝，注溝曰澮，注澮曰瀆」。或如上一章我們曾討論的「溝澮皆盈，可立而待其涸也」一句，其中孟子所謂的溝澮，必不能是周代所謂的井間之「溝」與成間之「澮」了，否則如此大的水圳又怎能立而待其涸呢！在這邊所要強調的是，在當時以農業為主的社會中，水道之四通八達是必然的現象，它除了做為灌溉之用，亦是土地之間重要的分界線；故這些或大或小的溝渠勢必在孔孟荀的生活之中為最常見的經驗之一。這些常見的田間水道，卻被他們賦予了死亡的色彩來，如《論語‧憲問》載孔子曰：

匹夫匹婦之為諒也，自經於溝瀆而莫之知也！

孔子以為管仲不應只是像匹夫匹婦為守小信而自縊死於溝瀆中。我們在這裡

見到孔子仍重外在有利於後世之大功業，而舍棄小信。在此，「溝」形成丟棄屍體的處所，這在孔孟的語言中經常被使用，如「老羸轉於溝壑」（《孟子·公孫丑下》）、「使老稚轉乎溝壑」（《孟子·滕文公上》）。可見人民死後不得入土爲安而轉於溝中隨流水而去是「天下不治」的一種象徵。

> 思天下之民，匹夫匹婦有不被堯舜之澤者，若己推而內之溝中，其
> 自任以天下之重如此！（見《孟子》〈萬章上〉、〈萬章下〉）

所以當伊尹一想到不能以仁義化民，就如同自己把他們推入溝壑之中一樣。孟子所謂仁政必先「正經界」「鈞井地」以及孔子讚禹「盡力乎溝洫」可知此種井然有序的灌溉系統即爲儒家所謂天下治的具體創造實物；反之，在上位者失德之時，此具體創造實物——「溝壑」並不隨之崩毀，而成爲那些人民（創造溝渠者）在「天下不治」之後的死亡處所。故而，當我們讀到「使老稚轉乎溝壑，惡在其爲民父母也」（《孟子·滕文公上》）的句子時，可以進一步詮釋出孟子對於那些無德的在上位者的諷刺涵意。

我們在這一則中，同時讀到「披堯舜之澤」這樣的話語，相對於「溝」這個帶有陰暗的負面意象，「澤」則附有偏向光明價值的色彩。

（五）澤

> 彼澤之陂，有蒲與荷。……
> 彼澤之陂，有蒲與蕑。……
> 彼澤之陂，有蒲菡萏。……（《詩經·陳風·澤陂》）

《詩經》中這首男女相悅之詩，以水澤旁的蒲、蕑與荷起興。「澤」是個水流匯聚之處，它亦是草木叢生之所、是泥沼遍布之地、是眾多河流湖泊交錯的地方。澤，是汙濕的不宜人居的所在，故「園囿、汙池、沛澤」是禽獸所居之處；但它能滋潤大地同時也是光明的所在。地勢低濕處，眾水聚集故水面遼闊，日間自然顯得光潤明亮。

> 澤，光潤也。（《說文解字》）

僅管「澤」有這些眾多的特性，在先秦時代的文化中，它「光明滋潤」的特性被擇存下來了，而且被廣爲運用，被附加上正面價值的色彩，如「膏澤下於民」（《孟子·離婁下》）、「施澤於民」（《孟子·萬章上》）。澤之水具有滋潤萬物的特性，這個特性被保留下來，被內包在「澤」這個抽象的概念裡頭，爲君上施與臣民的「恩德」。但我們不禁疑惑，不只是澤之水，泉之水、河之水、湖之水、淵之水、沼之水或是人創建的溝澮之水都具有滋潤萬物的特

性，爲何「澤」形成水符之概念後，可以演化成政治上恩德之施與的意義
呢？也就是「澤」這個水符裡頭染上恩德的色彩（恩澤），而泉、河、湖、
淵、沼卻沒有呢？這個問題，我們不得而知，可能是在語言的使用中擇選下
來的結果。

　　孟子曰：「君子之澤，五世而斬；小人之澤，五世而斬。予未得爲孔
　　子徒也，予私淑諸人也。」（《孟子‧離婁下》）

焦循正義曰：「趙氏以君子爲大德，小人爲大凶，其善惡之氣流於後世，猶水
之潤澤。」趙岐與焦循把君子小人之澤分爲流於後世的兩股善惡之氣，這麼
一來此句中的「澤」就分爲正負面解，並不妥切。再看朱熹注云：「猶言流風
餘韻也」。孟子的意思應是：不管是在上位的君子或是不在位的平民百姓，他
們的德澤大概能流傳到五代以後才會完全斷絕。這種以水之流作爲德澤流傳
的水符語言很容易讓我們聯想到前述「德之流行，速於置郵而傳命」這樣的
句子來。

　　舜之相堯，禹之相舜也，歷年多，施澤於民久。（《孟子‧萬章上》）
　　古之人，得志，澤加於民。（《孟子‧盡心上》）

《孟子》一書中很常使用「水意之象」來表達抽象的德在時間或空間中的傳
布，如之前所論及的「流」字；在上位者以德化民的過程中，「澤」這個概念
就成爲恩／德的本源，它能滋養萬物，同時具有恩德廣布的表達效應。

四、小　結

　　我們在第二章時提到：古漢語中的名詞時常不只是指向具體的事物，也
會指涉抽象的概念。所謂「抽象」，即是指抽離於我們的知覺所能經驗到的實
在物象與現象之外，如本章最後提到的「澤」原是指向眾多河流湖泊交錯的
地方，經由先秦時代文化的催化下，「澤」的光明屬性被抽離出來，逐漸涵有
一種恩惠流傳的意義在裡頭。因此「澤」這個字就不僅能指向水澤這個實體，
也能指向一種抽象的恩澤、德澤，因爲它們與水一樣具有滋養、流傳的屬性。

　　本章首要之任務，即在藉由屬性的此種相似性來說明水符在先秦儒家的
使用情況，也在深究水之各種名稱、屬性與狀態的同時，重新理解文本中水
符所內具的涵義。這裡所謂的「涵義」是指某個詞（水符）在說者（或作者）
的腦海中所引起之感情和想法的基礎上逐漸演化形成的。它一開始只存在個
人思想意識之中，它是比較個殊的，我們稱之爲「涵意」；當它逐漸流傳而被

廣泛的接受，開始形成一種普遍義之後，我們則稱它為「涵義」。故本章大都擇選那些在先秦儒家經典中開始賦予涵意，而至今則已經具有普遍涵義的水符來討論。如本章最先談到的「沐浴潔身」的「潔」字逐漸被賦予修身的涵義，或是當我們在理解「清」的人格或是荀子所謂的「大清明心」時，更應該了解「清」最初是在指涉水的一種明亮透澈的狀態。狀態並非天生的屬性，而需要後天努力治持才能保有的。先秦哲人使用「聖之清」與「清者」這樣的語彙時即是使「清」字逐漸具有指涉人格的涵義。

以本論文在第二章對「意象」所做的基本假定：符號之象來自於實體之象，故水符的本源即需回溯到各種水體物象、現象、實體之屬性與狀態。故本章後續討論「濫」、「流」、「治」……等水符時亦皆是以此基本假設作為詮解文本的基礎。當我們討論「小人窮斯濫」的性格時，就先回到洪水氾流溢出河道的形象；當我們討論「上流、下流」的正負面涵意時，就先回到上流之水清、下流之水汙的形象；當我們要討論「無為而治」的思想時，就先回到大禹治水「行其所無事」的具體情境中去理解。

當我們「探查水符本源所指的客觀意義」之後，其主觀涵意也會被相應地理解。比如我們在探查「下流」所被賦予的涵意時，必先了解「下流」一詞可以被分成兩種意思來解讀，其一是由副詞「下」與動詞「流」所合成的「向下流注」之意；其二是「下流」成為名詞，指向「河水下游之地」。前者是水所本具的一種屬性，被孟子取來類比人性的趨向；後者是眾流歸之的地形卑下處所，它可以說是水後天形成的，因此被先秦儒家賦予負面的涵義。

第五章 結 論
——具象情境回歸的理解進路

　　在本論文中，我們分別以「水體」（實體之象）與「水符」（符號之象）來分析先秦儒家的水意象。雖然分成這兩類，但我們在理解「水符」時也是先回歸到「字辭」所指涉之水的具體實象，就其屬性或其狀態來進行文本的詮釋。

　　水體與水符是「體」，它們皆具有理解／詮釋的「用」。也就是說，自然界中的各種具體水象（實體）與那些初始意義指涉水之名、水之屬性或狀態的水符為思想性文獻中水意象之「體」（水體可以想像成河水之本源，那水符即如同河水支流一般），它們的意義在被附加上主觀涵意之後，則具有理解／詮釋文本的效用。

　　關於「體用」一詞，在韋政通主編的《中國哲學詞典大全》中大概可規納出下列四種界義〔註1〕（列左），這四種界義可以轉化成本論文所提出水意象之體用間的四種關係（列右）：

事物之本身與其運用	透過想像從文字回歸到水體本身，以達到文本理解／詮釋的效用
體乃用之源	水意象本具抽象的主觀意義或意涵乃是其詮釋效用之源
體用可指一事物之兩態	水意象具有具體實物與抽象意義兩態（如具體的流水與抽象的時間）
體乃用之因	水意象之體乃是意象具有理解／詮釋效用的成因

〔註1〕 參見韋政通主編：《中國哲學詞典大全》（臺北：水牛圖書出版公司，1983年），頁854～855。

一、水體所涵的詮釋功效

　　故而本論文相較於前行研究學者對於思想性文本中水意象研究成果之進展在於：我們不只從水體去理解先秦儒家中的重要義理（這也是目前大部分以「先秦水意象」爲對象的研究成果的主要進路），而是再更進一步以「被賦予涵意的水體」來達到理解／詮釋的效用。此即以體爲用，亦是我們在第三章中的任務：從我們所能面對的文本中去回歸到他們所面對的具象情境，再探查其最後的體悟，而非直接把具象物當成是他們思想觀念的一種喻依。也就是說，我們從古人觀察→獲取客觀世界經驗→反省→直觀解悟，到最後寫成文字的過程再重溯一回。本論文以「水」爲對象，故就第一步而言「古人觀察→獲取客觀世界經驗」，水本身即是容易觀察且千古不變的物質，古人所見水在自然界的各種狀態與屬性皆必定與當代無異，故我們現今所觀之水必與先秦哲人無異。因此我們能從文字中確切地回歸，故能與古人擁有相同的客觀經驗〔註2〕，本論文的論點即在於：這樣才有可能同古人一樣反省、得到直觀的體悟。這即是本論文不斷操用的「具象回歸的理解進路」。我們由此進路去理解孔子直接以語言抒發河水不斷流動的具體現象（「逝者如斯夫，不舍晝夜」）。當時，他背後面對人生的態度上，僅管有「乘桴浮於海」的悲嘆，但其實內裏卻隱涵著一種期盼向海外發展政治理想的想像，進而以此則意象詮釋出整部《論語》偏向一種「不厭不倦」、「知其不可而爲之」的進取精神〔註3〕。相較於孔子，孟荀除了深刻地認識到河水這個實體，他們再把它對象化，進而創造出直觀綜悟的哲學觀念。這些被孟荀附與哲學觀念的水體即具有文本理解／詮釋的功能，由此功能進而外衍出詮釋效應，比如在《孟子》「源泉混混」一則中以潦水的意象來詮釋聞者、以源泉（泉之始達）的意象來詮釋達者與孟子所謂「自得之者」與「左右逢其源」之間的關係。在《荀子》「東流之水」一則中透過大水「遍與諸生而無爲」的意象形塑施政者德澤於民的具體形象；透過河水「裾拘必循其理」的意象來詮釋出君子的固守之義；從大水「洸洸乎不淈盡」的意象詮釋出儒家君子之道具有浩然剛健的特性（相對於道家而言）；透過大水「決行之，赴百仞之谷不懼」的意象可以讓人體悟出勇者具體形象；透過水「以就鮮絜」的能力推斷出惟有學不

────────────

〔註2〕　此與人文創造的意象不同，人文創造的意象會有時代的差異。
〔註3〕　相對於《論語》中最被看重的仁者來說，（從智者樂水的詮釋中）這種精神，正可呈顯出另一種人格典範──「智者」的形象。

厭的積極進取者才具有教不倦的「善化」能力；透過大水「其萬折也必東」的意象理解儒家所謂的「有志者」必依循裾拘之理（如同河道般固定的原理原則）以求事成，而非不擇手段地達其目的；透過水「淖約微達」的意象與朱子「浸灌滋潤」的成學之道來相應地理解荀子積學成德的思想；透過水「主量必平、盈不求概」的意象詮釋荀子所謂的禮具有內在自律與外在他律的兩種性質。

二、回到水符所指涉的實體，再重新進行文本的理解

以上乃就「水體之本身與其運用」說。再者，本論文在研究的進程上最大的特色在於我們接著「從用反體」。也就是在思考某某水符是如何從實體意義被用來表達人格／心之狀態、價值意象或是政治理念的同時，即是從具有抽象涵義的水符溯回到實體的意義（即水之名、狀態或屬性），再由此實體的意義出發，來理解／詮釋文本中的思想涵義。這也好像是從眾多河水支流進行溯源的工作一般。

我們發現這眾多支流（第四章所討論的水符）在中國先秦文化的脈絡已延伸到修身、治國與制度上語彙的運用，故於此，下面再試著整理本論文從眾多水符支流中進行溯源的詮釋成果如下。

「潔」這個字在儒家思想中被用來比喻「修身」此一抽象行為（水符之用），故我們在思考儒家所謂的「潔身」時，（欲反其體）從清潔身體的具體意象中出發：沐浴以保持身體清潔的狀態只是暫時性的，若要永保清潔，勢必得定期規律地進行沐浴。故在修治人格上的「潔身」亦是如此。由水體可知「清」並非水本具之屬性，而是一種狀態。因此「清」也只是對人格當下狀態的評斷性語彙，而非人本具之性。所以我們也可以進而理解荀子所謂的「大清明」是在形容心所能達到的一種最圓滿的狀態，而非指涉心的天生屬性。接著，從我們利用大清明心的意象性理解來詮釋「濁明外景，清明內景」所展現至人之心的兩種功效——能映照外物（外景）又能觀照自身（內景）。另外，對於人格涵意的水意象，我們接著以「濫」的初始意義——洪水橫流來對《論語》中「君子固窮，小人窮斯濫矣」做意象性的詮釋：小人如洪水氾流，君子志於道，故固守其窮（引第三章的水體來說），如大水般「裾拘必循其理」之義。

在「流」這個水符上，我們追溯其內包的屬性中含括「行」、「下」的概念，因此可以向外延伸為具有「流行」、「下流」、「流優」與「流淫」等詞組。

這此辭彙的使用應是古人觀察「流水決行不斷」、「就下而流」與「漫流無止盡」的三種現象進而產生了正負面的價值判斷。從此具體的形象出發，我們可以從「水之行」的沛然意象來理解「若決江河，沛然莫之能禦」這樣的句子是在形容「舜之行」果決不疑的行動力。或是從水就下而流的趨力來理解人性向善的趨力；從下流之水的污濁理解君子惡居於此；從事物被放流水上而漂蕩無所依恃的樣態理解施政者放蕩無依的形象。在「流僈」與「治」的水符的關係間，聯想荀子以為人與生俱來無法消除的天生之「欲」，只有設法加以節制或引導，否則便會放蕩無度，如洪水溢流無止盡。至此，我們可用具象性的流水、河道來理解荀子所謂的禮法之治，不在禁令而在疏通，禮法像是人工開鑿的河道，把人引導到善的境地。治國類比於治水，「治」的意象就成為我們理解儒家「無為而治」的思想中隱涵著如同治水者般「仰而思之，夜以繼日，憂勤極矣」的具體實作精神。這種政治精神的最終目的在於使人民「歸之如流水」，「之」指王者，當然也指大海。儒家經典中多次出現的「四海」一詞，即可被理解成「天下之民因為有仁王者之趨力而聚集安居的處所」，是一處人民能安居不離的理想政治區域，如同眾水安居於大海一般。

從治水的事業中我們很容易聯想到以農業為主的古代灌溉渠道，它們是一種人為修築的水體。我們試圖解釋「為何在儒家經典中它時常具有死亡的涵意，成為棄屍的處所？」我在論文中透過畎、遂、溝、洫、澮、川的意義，描繪當時灌溉系統的藍圖，因此理解到儒家所謂的仁政自「正經界」「鈞井地」開始，也就是說天下之治始於井然有序的人造水道。故而，孟子所謂「老羸轉於溝壑」的語言，或許是以天下失治之時溝澮（創造物）仍然存在而人民（創造者）卻被棄置其中用以達到諷刺的效果。

「澤」這個水符，經由我們的追溯，它在先秦時代已被泯除了卑濕、蟲蚋叢生處所的負面屬性，而對水澤之「滋潤」與「流布」的正面屬性加以強化與運用。正因為「澤」字在其指涉的具體實物上有著「滋潤」與「流布」的屬性，儒家類似「澤加於民」的句子中自然涵有「滋養百姓」與「恩德廣布」的表達效應。

三、其它意象操作：具體／符號之「權」

此種「具象情境回歸」的理解方式，正是本論文詮釋先秦儒家經典的進路之一，欲使思想性文本的探索不會掉入純粹抽象之哲學觀念的推衍之中。綜合言之：理解先秦儒家的水意象可以透過知覺底的經驗為出發點，以作為

思維的延伸。如此說來，那本論文的這套進路是否能具有詮釋其它意象的效用呢？我們仍以先秦儒家爲文本，來試著操作其中的「非水之意象」看看。

　　孔子曾說過這麼一段話：

　　　　可與共學，未可與適道；可與適道，未可與立；可與立，未可與權。

　　　　（《論語・子罕》）

孔子在這句話裡提出了君子對於人世間價值判斷的四個進程，以「共學」爲始，進至「適道」，再進至「立」，最後進至「權」的最高境界。那「權」是什麼意思呢？

　　我們就試著對「權」這個符號之初始意義進行了解，再追溯其所指涉的實體，才比較能具體地了解其在先秦儒家所具有的引申涵意（情境回歸過程：符號→意義→實體→被附與的涵意→形成固定的涵義）。我們由說文可知「權」字本義指黃華木，但此義在傳世文獻中已無跡可查，可見其本義已被取代，而專指一種秤物器具中的「秤錘」。朱駿聲云「懸者曰權，橫者曰衡」，可知「權」的本義是懸在秤杆下方的秤錘。「衡」是秤杆，兩者是秤的組成零件。林憶芝先生在〈《論語》「可與共學」章試釋〉一文中亦曾先對秤[註4]的形構與各個組成要件的功能有詳實且具體的描述，其論：

　　　　稱之結構分爲四部分：稱桿、稱毫、稱鈎和稱錘。（一）稱，即衡，是稱錘、稱紐與稱鈎之所繫。當稱量物件時，稱桿必須平正，然後稱量才能準確。稱桿向上翹或向下垂都表示權的位置不正確，因爲稱桿尚未達到平衡，故未能知道物件的眞正重量。稱桿上刻有標記，稱爲小星，每一刻度表示一特定的重量。（二）稱毫，又稱稱紐，是稱量物件時人手提把的地方，是支點之所在。（三）稱鈎，用以鈎住被稱量的物件，是重點之所在。（四）稱錘，即權，又稱稱陀，是力點之所在。物件的輕重，完全依靠的位置來確定，因此可以說有稱而無權，則不能稱量物件。[註5]

「稱錘」是衡量輕重的關鍵力點所在，物品之重量完全由稱錘之數量[註6]與

[註4]　段玉裁云：「秤即今稱字。」見許慎著、段玉裁注：《說文解字注》（臺北：藝文印書館，1970年），頁330。

[註5]　林憶芝：〈《論語》「可與共學」章試釋〉，《中國文化研究所學報》第十期，2001年，頁466。

[註6]　一般來說每一個稱錘均相同，以作爲度量的單位，故可直接以稱錘數量計算重量。

位置計算而得。以「稱錘總重 W×稱錘至支點的距離 D」需等於「被稱量物件至於支點的距離 Y×未知物件的重量 X」的公式，即可得知 X 之重量為何。距離 Y 一般來說是固定的，而 W 與 D 則完全由「權」來決定。故而想得知 X 之重量，「權」就自然居於最重要的地位。正因權之變動不定，才能因應外物而求得平衡。

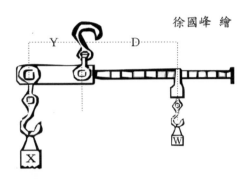

徐國峰 繪

當「權」之意義所指涉的實體清楚了，引申到人事之價值判斷上，則具有「衡量輕重」的意義。因為權的作用正在使橫桿處於平衡狀態，故人處在變動不居的人世間，也需要有一種類似「權」（能夠改變輕重、改變位置）的價值標準，才能維持社會的公平與秩序。先秦儒家對做為「秤錘」的「權」之用於衡量社會價值的標準，比其他諸家有更深的體悟，致使「權」成為儒家思想中一個重要的議題，尤其是「權」與「禮」之間的微妙關係。〔註7〕

我們從孔子所謂的「可與立，未可與權」中並無法明確得知「權」的實質內容，它在這裡與「道」、「立」偏向較抽象的思想概念。故而，我們若想得知「權」的實質內容，必須如同秤量未知物品一樣（秤量未知物的重量必須有已知重量的秤錘），需要有一個具體的事件情境才能判定其衡量的標準。此事件情境當以《孟子‧離婁》中「天下之溺」章為代表：

　　淳于髡曰：「男女授受不親，禮與？」

　　孟子曰：「禮也。」

　　曰：「嫂溺則援之以手乎？」

　　曰：「嫂溺不援，是豺狼也。男女授受不親，禮也；嫂溺援之以手者，權也。」

〔註7〕此論點引用盧瑞容：《中國古代「相對關係」思維探討：「勢」「和」「權」「屈曲」概念溯源分析》（臺北：商鼎文化，2004 年），頁 233。

　　曰：「今天下溺矣，夫子之不援，何也？」

　　曰：「天下溺，援之以道，嫂溺，援之以手。子欲手援天下乎？」

由上文可知「男女授受不親」是當時社會中大家所共識的經常性制度。作為經常性制度的「禮」〔註8〕當然是為了維持社會秩序。我們可以試想：稱桿如同整個社會的狀態，不同的未知物如同未知的事件情境，「禮」可以把它當成秤桿中的固定距離 Y 加上可變動的距離 D，為了維持社會秩序必然要有一固定的禮節規範作為人民價值判斷的依據。這樣的道理，如同上述秤量公式（W×D＝X×Y）中的 D 若變動不居，則桿杆永遠無法保持平衡一般。固定的「禮」與可以依事件情境改變位置與重量之「權」在維持社會秩序上具有同等重要的地位。此正如盧瑞容女士對於儒家這兩個概念之關係所作的結論：「權」對「禮」的作用不是破壞，而是彌補不足、增加彈性，反而可以維持它的普遍性、恆久性。〔註9〕

　　在此，我們即藉由古代秤桿的意象來加以理解孟子所謂的「禮」並非絕對不可動搖的常規，而是要就其適用範圍、情境加以「權衡」。

　　另外，在《荀子》一書的語言中，古代秤桿的意象很明顯地直接指涉其思想體系中「禮」的概念。故荀子直接用「權衡」來表達「禮」的涵義：

　　A　禮之所以正國也，譬之猶衡之於輕重也，……（《荀子・王霸》）

　　B　禮之於正國家也，如權衡之於輕重也，如繩墨之於曲直也。（《荀子・大略》）

　　C　衡誠縣矣，則不可欺以輕重……君子審於禮，則不可欺以詐偽。（《荀子・禮論》）

「禮」在荀子的思想中已經取代了「權」的概念，而直接成為維持國家秩序、可調整的、可操作的工具，如同秤桿與繩墨的具體工具。由此可見荀子在治國（由 AB 可見）與處世（由 C 可見）方面都已經把「禮」提到較高的位置，相較於孔孟強調內在自律價值的禮，荀子所謂的禮已經形成一個外延廣而內包淺的概念，甚至已經包含了具有變動性的「權」與已經形式化的「法」。

〔註8〕　我以為這一則中所說的「禮」較傾向於第三章「東流之水」一節中所談到具有「他律」的外顯制度義。

〔註9〕　此論點引用盧瑞容：《中國古代「相對關係」思維探討：「勢」「和」「權」「屈曲」概念溯源分析》（臺北：商鼎文化，2004 年），頁 239。

　　藉由本論文前述分析水意象的解讀進路，來理解先秦儒家文本中的「權」時，的確達到了詮釋效應。故而，「以某某具體意象〔註10〕的情境回歸來研究先秦思想典籍而使先秦經典的詮釋能有更多的想像空間」的確可做為研究先秦思想的入路之一。類似的研究進路，如楊儒賓先生在〈太極與正直——木的通天象徵〉〔註11〕一文中以自然界的「木」為起點，引申出「宇宙樹」的意象，進而認為「木」在古代神話、宗教與思想中最重要的意義是通天。他在文中從一些比較抽象的概念——「通天之柱」、「太極－皇極」、「社」——討論其中所涵有的木之意象。接著文章中再論及道家與儒家如何將「木」納入它們的體系中；〈木的通天象徵〉一文中處理的方式，即是從木所具有的屬性與狀態來連結他們思想體系中的核心概念，如以木「柴立其中央」（《莊子・達生》）與老子「形體掘若槁木，似遺物離人而立於獨也」（《莊子・田子方》）的形象來理解／詮釋道家所崇尚的人格內涵；或以木的「剛」、「直」的屬性來理解／詮釋儒家君子的正直人格與其思想內涵。楊先生的此篇論文涵概廣大，包涵了神話、宗教以及思想，但我們可以把焦點放在本論文所界義的意象去了解：楊儒賓先生即是以木的具體之象與那些初始意義指涉木之名（建木、扶桑、若木；成為皇極、棟、梁），木之屬性（頂天立地、中立、剛、直）或狀態（槁木死灰）的符號來分別證成中國古代「木」所具有的「通天」象徵。

　　本論文以水為題，正是因為「水」是一個比「權」（只指稱單一的秤錘而已）與「木」所具有的外延更廣的概念，自然具有更廣大的想像空間，先秦哲人在此空間中任意發揮，而我們則試著在他們所遺留下的文字中尋找水意象之體源與支流間的關係，亦試著以水為例來證成「具象回歸的理解進路」在先秦文本中的詮釋效用。

〔註10〕不涉及歷史事件或是抽象物。本文專對具體物在思想類作品中所形成意象之解讀為主。

〔註11〕楊儒賓：〈太極與正直——木的通天象徵〉，《臺大中文學報》第二十二期，2005 年 6 月，頁 59～98。

附　錄

現代有關「水意象」之論述文獻年表

年表依發表日期排列：

日　期	地區	作　者	篇名、書名	類型	出處、出版資料
1952/02/02	臺灣	莊　申	〈水〉	報紙	《中央日報》，1952 年 2 月 22 日第二版
1964	日本	片岡政雄	〈流水に託する譬喻の基本構造の設定竝びにこれに據る詩情の考察〉	期刊	《日本中國學會報》第十六集，1964 年
1977/01	臺灣	劉滄浪	〈古代中國神話的研究方向〉	期刊	《幼獅月刊》第四十五卷第一期
1983		Bachelard, Gaston	Water and dreams: an essay on the imagination of matter〔註 1〕	專書	Dallas: Pegasus Foundation, c1983
1989		劉寧波	〈人生禮儀中水的再生功能試析〉	期刊	《民間文學論叢》，1989 年第四期
1991/05	臺灣	黃永武	〈詩經中的水〉	專書	《中國詩學——思想篇》，臺北：巨流圖書公司，1991 年 5 月
1992/10/26		馬肇雄	〈管理哲學，水的哲學〉	報紙	《經濟日報》，1992 年 10 月 26 日第二十七版
1993/09	大陸	劉　星	〈水與哲學思辨（一）〉	期刊	《水利天地》，1993 年 9 月
1994/03	大陸	劉　星	〈水與哲學思辨（二）〉	期刊	《治淮》，1994 年 3 月
1994/04	大陸	文師華	〈清輝與靈氣，日夕供文篇——淺談水與文化藝術〉	期刊	《中國典籍與文化》第四期，1994 年

〔註 1〕譯自：L'Eau et les reves。

1994/05	臺灣	王嘉驥	〈沈思世紀末臺灣現代藝術——論鄭在東、于彭、許雨仁、郭娟秋的山水意象及其時代意義〉	期刊	《當代》，民國 83 年 5 月，頁 102～111
1995/05	大陸	楊秀偉 李宗新編	《水文化論文集》	專書	鄭州：黃河水利出版社，1995 年 5 月
1995/06	大陸	李宗新主編	《水文化初探》	專書	鄭州：黃河水利出版社，1995 年 6 月
1995	大陸	張 驊	〈水與民族的形成〉	期刊	《水利天地》第三期，1995 年
1995/12	大陸	王玉蘭	〈水與傳統倫理道德〉	期刊	《中國水利》，1995 年 12 月
1996/04	臺灣	楊儒賓	〈水與先秦諸子思想〉	專書	《語文、情性、義理——中國文學的多層面探討國際學術會議論文集》，頁 567
1996/05	大陸	劉毓慶	〈中國文學中水之神話意象的考察〉		《中國古代、近代文學研究》，1996 年 5 月
1996	大陸	應霽民	〈水與先秦諸子〉	期刊	《文史雜誌》第六十一期，頁 44～46
1997	美國	Sarah Allan	The Way of Water and Sprouts of Virtue	專書	Albany State University of New York Press 1997（大陸 2002 年出譯本）〔註 2〕
1997/01	大陸	蘇 昕	〈《詩經》中「水」意象之探源〉	期刊	《晉陽學刊》第一期，1997 年
1997	大陸	李炳芝	〈第一挑水——中國民俗中的水文化現象〉	期刊	《吉林水利》第十一期，1997 年
1997	大陸	程 潮 錢耕森	〈先秦各家的水哲學及法水哲學〉	期刊	《學術月刊》第十二期，頁 62～66、71
1997	大陸	張耀南	〈水觀：孔孟莊別論〉		《長沙電力學院社會科學學報》第三期，1997 年
1998/01	大陸	齊 婕	〈水與中國傳統文化〉	期刊	《河北水利》，1998 年 1 月
1998/03	大陸	吉 英	〈水的禮贊〉	期刊	《黃河水利教育》第三十六期，1998 年 3 月
1998	大陸	于 茀	〈中國文化中的水意象〉	期刊	《北方論叢》第二期，1998 年
1998	大陸	馮寬平	〈「水」喻的哲思〉	期刊	《青海民族學院學報》第三期，1998 年

〔註 2〕 〔美〕莎拉・艾蘭著，張海晏譯：《水之道與德之端——中國早期哲學思想的本喻》（上海：上海人民山版社，2002 年 3 月出版）。

1999	美國	Sarah Allan 著 楊民等譯	〈中國早期哲學思想中的水〉	專書	《早期中國歷史思想文化》（瀋陽：遼寧教育出版社，1999 年）
1999/05	大陸	潘紹龍 黃承貴	〈水——老子理想人格的哲學底蘊〉	期刊	《東南大學學報》第一卷第二期，1999 年 5 月
2000/04	大陸	趙合俊	〈水與中國法律文明〉	期刊	《文史雜誌》，2000 年 4 月
2000/04	大陸	胡　雷	〈從雲與水的意象看儒家「君子」的人格理想〉	期刊	《理論月刊》，2000 年 5 月
2000/05	大陸	李雲峰	〈試論《管子·水地》中水本原思想及其歷史地位〉	期刊	《武漢水利電力大學學報》第二十卷第三期，2000 年 5 月
2000/06		宿鱎嵐	〈從原型神話角度看古典文學中的「水」意象〉	期刊	《大連大學學報》第二十一卷第三期，2000 年 6 月
2000/09	臺灣	鍾美玲	〈蘇軾禪詩山水意象的表現〉	期刊	《中國文化月刊》，2000 年 9 月，頁 44～62
2001/01	大陸	李雲峰	〈中國古代治河思想〉	期刊	《武漢大學學報》第一期，2001 年 1 月
2001/01	大陸	金　戈	〈孔子與水〉	期刊	《海河水利》，2001 年 1 月
2001/02	大陸	金　戈	〈孟子與水〉	期刊	《海河水利》，2001 年 2 月
2001/03	大陸	金　戈	〈荀子與水〉	期刊	《海河水利》，2001 年 3 月
2001/03	大陸	黃　勇	〈水與生殖崇拜——從「帝」到「道」的嬗變〉	期刊	《常德師範學院學報》第二十六卷第二期，2001 年 3 月
2001/04	大陸	金　戈	〈老子與水〉	期刊	《海河水利》，2001 年 4 月
2001/05	大陸	金　戈	〈莊子與水〉	期刊	《海河水利》，2001 年 5 月
2001/06	大陸	金　戈	〈孟子與水〉	期刊	《海河水利》，2001 年 6 月
2001/04	臺灣	陳忠信	〈太一生水渾沌創世初探〉	期刊	《鵝湖月刊》第三一○期
2001/07	臺灣	李雲峰	〈哲學之水與水之哲學——試論水在中國古代哲學中的地位〉	期刊	《鵝湖月刊》，2001 年 7 月
2001/07/16-17	臺灣	陳忠信	〈試論太一生水之混沌神話〉	期刊	《第四屆先秦學術研討會論文集》，2001 年 7 月 15～16 日
2001/08	臺灣	李雲峰	〈水的哲學思想——中國古代自然哲學之精華〉	期刊	《中國哲學》第八期，2001 年
2002	日本	江本勝著 長安靜美譯	《生命的答案，水知道》	專書	臺北：如何出版社，2002 年

2002/01	大陸	金 戈	〈孫子與水〉	期刊	《海河水利》，2002 年 1 月
2002/02	大陸	金 戈	〈管子與水〉	期刊	《海河水利》，2002 年 2 月
2002/03	大陸	龍 延	〈「水」與「禪」〉	期刊	《榆林高等專科學校學報》第十二卷第一期，2002 年 3 月
2002/06	大陸	廖道政	〈「水德」與「師德」〉	期刊	《湖南商學院學報》第九卷增刊，2002 年 6 月
2002/08	臺灣	陳忠信	〈試論《老子》之混沌神話——《老子》與水的神話思維〉	期刊	《中國文化月刊》第二六九期，2002 年 8 月
2003/01		劉寶才	〈「以水喻人」的學說及其思維方式〉		《中國哲學史》，2003 年 1 月
2003/01	大陸	金 戈	〈中國古代哲學與水（上）〉	期刊	《海河水利》，2003 年 1 月
2003/02	大陸	金 戈	〈中國古代哲學與水（下）〉	期刊	《海河水利》，2003 年 2 月
2003/03	臺灣	沈武義	〈上善若水〉	期刊	《中華南台道教學院學報》第一期，2003 年 3 月
2003/05	大陸	姚新中 焦國城	〈先秦儒道哲學中的智、水關係之比較〉	期刊	《河北學刊》第二十三卷第三期，2003 年 5 月
2003/06	大陸	趙潤田	〈東方人文之初的精靈——漫談先秦水文化對後世的影響〉	期刊	《水利發展研究》，2003 年 6 月
2003/08	臺灣	許旭倫	〈浮光掠影——許旭倫水意象生活陶藝展〉	期刊	《藝術家》，民國 92 年 8 月，頁 541
2003/08	臺灣	陳慈敏	《詩經與「水」相關意象之研究》	碩論	臺中：逢甲大學中文研究所碩士論文，2003 年 8 月
2003/09/ 26-28	臺灣	陳忠信	〈逝者如斯夫，不舍晝夜——試論孔孟之水思維〉	專書	《第一屆青年儒學國際學術會議議論文集》（中壢：中央大學文學院，2003 年 9 月 26～28 日）
2003/11/ 06-12	臺灣	陳忠信	〈試論周易之水思維〉	專書	《第四屆海峽兩岸青年易學會議論文集》，2003 年 11 月 6～12 日
2003/12	臺灣	王秋香	《先秦詩歌水意象研究》	碩論	高雄：中山大學中文研究所在職專班碩士論文，2003 年 12 月
2004/05	大陸	金 戈	〈哲學觀與水（一）〉	期刊	《海河水利》，2004 年 5 月
2004/06	大陸	金 戈	〈哲學觀與水（二）〉	期刊	《海河水利》，2004 年 6 月

2004/06	大陸	曹　琳	《先秦哲學「水」觀念述論》	碩論	昆明：雲南師範大學碩士論文，2004 年 6 月
2004/06	臺灣	陳忠信	〈試論《山海經》之水思維——神話與宗教兩種視野的分析〉	期刊	《成大宗教與文化學報》第三期，2004 年 6 月
2004/06/22	臺灣	釋依空	〈水的意象〉	報紙	《聯合報》，2004 年 6 月 22 日第 E7 版
2004/12	臺灣	陳忠信	〈君子見大水必觀焉——試論荀子之水思維〉	期刊	高雄師大《國文學報》第一期，2004 年 12 月
2005/03	臺灣	陳忠信	〈大邦者下流——試論老子之下流之道〉	期刊	《宗教哲學季刊》第三十二期，2005 年 3 月
2005/03	新加坡	勞悅強	〈川流不舍與川流不息——從孔子之歎到朱熹的詮釋〉	期刊	《中國文哲研究集刊》第二十六期，2005 年 3 月，頁 251～286
2005/04	臺灣	盧韻如	〈孔子的水哲學〉		《南師語教學報》，2005 年 4 月，頁 49～61
2005/05	大陸	劉雅杰	《論先秦文學的水意象》	博論	長春：東北師範大學博士論文，2005 年 5 月
2005/06	臺灣	陳忠信	〈宙的生成與世界紛亂的消解——試論《老子》之尚水思維〉	期刊	《人文及社會學科教學通訊雙月刊》第十六卷第一期，2005 年 6 月
2005/06	臺灣	劉益州	〈楊牧「水之湄」的「水」意象試探〉	期刊	《創世紀詩雜誌》，2005 年 6 月，頁 149～158
2005/07	臺灣	陳忠信	〈試論《莊子》之水思維——神話與思想兩種視野之綜合分析〉	期刊	收錄於陳鼓應、李豐楙編：《三清青年學術論文集》第三輯（臺北：自由出版社，2005 年 7 月）
2005/08	臺灣	陳　玲	〈「老子」水意象的文化意蘊〉	期刊	《古今藝文》，2005 年 8 月，頁 61～65
2006/03	臺灣	黃冠閔	〈音詩水想——倫理意象之一環〉	期刊	《藝術評論》（國立臺北藝術大學），第十六期，民國 95 年 3 月
2006/07	臺灣	陳忠信	《先秦兩漢水思維研究——神話、思想與宗教三種視野之綜合分析》	博論	彰化：國立彰化師範大學國文學系博士論文，2006 年 7 月
2006	臺灣	詹雅筑	《《千江有水千江月》中的水、月意象研究》	碩論	國立臺灣師範大學中國文學系研究所碩士論文，2006 年
2007	大陸	王　雄	《漢水文化探源：一位河流守望者的文學手記》	專書	北京：中國青年，2007 年出版

資料整理、製表：徐國峰

引用與參考書目

一、中國古籍類

1. 宋・朱熹：《四書章句集註》（臺北：鵝湖出版社，民國 73 年 9 月初版）。
2. 清・焦循撰，沈文倬點校：《孟子正義》（北京：中華書局，1987 年 10 月初版）。
3. 清・王先謙：《荀子集解》（臺北：藝文印書館，民國 96 年 3 月初版）。
4. 清・戴震：《孟子字義疏證》，收錄自《戴震全書（六）》（張岱年主編：《戴震全書》，安徽：黃山書社，1995 年 10 月初版）。
5. 王天海：《荀子校釋》（上海：上海古籍，2005 年 12 月初版）。

二、西方論術類

1. 〔德〕恩斯特・卡西勒（Ernst Cassier）著，甘陽譯：《人論：人類文化哲學導引》（臺北：桂冠圖書股份有限公司，1991 年）。
2. 羅蘭巴特（Roland Barthes）著，洪顯勝譯：《符號學要義》（Elements of semiology），臺北：南方出版社，1989 年。
3. Mircea Eliade: Images and Symbols, New Jersey: Princeton University, 1991.
4. Bachelard, Gaston: Water and dreams: an essay on the imagination of matter, Dallas: Pegasus Foundation, 1983.

三、現代學術論著類

1. 王孝廉：《水與水神》（臺北：漢忠文化事業股份有公司，1998 年 7 月）。
2. 向松柏：《中國水崇拜》（上海：上海三聯書店，1999 年 9 月）。
3. 美・艾蘭著，張海晏譯：《水之道與德之端——中國早期哲學思想的本喻》（上海：上海人民山版社，2002 年 3 月出版）。

4. 李達三：《比較文學研究之新方向》（臺北：聯經出版事業公司，1978年）。

5. 李宗新主編：《水文化初探》（鄭州：黃河水利出版社，1995年6月）。

6. 唐君毅：《中國哲學原論──導論篇》（臺北：臺灣學生書局，1986年）。

7. 勞思光著，劉國英編：《思想方法五講新編》（香港：中文大學出版社，2000年修訂版）。

8. 陳水雲：《中國山水文化》（武昌：武漢大學，2001年）。

9. 張耀南、吳銘能編：《水文化》（北京：中國經濟出版社，1995年3月）。

10. 楊秀偉、李宗新編：《水文化論文集》（鄭州：黃河水利出版社，1995年5月）。

11. 鄭國詮：《水文化》（北京：中國人民大學，1988年）。

12. 錢穆：《論語新解》（臺北：東大圖書，2005年4月三版二刷）。

13. 錢穆：《論語要略》（臺北：臺灣商務，民國76年6月第八版）。

14. 宋謙：《修辭方法析論》（臺北：宏翰文化事業，民國81年3月初版）。

15. 周振甫：《中國修辭學史》（臺北：洪葉文化，1995年10月初版）。

16. 高友工：《中國美典與文學研究論集》（臺北：臺大出版中心，2004年3月初版）。

17. 黃慶萱：《修辭學》（臺北：三民書局，2002年10月三版一刷）。

18. 葉嘉瑩：《迦陵談詩》（臺北：三民書局，1971年）。

19. 劉若愚著，杜國清譯：《中國詩學》（臺北：幼獅文化，民國70年12月三版）。

20. 蔡謀芳：《辭格比較概述》（臺北：臺灣學生書局，2001年8月出版）。

21. 蔡謀芳：《修辭格教本》（臺北：臺灣學生書局，2003年9月出版）。

22. 盧瑞容：《中國古代「相對關係」思維探討：「勢」「和」「權」「屈曲」概念溯源分析》（臺北：商鼎文化，2004年）。

23. 日・中村元著，徐復觀譯：《中國人之思維方式》（臺北：臺灣學生書局，民國80年4月修訂版）。

24. 林啓屏：《儒家思想中的具體性思維》（臺北：臺灣學生書局，2004年2月初版）。

25. 楊儒賓、黃俊傑：《中國古代思維方式探索》（臺北：正中書局，民國85年）。

26. 黃俊傑：《孟學思想史論》（臺北：東大出版，民國80年）。

27. 蔡英俊主編：《意象的流變》（臺北：聯經出版社，民國86年4月第六版）。

28. 蔡英俊：《比興、物色與情景交融》（臺北：大安書局，民國 75 年 5 月初版）。

29. 趙沛霖：《興的源起》（北京：中國社會科學，1987 年 11 月初版）。

30. 顏崑陽：《莊子藝術精神析論》（臺北：華正書局，民國 74 年 7 月初版）。

31. 顏崑陽：《莊子的寓言世界》（臺北：漢藝色研，民國 94 年）。